아는 만큼 깊어지는 신앙

일러두기

본문에 인용한 성경 구절은 대한성서공회에서 펴낸 개역개정판을 따랐습니다.
다른 번역본을 인용한 경우 별도 표기하였습니다.

개정증보판

아는 만큼 깊어지는 신앙

송인규

2

차 례

오직 우리 주 곧 구주 예수 그리스도의 은혜와

그를 아는 지식에서 자라 가라.

But grow in the grace

and knowledge of our Lord

and Savior Jesus Christ.

베드로후서 3:18

▽ **《아는 만큼 깊어지는 신앙》의 자소서**

나는 예수를 믿으면서 여러 가지 질문을 던지곤 했다. 그
가운데 어떤 유형의 질문들은 "그것이 무엇인가?" "왜 그런
가?"로 시작되는 이론적 성격의 것이었다. 제일 먼저 떠오른
주제는 '거짓말'이었다. 성경은 한편으로 거짓과 속임수를 질
타하지만, 또 한편으로는 라합의 경우처럼 믿음의 본보기인
양 묘사하는 경우도 있다. 농담 차원에서의 무해한 입발림은
정죄하면서도 중국에서 선교사의 신분을 위장하는 일은 영웅
적 처사로 여겼다. 도대체 거짓말이란 무엇이고, 그리스도인으
로서 왜 그것이 문제가 되는가? 대충 이런 식의 질문이었다.

세월이 흐를수록 질문의 유형과 수효도 다양해졌고, 종종 예상하지 않은 곳으로 가지를 쳤다. 동시에 나이를 먹고 리더로 책임을 맡으면서 마냥 질문만 할 수 없고, 내 편에서 무언가 답을 마련해야 하는 처지가 되었다. 《아는 만큼 깊어지는 신앙》에서 다루는 열두 가지 주제는 이러한 신앙 여정의 산물이다.

이 주제들을 공식적으로 다루어 책으로 펴낸 지도 벌써 십수 년이 되었다. 누구의 제안에 응해서였는지, 아니면 내 편에서의 야심 찬 시도 때문이었는지, 그도 아니면 담당 편집자였던 이현주 선생의 강한 입김이 작용해서였는지 기억이 가물가물하지만, 2007년 5월부터 2008년 7월까지 열두 번에 걸쳐 〈복음과상황〉에 연재를 했다. 그리고 이후 이 선생과 몇 개월에 걸친 편집 교류 작업editorial exchange—원고 내용에 대한 질문·비평 등에 답하면서 내용을 더 알차게 꾸며 가는 일—을 진행했다. 그리하여 2009년에 《아는 만큼 깊어지는 신앙》 초판을 출간했다.

담당 편집자와 나는 이 책 발간에 상당한 자부심을 느끼고 의미를 두었지만, 이 시리즈의 1권인 《아는 만큼 누리는 예배》에 비해 독자의 호응과 판매는 많이 부진했다. 그럼에도 불구하고 이렇게 개정증보판을 선보이는 이유는 이 열두 가지 주제가 그리스도인들 사이에 신앙적 어려움이나 궁금증을 불러일으키고 있고, 이런 주제를 제대로 밝히는 일이 참된 신앙의 발전과 성숙에 여전히 긴요하다는 신념 때문이다.

이번 개정증보판은 특히 다음을 염두에 두고 수정을 했다.

- 성경 본문을 개역한글판에서 개역개정판으로 모두 바꾸었다.
- 논점 가운데 설명이 부족하게 느껴지는 부분을 보완했고, 불필요하거나 군더더기로 여겨지는 내용은 삭제했다.
- 필요한 경우 주를 새로이 달거나 주의 내용을 수정·보완했다.
- 12가지 주제 가운데 적실성이 떨어진다고 생각하는 두 가지 항목[안수, 영성]을 빼고 '하나님의 음성'과 '세상의 소금과 빛'을 새로이 집필하여 수록했다.

▽ **열두 가지 주제에 대하여**

《아는 만큼 깊어지는 신앙》에서 열두 가지 주제는 어떻게 다루어지고 있는가? 각각의 설명 내용이 갖는 의의는 무엇인가?

1부 "옛 언약에서 새 언약으로"에 등장하는 네 가지 주제—복, 성전, 제사장, 십일조—는 모두 '구속사적 발전'이라는 성경·신학적 틀에 입각하여 논의를 진행했다.

1. 복: 그리스도인들 사이에 기복 신앙이 터전을 굳히는 이유 중의 하나는, 구약 성경의 복이 현세적 번영 항목들로 가득 차 있기 때문이다. 그런데 신약 성경을 보면 대체로 복은 '영적'이고 '내면적'인 은택을 가리키는 것으로 되어 있다. 이런

차이를 성경·신학적으로 어떻게 설명할 수 있을까? 한 가지 방안은 내가 '내용과 형식의 의미 구조'라고 이름 붙인 해석학적 가설/이론을 적용해 보는 것이다. 구약 시대의 복은 내용[하나님의 호의]과 형식[현세적 번영 항목들] 사이의 긴밀한 연접 상태 가운데 그 의미가 살아났지만, 신약 시대에는 복의 내용이 복의 형식과 상관없이(혹은 형식과 무관하게) 본유의 모습을 드러낸다는 것이다. 그러므로 오늘날 복의 핵심은 구원과 그 은택에 담겨 있다고 할 수 있다.

2. 성전: 이러한 해석학적 얼개는 다음 주제인 '성전'의 경우에도 똑같이 적용된다. 구약 시대에는 성전의 의미가 내용[하나님의 임재/내주]과 형식[신적 건축 양식(이동 성막이나 성전)] 사이의 긴밀한 연접 상태에서만 발동되었다. 그러나 신약 시대로 넘어오면서 성전의 내용인 하나님의 내주/임재는 성전의 형식[헤롯 성전]과 상관없이 발전하였다. 이것은 그리스도 자신이 성전이고 오순절을 기점으로 그리스도인 개인과 공동체가 성전이라는 신약의 가르침에 잘 반영되어 있다. 따라서 교회당을 구약 시대의 성전과 동일시하는 것은 성경적으로 합당하지 않다.

3. 제사장: 오늘날 어떤 이들은 목사가 구약 시대의 제사장과 동일한 위상을 가진 것으로 이해한다. 심한 경우에는 목사가 하나님 앞에서 신분상으로도 일반 그리스도인과 차이가 나는 것처럼 은근히 강조하기도 한다. 이것은 성경이 가르치는

바 모든 그리스도인이 하나님 앞에서 동등한 제사장의 신분을 지닌다는, 만인 제사장萬人祭司長, priesthood of all believers 교리에 어긋난다. 이 문제의 해결을 위해 나는 구약 시대 제사장의 위상을 신분과 기능으로 나누어 살펴보고, 이것을 신약 시대 목회자 및 일반 그리스도인들의 위상—그들의 신분과 기능—과 비교해 보았다.

4. 십일조: 십일조 역시 여전히 한국 교회 내에서 혼란과 논박의 원인으로 작용한다. 가장 큰 이슈는 십일조가 신약적으로도 유효한가 하는 점이다. 특히, '신약적'이라는 표현이 신약성경에 나온다는 말인지, 아니면 새 언약의 정신과 합치된다는 말인지 분간하는 것이 중요함을 강조했다. 동시에 마태복음 23장 23절의 십일조 언급이 어떤 의미에서 '신약적'인지 판정하는 데 힘을 쏟았다.

2부 "모호함에서 명확함으로"에서도 네 가지 주제를 다룬다. 여기에서 다루는 주제—하나님의 음성, 세상의 소금과 빛, 고난, 거짓말—는 각각이 내용상으로 독립적이다. 다만 이 주제들이 명확히 설명되지 않는 경우가 많아 '모호함'이라는 묘사 아래 한데 묶었다.

5. 하나님의 음성: 하나님의 음성을 듣는다는 표현은 근자에 더욱 빈번히 회자되고 있다. 문제는 같은 어구를 사용하면서도 그리스도인들 사이에 서로 다른 생각[하나님과의 커뮤니케이

션이 어떤 식으로 이루어지는가]을 하고 있다는 사실이다. 성경 전체를 볼 때, 하나님께서는 세 가지 방도—육성 창출식, 직접 소통식, 내주적 교류식—로 자신의 음성을 들려주신다고 볼 수 있다. 나는 이 가운데 내주적 교류식이 오늘날 하나님의 음성을 듣는 표준적이고 합당한 방도임을 피력했다.

6. 소금과 빛: 세상의 소금과 빛을 운운하면서도 그 의미를 정확히 파악하거나 그 의미대로 세상 속에서 살아 내는 그리스도인들은 생각보다 훨씬 적다. 나는 세상의 소금이든 세상의 빛이든, (1) 세상의 부패와 악을 드러내고 척결하는 기능, (2) 세상살이를 좀 더 보람되고 가치 있게 변화시키는 기능에 주안점이 있음을 천명하고자 했다. 동시에 이런 역할을 감당하기 위해서는, 자기 삶의 영역에서 구체적으로 실행할 수 있는 방안을 모색하고 수립해야 함을 강조했다.

7. 고난: 고난의 문제를 다루면서는 고난의 원인cause과 고난의 이유reason를 대별하는 것이 성경적 고난관의 설정에 관건이 됨을 확실히 밝혔다. 또 고난의 이유를 죄와의 연관성에서 풀어내고자 힘썼다. 이렇게 할 때, 종국적으로 성경적 고난관만이 언급하는 고난의 목적까지도 명료히 드러낼 수 있기 때문이다.

8. 거짓말: 그리스도인들은 거짓말과 관련하여 서로 일관되지 않은 몇 가지 원칙을 함께 견지하고 있다. 그리스도인으로서 정직하고 진실된 언사로 일관하면서도, 어떻게 거짓말이라

는 복잡다단한 윤리적 이슈를 책임성 있게 소화할 수 있는지 알아보고자 했다. 그러기 위해서 거짓말을 추상적으로 논하기보다는 성경의 실제 상황으로 들어가서 거짓말이 등장하는 여러 경우를 분석하고 진단했다.

3부 "창세전에서 영원 후까지"에서는 예정, 선행, 심판, 상급이라는 구원론적 주제를 다루고 있다.

9. 예정: 예정론은 보통 교리적으로만 논의가 되고 '성경적' 각도에서는 잘 다루지 않는다. 엄밀하게 말하자면, 이런 태도는 바람직한 처사가 아니다. 나는 여기서 칼뱅주의의 핵심 교리인 '무조건적 선택론'을 성경적 각도에서 설명하고자 했다. 우선 이 입장의 성경적 근거를 제시했고, 연이어 반대 입장인 '예지 예정론'의 두 가지 공격에 대해 응수를 시도했다. 동시에 무조건적 선택론을 지지한다고 해서 그리스도인의 책임을 등한시한다는 뜻은 아님을 두 가지로 밝혔다.

10. 선행: 선행이라는 주제도 그리스도인들 사이에 오해가 많은 사안이다. 이신칭의의 교훈은 우리가 율법의 행위로 구원받을 수 없다는 사상을 마음 깊숙이 고착화했고, 이 때문에 선행은 구원과 상극인 것으로 배척을 받아 왔다. 여기에서 필수적인 사항은 칭의에서 행위(선행)의 역할과 성화에서 선행의 역할을 구별하는 일이다. 선행이 결코 칭의의 근거가 될 수는 없지만, 칭의 이후 성화의 삶에서는 필수불가결의 요소라는 말

이다. 이런 취지 아래 나는 구원에서 선행의 의미심장성, 선행의 내용, 그리고 선행 이후의 마음 자세 등을 자세히 기술했다.

11. 심판: 하나님께서는 회심 이후 우리의 죄악을 어떻게 다루실까? 대부분의 그리스도인들은 이런 질문과 관련하여 오해와 착각을 하고 있다. 정곡을 찌르자면, 우리가 죄를 짓고서 하나님께 진심으로 회개할 때 하나님께서 우리의 죄를 사해 주시지만, 그 죄로 인한 응징의 책임만큼은 소멸하시지 않는다는 것이다. 이 점을 이해하려면 우리가 짓는 죄의 성격과 그 죄가 우리의 존재 및 활동 영역에 끼치는 다차원적 영향력을 고려해야 한다. 그리고 그런 응징은 사랑의 아버지께서 우리의 유익을 위해 베푸시는 성화와 치유의 손길임을 기억해야 한다.

12. 상급: 그리스도인에게 서로 다른 정도의 상급이 허락된다는 교리는 그리스도인들 사이에서 광범위하게 지지를 받고 있지만, 일부 학자들은 이런 교리에 동의하지 않는다. 어떤 이는 구원과 별도로 상급이 존재한다고 보지 않는가 하면, 또 다른 이는 구원이 곧 상급이라든지 상급은 모든 그리스도인에게 동일하다는 식의 주장을 펼친다. 그러나 나는 성경의 가르침이 구원과 상급의 별개성, 상급의 차등성을 정당화한다고 본다. 이를 뒷받침하기 위해 상급의 본질적 특징이 무엇인지 밝히는 일에 최선의 노력을 기울였다.

Ⅴ　소중한 동역자들을 떠올리며

《아는 만큼 깊어지는 신앙》의 개정 작업을 마무리하면서, 오늘 나를 이 자리에 있게끔 격려와 자극을 제공하고 나와 함께 동역과 협업에 참여한 분들을 떠올리지 않을 수 없다.

우선, 이 시리즈의 재출간 작업이 실효성 있게 추진되도록 아이디어를 창출하고 설득력을 발휘해 준 이현주 선생께 감사를 전한다. 또, 나의 글이 믿을 만하고 품격 있는 출판사를 찾는 데 선뜻 자리를 내어 준 비아토르 김도완 대표께 기쁨과 고마움을 표한다. 일인─人 출판의 제약적 상황 속에서도 여전히 출판인의 저력과 긍지를 뿜어내는 비아토르에, 저자로서 뿌리를 내릴 수 있다는 것은 여간 행복한 일이 아니다.

아내 김영아 역시 한 번도 동역자의 자리를 비운 적이 없다. 글쓰기에 착수하여 구상과 전개 과정에서 앞이 보이지 않아 전전긍긍할 때나, 하나님의 도우심으로 영감과 발상이 반짝 빛을 발할 때나, 또 글을 수도 없이 고치고 지우고 바꾸는 나의 변덕 때문에 나를 대신해 수정·입력하는 자판 활동이 피곤과 따분함으로 범벅이 될 때도, 아내는 변함없이 대화와 기도로써 길벗이 되어 주었다.

그리고 마지막으로, 미국에 거주하는 나의 처형 김혜경 권사(부군 이병호 장로)께 이 지면을 통해 찬사를 전하고 싶다. 어떤 특정한 주제나 이슈에 관해 심도 있는 글을 쓰려다 보면, 연관 자료가 턱없이 부족하다는 사실에 자주 직면한다. 특

16

히 영서英書의 경우에는 도서관에도 없는 경우가 비일비재하기 때문에 어쩔 수 없이 해외로 주문을 해야 한다. 이러한 사정을 잘 아는 처형께서는 10년 넘게— 정확히는 2010년 6월 17일부터 2022년 2월 21일에 이르기까지— 주문 서적들을 한데 모았다가 부쳐 주곤 했다. 그렇게 보내온 책 박스가 무려 116개나 된다. 처형 편에서의 이런 수고와 희생이 없었다면, 내 글의 깊이와 넓이는 훨씬 미흡한 수준에 머물렀을 것이다. 그러니 어찌 고마워하지 않을 수 있겠는가?!

이제 《아는 만큼 깊어지는 신앙》은 글쓴이의 울타리를 떠나 독자들의 손으로 넘어가게 된다. 바라기는 이 책의 제목처럼 글을 읽는 이마다 신앙이 한층 더 깊어지기를!!

2022년 5월 15일
수원 책집에서 송인규

17

I

옛 언약에서 새 언약으로

1. 기복 신앙은 무엇이 문제인가?

▼

▼

우리나라 사람들은 '복'을 무척 좋아한다. 연초가 되어 인사를 주고받을 때면, 거의 예외 없이 "새해 복 많이 받으세요" 하면서 상대방에게 복을 기원한다. 고풍이 도는 오랜 연륜의 생활 품목들, 즉 밥그릇, 옷, 발, 돗자리 등에는 '福'이라는 글자가 선명히 새겨져 있다. 게다가 사람들이 자신의 운세에 대해 그토록 지나치게 호기심을 갖는 것 역시 근본적으로는 복에 대한 동경심에서 비롯되었다고 할 수 있다.

안타깝게도 이 땅의 그리스도인들 역시 이러한 기복祈福 현상에서 제외되지 않는다. 어쩌면 일부 그리스도인들은 오히려 비신자들보다 더한지도 모르겠다. 이것은 "예수 믿으면 복

20

받는다"라는 식의 마술 공식magic formula이 아직도 난무하는 일이나, 그리스도인의 가정과 사업장에 걸려 있는 장식패들이 한결같이 복을 희구希求하는 성구 내용—예를 들어, "주의 종의 집이 영원히 복을 받게 하옵소서"삼하 7:29—을 담고 있는 것을 보아 얼마든지 짐작할 수 있다. 물론 복이나 번영의 추구가 한국 그리스도인들만의 문제는 아니다.[1] 그러나 한국의 그리스도인들이 보이는 집착 증세는 가히 전대미문의 것이라고 할 수 있다.

우리나라 그리스도인들이 기복 신앙에 빠져드는 요인으로는 다음의 세 가지를 들 수 있다. 이 요소들은 서로 독립적이기보다는 함께 맞물려 있다. 첫째, 모든 인간의 마음에 자리 잡고 있는 **자기실현**self-realization**의 욕구**이다. 이것은 동서고금을 막론하고 인간의 삶이 존재하는 곳에서는 어디서나 찾아볼 수 있다. 둘째, 한국인의 전통문화나 종교가 가지고 있는 **무교적 배경** 또한 지대한 영향을 미쳤다. 우리의 무교적 세계관은 길흉화복에 대한 조치, 재앙을 피하고 복을 받는 일을 초미의 관심사로 삼게 만들었다. 셋째, **성경의 복 사상에 대한 왜곡된 가르침**이 복에 대한 광적 집착 현상을 낳았다. 이것은 특히 구약에 빈번히 등장하는 '복'의 의미를 곡해하고, 또 잘못 적용해 온 데서 문제의 핵심을 찾을 수 있다.

한국의 그리스도인들은 이렇게 중첩된 세 가지 요인으로 말미암아, 처음부터 의도한 바는 아니지만 결국 기복 신앙의

수호자와 전파자가 되고 말았다. 이 장에서는 복의 외면적·물
질적 측면에 대한 구약에서의 강조가 어떻게 신약 시대에는 복
의 내면적·본질적 핵심 내용으로 발전하는지 살핌으로써, 세
번째 항목을 교정해 보려고 한다.

성경이 말하는 복

▽ '복'의 의미

우선 '복'의 의미부터 알아보자. 히브리어 **베라카**ְבְּרָכָה는 "좋
은 것good"으로, 주로 물질적 은택material good 창 27:35(27-29절 참조); 신
28:2-6, 11-13; 수 15:19; 잠 10:22; 겔 34:26 등을 의미한다. 그리스어 **율로기
아**εὐλογία는 복음이 가져다주는 영적 선善 혹은 유익롬 15:29; 엡 1:3
을 뜻하지만, 때로 물질적 유익고후 9:5(한글 성경에는 '연보'라고 번역됨); 히
6:7을 가리키기도 한다. 이에 비해 **마카리오스**μακάριος는 복된
상태마 5:3-11, 13:16, 16:17; 요 20:29; 행 20:35; 롬 4:7; 약 1:12; 계 1:3 등를 묘사
하는 말이다. 위의 단어들을 토대로 복의 의미를 정의해 보면
"복은 하나님께서 보이시는 호의好意, good will로서 영적·물질적
은택을 통하여 나타나고 그로 인해 향유되는 행복한 상태"라
고 할 수 있다.

▽ 복: 성경의 흐름

이상의 내용을 배경으로 복과 연관한 성경의 흐름을 살펴 보도록 하자. 복은 성경에 매우 빈번히 언급되는 주제로서 구 약의 처음부터 등장한다**창 1:22, 28, 2:3, 5:2, 9:1**. 하지만 복이라는 개념이 전면에 부각되는 가장 획기적인 계기는 하나님께서 아 브람, 곧 아브라함을 부르실 때다.

창 12:1-3 [1]여호와께서 아브람에게 이르시되, "너는 너의 고향과 친 척과 아버지의 집을 떠나 내가 네게 보여 줄 땅으로 가라. [2]내가 너로 큰 민족을 이루고 **네게 복을 주어** 네 이름을 창대하게 하리 니 너는 **복이 될지라**. [3]너를 축복하는 자에게는 내가 **복을 내리고** 너를 저주하는 자에게는 내가 저주하리니 땅의 모든 족속이 너로 말미암아 **복을 얻을 것이라**" 하신지라.

이러한 복의 향유는 아브라함뿐만이 아니고 그의 아들 이 삭과 손자 야곱의 경우에도 마찬가지였다.

창 26:12-14 [12]이삭이 그 땅에서 농사하여 그해에 **백 배나 얻었고** 여 호와께서 **복을 주시므로** [13]그 사람이 **창대하고 왕성**하여 마침내 **거 부가 되어** [14]**양과 소가 떼를 이루고 종이 심히 많으므로** 블레셋 사람 이 그를 시기하여
창 28:3-4 [3]전능하신 하나님이 **네게 복을 주시어** 네가 **생육하고 번성**

하게 하여 네가 **여러 족속을 이루게** 하시고 ⁴아브라함에게 허락하신 **복을 네게 주시되** 너와 너와 함께 네 자손에게도 주사 하나님이 아브라함에게 주신 **땅** 곧 네가 거류하는 **땅**을 네가 차지하게 하시기를 원하노라.

아브라함과 그 후손에게 약속된 복의 내용은 물질적·현실적·가시적인 것으로서, 자녀의 생산^{창 17:16, 22:17; 신 28:4, 11}, 소유물의 증식^{창 24:35, 26:12-14; 신 28:4-5, 11}, 민족의 번성^{창 17:4-6, 28:3, 35:11}, 영토의 획득^{창 26:3, 28:4, 35:12}으로 구성되어 있었다.

아브라함에게 주신 약속의 정점은 '땅의 모든 족속이 복을 얻는 것'^{창 12:3, 18:18, 22:18, 26:4, 28:14}에 있었다. 그런데 이 약속은 그리스도의 오심과 더불어 실현되었다.

^{행 3:25-26} ²⁵너희는 선지자들의 자손이요 또 하나님이 너희 조상과 더불어 세우신 언약의 자손이라. 아브라함에게 이르시기를, **"땅 위의 모든 족속이 너의 씨로 말미암아 복을 받으리라"** 하셨으니 ²⁶하나님이 그 종을 세워 복 주시려고 너희에게 먼저 보내사 너희로 하여금 돌이켜 각각 그 악함을 버리게 하셨느니라.

^{갈 3:8-9, 13-14} ⁸또 하나님이 이방을 믿음으로 말미암아 의로 정하실 것을 성경이 미리 알고 먼저 아브라함에게 복음을 전하되, **"모든 이방인이 너로 말미암아 복을 받으리라"** 하였느니라. ⁹그러므로 믿음으로 말미암은 자는 믿음이 있는 **아브라함과 함께 복을 받느니**

라. ··· [13]그리스도께서 우리를 위하여 저주를 받은 바 되사 율법의 저주에서 우리를 속량하셨으니 기록된 바 "나무에 달린 자마다 저주 아래에 있는 자라" 하였음이라. [14]이는 **그리스도 예수 안에서 아브라함의 복이 이방인에게 미치게 하고** 또 우리로 하여금 믿음으로 말미암아 성령의 약속을 받게 하려 함이라.

위 구절에서 우리는 복과 관련해 다섯 가지 중요한 사항을 발견한다. 첫째, 아브라함에게 주신 약속의 절정은 땅의 모든 백성이 복을 얻는 데 있었다창 12:3; 갈 3:8. 둘째, 땅의 모든 족속은 아브라함의 자손(씨)인 예수 그리스도로 말미암아 복을 받게 된다창 22:18; 행 3:25; 갈 3:16. 셋째, 예수 그리스도께서는 우리 대신 저주를 받으심으로써 우리를 율법의 저주에서 속량하셨다갈 3:13. 넷째, 우리는 믿음과 회개를 통해 하나님 앞에 의롭다 함을 받는다행 3:26; 갈 3:9. 다섯째, 이러한 구원의 은택이 곧 아브라함에게 약속된 복의 내용이다행 3:26; 갈 3:12, 14.

이러한 내용을 전제로 할 때 바울이 구원의 은택을 설명하면서 왜 그토록 '복'이란 단어를 다음과 같이 강조하여 사용했는지 납득이 된다.

엡 1:3-5 [3]찬송하리로다! 하나님 곧 우리 주 예수 그리스도의 아버지께서 **그리스도 안에서 하늘에 속한 모든 신령한 복을 우리에게 주시되** [4]곧 창세전에 그리스도 안에서 **우리를 택하사** 우리로 사랑

안에서 그 앞에 **거룩하고 흠이 없게** 하시려고 ⁵그 기쁘신 뜻대로 **우리를 예정하사** 예수 그리스도로 말미암아 자기의 **아들들이 되게** 하셨으니

바울은 예수를 믿는 에베소의 그리스도인들(확대해서 말하자면 모든 그리스도인)이 엄청난 복을 누리고 있다고 말한다.

이 구절은 그리스도인들이 누리는 복과 관련하여 네 가지 사항을 가르쳐 준다. 첫째, "하늘에 속한"이라는 표현이 말하듯, 이 복은 근본적으로 땅에 기원을 둔 것이 아니다. 둘째, 복을 묘사하는 형용사로서 "신령한"이 사용되고 있는데, 이는 이 복이 '자연적 복들'과 구별됨을 말하고 있다. 셋째, "모든" 복들[2]이라고 함으로써 복의 포괄성과 총체성이 강조되고 있다. 넷째, 원문의 문장 구조를 보면 '복 주다'라는 동사에 다시금 '복으로써'라는 부대附帶 성격의 부사구가 따라붙어 있는데, 이는 우리가 복 받은 사실을 강조하기 위한 것으로 해석할 수 있다. '복'이라는 표현과 개념이 이 구절에서만큼 다층적으로 등장하는 곳은 아마 성경 어디에도 없을 것이다.

그런데 이토록 엄청난 복의 핵심적 내용은 하나님의 선택과 예정으로 말미암은 그리스도 안에서의 구원 실현—'거룩함', '흠이 없음', '아들들이 됨'_{엡 1:4-5} 등—에 있다. 여기에서 우리는 신약 시대의 복은 구약과 달리 철두철미하게 초자연적·영적·내면적 성격을 지닌 것임을 알게 된다.

26

복 개념의 변천사

_____

그렇다면 구약과 신약에는 복의 특징이 왜 이렇게 다르게 나타나는 것일까? 구약의 복은 주로 물질적·현실적·가시적인 것인 반면, 신약에서는 복의 초자연적·영적·내면적 성격이 강하게 부각되고 있는 이유는 무엇일까?

▽ 종교적 특성의 차이

이에 대한 근본적 답변은 구약 시대와 신약 시대의 종교적 특성에서 찾을 수 있을 것이다. 구약의 종교가 주로 인간의 표면에 치중한 형식적이고 외양적인 것이었다면, 신약에 와서는 종교의 핵심이 인간의 중심에 초점을 맞춘 신령하고 내면적인 것이 되었기 때문이다. 그렇다고 구약은 표면적·형식적일 뿐이고 신약은 내면적·영적이기만 하다는 말은 아니다. 사실 이 두 면은 구약에서나 신약에서나 모두 나타나지만, 구약은 전자에 신약은 후자에 쏠려 있다는 의미이다.

인간의 내면적 차원, 곧 '마음'에 대한 강조는 이미 구약 시대부터 나타나 있었다레 26:41; 신 10:16, 30:6; 시 119:11; 잠 3:3, 4:23; 렘 4:4. 그러나 선지자들은 인간 내면의 심층적 변화가 미래의 어느 시점, 곧 새 언약의 시대에 도래한다고 예언하고 있다.

렘 31:31-33 [31]여호와의 말씀이니라. 보라! 날이 이르리니 내가 이스라엘 집과 유다 집에 새 언약을 맺으리라. [32]이 언약은 내가 그들의 조상들의 손을 잡고 애굽 땅에서 인도하여 내던 날에 맺은 것과 같지 아니할 것은 내가 그들의 남편이 되었어도 그들이 내 언약을 깨뜨렸음이라. 여호와의 말씀이니라. [33]그러나 그날 후에 내가 이스라엘 집과 맺을 **언약은** 이러하니 곧 내가 **나의 법을 그들의 속에 두며 그들의 마음에 기록하여** 나는 그들의 하나님이 되고 그들은 내 백성이 될 것이라. 여호와의 말씀이니라.

겔 36:26-27 [26]또 **새 영을 너희 속에 두고 새 마음을 너희에게 주되** 너희 육신에서 굳은 마음을 제거하고 **부드러운 마음**을 줄 것이며 [27]또 **내 영을 너희 속에 두어 너희로 내 율례를 행하게 하리니** 너희가 내 규례를 지켜 행할지라.

새로운 언약(신약)의 시대가 동튼 후, 구약식 제사 제도의 근본적 한계는 인간의 내면을 다룰 수 없는 데 있었음을 히브리서 기자는 다음과 같이 지적한다.

히 9:9-10 [9]이 장막은 현재까지의 비유니 이에 따라 드리는 예물과 제사는 섬기는 자를 그 **양심상 온전하게 할 수 없나니** [10]이런 것은 먹고 마시는 것과 여러 가지 씻는 것과 함께 **육체의 예법일 뿐이며** 개혁할 때까지 맡겨 둔 것이니라.

바울 사도 역시 신약 시대 복음 사역의 우월성은 구약 시대와 달리 성령께서 인간의 마음속에서 역사하시는 데 있음을 명료히 피력한다.

고후 3:3 너희는 우리로 말미암아 나타난 그리스도의 편지니 이는 먹으로 쓴 것이 아니요 오직 **살아 계신 하나님의 영으로 쓴 것이**며 또 **돌판에 쓴 것이 아니요 오직 육의 마음판에 쓴 것**이라.

이처럼 구약 시대의 종교가 외형적인 것에 치중한 데 비해 신약 시대의 종교는 훨씬 더 내면적인 것을 부각했다. 복의 개념이 구약의 경우 현실적·물질적인 차원을 지향하고 신약에서는 초자연적·영적인 차원이 강조된 것도 바로 이런 이유 때문이었다.

▽ 내용과 형식: 의미 구조의 문제

그러나 이것 하나만으로 복의 개념에 대한 구약과 신약의 차이가 다 설명되는 것은 아니다. 이 차이의 본질을 파악하기 위해서는 **내용과 형식이라는 의미 구조의 문제**[3]를 다루어야 한다. 구약에 등장하는 많은 신앙적 주제들—예를 들어, 사죄·성전·원수·저주·할례 등—은 의미가 발현되는 측면에서 볼 때, **내용**과 **형식**이라는 이중 구조를 가지고 있다. '내용'은 어떤 주제가 속에 담고 있는 **관념적·내면적 핵심이나 정수**精髓이고, '형식'은 그런 주제의 의미를 실제로 발현시키는 **가시적·외형적 얼개나 틀**을 말한다. 그리하여 구약 시대에는 내용과 형식이라는 두 요소가 본질적으로 밀착되어 있었고, 내용은 반드시 형식을 통해서만 그 의미가 살아나도록 되어 있었다.

그러나 신약 시대로 접어들면서 내용과 형식의 의미 구조는 근본적인 변화를 겪는다. 우선, 내용과 형식 사이에 존재하던 긴밀한 연접 현상이 깨지고 만다. 또, 내용만이 극명히 드러나고 형식은 뒷전으로 물러난다. 즉 논의 중인 주제의 의미가 내면적 요소만으로도 확 살아난다는 말이다.

이상의 논리를 '복'의 개념에 적용해 보자. 복이라는 주제에서 '내용'은 '하나님의 호의'이고 '형식'은 앞에서 설명했듯 '물질적 은택'—자녀의 생산, 소유물의 증식, 민족의 번성, 영토의 획득—이다. 구약 시대에는 하나님의 호의[내용]와 물질적 은택[형식]이 본질적으로 연접되어 있었다. 그리고 하나님의 호의[내용]는 반드시 물질적 은택[형식]을 통해 그 의미가 살아나도록 되어 있었다. 그렇기 때문에 아브라함과 그의 후손은 위에서 언급한 물질적 은택을 한껏 누렸고, 그렇게 향유하는 물질적 은택은 그들이 하나님의 호의를 누리고 있다는 표시가 되었다. 이것은 아브라함에게서 시작하여 이스라엘 백성 전체에게 해당되는 하나님의 섭리 방침이었다.

하지만 신약으로 오면서 하나님의 호의[내용]와 물질적 은택[형식] 사이에 존재하던 이와 같은 긴밀한 연접 현상은 종지

부를 찍는다. 오히려 신약 시대에는 내용[하나님의 호의]만이 극명히 부각되고 형식[물질적 은택]은 별 중요한 역할을 하지 못하게 되었다. 왜냐하면 신약은 신앙의 특징에서 내면과 영적 실상을 현저히 드러내는 시기이기 때문이다. 그리하여 신약 시대에는 하나님의 호의를 충만히 누리면서도 물질적 은택은 전혀 향유하지 못하는 수가 있는가 하면, 물질적 은택은 타의 추종을 불허할 정도로 향유하면서도 하나님의 호의와는 거리가 먼 삶의 모습도 얼마든지 존재한다.

그렇다면 먼저, 물질적 은택은 상당히 누리면서도 하나님의 호의, 곧 구원의 은택 및 하나님과의 친밀한 관계와는 거리가 먼 경우부터 살펴보자.

> **눅 12:21** 자기를 위하여 재물을 쌓아 두고 하나님께 대하여 부요하지 못한 자가 이와 같으니라.
>
> **약 5:5** 너희가 땅에서 사치하고 방종하여 살륙의 날에 너희 마음을 살찌게 하였도다.
>
> **계 3:17** 네가 말하기를 "나는 부자라. 부요하여 부족한 것이 없다" 하나 네 곤고한 것과 가련한 것과 가난한 것과 눈먼 것과 벌거벗은 것을 알지 못하는도다.

또, 외적 번영 조건은 현저히 결여되었으면서도 하나님의 호의만큼은 충분히 누리는 경우도 존재한다.

마 5:10-12 [10]의를 위하여 박해를 받은 자는 복이 있나니 천국이 그들의 것임이라. [11]나로 말미암아 너희를 욕하고 박해하고 거짓으로 너희를 거슬러 모든 악한 말을 할 때에는 너희에게 복이 있나니 [12]기뻐하고 즐거워하라! 하늘에서 너희의 상이 큼이라. 너희 전에 있던 선지자들도 이같이 박해하였느니라.

벧전 3:14 그러나 의를 위하여 고난을 받으면 복 있는 자니 그들이 두려워하는 것을 두려워하지 말며 근심하지 말고

벧전 4:14 너희가 그리스도의 이름으로 치욕을 당하면 복 있는 자로다. 영광의 영 곧 하나님의 영이 너희 위에 계심이라.

기복 신앙을 부추기는 데 사용되는 구절들

대다수의 그리스도인은 복 개념의 새 언약적 발전에는 무지하고 무관심한 채 자신의 꿈을 이루거나 성공과 번영을 기약해 주는 것 같은 성구에는 엄청난 매력을 느낀다. 그런 경우 인용하거나 회자되는 구절들은 성경의 문맥이나 정당한 해석 과정과는 별 상관없이 여기저기에서 뽑혀 나와 우리의 욕망을 한껏 부추기는 데 사용되고 있다.

이런 구절들은 대개 두 부류로 나눠 볼 수 있다. 첫째는 적극적 사고방식과 연관된 구절들 막 9:23; 요 15:7; 빌 4:13 등이요, 둘째

는 번영의 욕구와 성공 심리를 정당화하기 위한 구절들신 28:13; 삼하 7:29; 대상 4:10; 욥 8:7; 히 6:14; 요삼 1:2 등이다. 엄밀히 말해 첫 부류의 구절들은 기복 신앙과 직접적으로 연관된 것은 아니지만, 우리의 욕망 성취를 지향하도록 자극하는 데 지대한 역할을 하고 있기 때문에 함께 다루고자 한다.

▽ 적극적 사고방식과 연관된 구절들

먼저, 적극적 사고방식과 연관된 구절부터 하나씩 검토하도록 하자.

막 9:23 예수께서 이르시되, "할 수 있거든이 무슨 말이냐? **믿는 자에게는 능히 하지 못할 일이 없느니라**" 하시니

이 구절은 우리가 욕망의 성취를 원한다면 적극적으로 믿어야 함을 강조할 때 감초처럼 인용한다. 하지만 예수께서 하신 말씀의 전후 문맥을 살펴보면 이 구절은 결코 적극적 사고방식을 정당화할 수 없음이 명백히 드러난다.

본문에 의하면, 어떤 아버지가 말 못하게 하는 귀신 들린 자기 아들을 예수께 데리고 나온 것으로 되어 있는데막 9:17, 이는 제자들이 이 귀신을 내쫓지 못했기 때문이었다18절. 그의 아버지는 예수께 "귀신이 그를 죽이려고 불과 물에 자주 던졌나이다. 그러나 **무엇을 하실 수 있거든** 우리를 불쌍히 여기사 도

와주옵소서!"**22절** 하고 외쳤다. 이 말에는 예수님의 권세와 능력을 과소평가하는 태도가 깔려 있다.

사실 예수께서는 "하나님의 거룩한 자"**막 1:24** 혹은 "지극히 높으신 하나님의 아들"**막 5:7**로서 하나님의 성령을 힘입어 귀신을 쫓아내었고 **마 12:28**, 심지어 그 권능을 사도들에게 부여하기까지 하셨다 **마 10:1**. 그런데도 이 아이의 아버지는 예수께 "무엇을 하실 수 있거든"이라고 함으로써 예수님의 귀신 쫓는 능력에 대해 어느 정도 불신과 의문의 마음을 품었던 것으로 보인다. 바로 이런 정황에서 마가복음 9장 23절의 진술이 있었던 것이다.

따라서 이곳에 언급된 믿음은 '자기 아들을 괴롭히고 있는 귀신을 예수께서 내쫓을 수 있으리라는 믿음'이다. 그러므로 우리가 이 구절로부터 무엇이든 큰 꿈을 가지고 기도하면 다 이루어진다는 식의 허황된 믿음을 도출할 수는 없다.

요 15:7 너희가 내 안에 거하고 내 말이 너희 안에 거하면 **무엇이든지 원하는 대로 구하라. 그리하면 이루리라.**

이 구절 역시 우리의 꿈과 욕망을 이루어 달라고 간곡히 아뢰며 끈질기게 매달리면 성취된다는 주장을 내세우는 데 자주 사용된다. 하나님께서는 물론 우리의 기도에 응답해 주신다. 그러나 오직 그분의 뜻대로 구할 때만 그렇다**요일 5:14**. 하나님의 뜻에 맞지 않으면 응답이란 기대할 수 없다. 이것은 심지어 겟세마네 동산에서 드러난 예수님의 기도마 26:39나 육체의 가시가 제거되지 않은 바울의 간구 경험고후 12:8-9을 보아서도 알 수 있다. 하물며 우리의 모든 욕망과 꿈이 100퍼센트 하나님의 뜻이라고 확신할 수 없는 처지에서 어떻게 끈질기게 매달리기만 하면 다 성취된다는 주장을 할 수 있겠는가?!

빌 4:13 내게 능력 주시는 자 안에서 **내가 모든 것을 할 수 있느니라.**

적극적 사고방식을 정당화하는 데 이 구절보다 더 많이 제시된 성구는 없을 것이다. 이러한 사고방식의 주창자들은 우리가 신앙인으로서 '내가 모든 것을 할 수 있다'는 신념만 있으면 못 이룰 바가 무엇이겠냐고 도전한다. 하지만 이 구절이 포함된 빌립보서 4장 10-13절에서 바울은 사도로서의 임무 수행과 경제적 형편 사이의 관계를 언급하고 있을 따름이다. 즉 자신이 하나님의 일꾼으로서 마땅히 해야 할 일들은 어떠한 재정 형편에 처하든지 간에 모두 수행할 수 있다고 말하는 것이다. 여기서 "모든 것"은 결코 자기가 성취하고자 하는 욕망의 모든 것이 아니다.

▽ **번영의 욕구와 성공 심리를 정당화하는 구절들**

이제 둘째 부류, 즉 번영의 욕구와 성공 심리를 정당화하는 구절로 넘어가 보자. '복'이라는 단어가 등장하는 구절부터 살펴보자.

삼하 7:29 "이제 청하건대 **종의 집에 복을 주사** 주 앞에 영원히 있게 하옵소서! 주 여호와께서 말씀하셨사오니 **주의 종의 집이 영원히 복을 받게 하옵소서!**" 하니라.

이 구절은 장식패를 채우는 단골 성구로서, 개인보다도 자신이 속한 가족 전체를 염두에 두고 복을 희구할 때 안성맞춤으로 인용된다. 하지만 위의 성구에 나타난 것과 같이 다윗의 가문에 약속된 복은 이른바 "네 집과 네 나라가 내 앞에서 영원히 보전되고 네 왕위가 영원히 견고하리라"삼하 7:16라는 다윗 언약을 언급하는 것이다. 다시 말해, 다윗의 자손이신 예수 그리스도 안에서 그의 구속 사역을 통해 구원의 복이 현시顯示된다눅 1:30-32는 뜻이다. 따라서 자신의 가정에 '물질적 복'이 내리기를 고대하며 사무엘하 7장 29절을 간직하는 것은 빗나간 처사요 무의미한 종교 행위이다.

대상 4:10 야베스가 이스라엘 하나님께 아뢰어 이르되, "주께서 **내게 복을 주시려거든 나의 지역을 넓히고** 주의 손으로 나를 도우사 **나로 환난을 벗어나 내게 근심이 없게** 하옵소서" 하였더니 하나님이 그가 구하는 것을 허락하셨더라.

위의 내용은 '야베스의 기도'라는 이름으로 유명해진 구절이다. 야베스의 간구를 보면, '복'이 언급되어 있고 그 복의 구체적인 사항은 '땅의 확장', '환난에서 벗어남', '근심이 없음' 등이다. 이 구절에는 하나님의 호의[내용]가 물질적 은택[형식]을 통해 드러나는 구약적 의미 구조의 패턴이 그대로 반영되어 있다. 그러나 이미 앞에서 밝혔듯이, 신약 시대에는 이 두 가지 사이의 연결 고리가 끊어졌다. 따라서 오늘날의 그리스도인들은 야베스와 달리 구원의 사실과 은택마 16:16-17; 롬 4:6-8; 갈 3:13-14; 엡 1:3-6에 초점을 맞추어 복 얻기를 구해야 할 것이다.

> 히 6:14 이르시되, "내가 반드시 **너에게 복 주고 복 주며 너를 번성하게 하고 번성하게 하리라**" 하셨더니

이 구절은 하나님께서 아브라함에게 하신 말씀창 22:17을 인용한 것에 불과하므로, 오늘날 우리 각 개인에게 물질적 복을 약속하는 내용으로 해석할 수 없다.

이제 '복'이라는 단어가 들어 있지는 않지만 기복 신앙을 자극하는 데 기여해 온, 몇 가지 다른 구절들을 살펴보도록 하자.

> 신 28:13 여호와께서 **너를 머리가 되고 꼬리가 되지 않게** 하시며 위에만 있고 아래에 있지 않게 하시리니 오직 너는 내가 오늘 네게 명령하는 네 하나님 여호와의 명령을 듣고 지켜 행하며

위 성구는 내가 우스개로 '머리-꼬리 콤플렉스'라고 이름 붙인 구절이다. 많은 경건한 그리스도인들이 자녀들의 입학, 취직, 결혼 등과 연관하여 이 구절을 인용한다. 하지만 이런 적용은 두 가지 면에서 그릇되었다. 첫째, "머리"와 "꼬리"는 개인이 아니라 국가나 민족을 가리킨다는 점이다. 신명기 28장 1절에 보면 "너를 세계 모든 민족 위에 뛰어나게"라고 되어 있고 12절에도 "네가 많은 민족에게 꾸어 줄지라도"로 되어 있다. 둘째, 하나님에 대한 순종의 관계가 외적 은택을 발현시킨다는 것은 구약 시대의 가르침이다. 다시 말하거니와 복에서 '내용'과 '형식' 사이의 긴밀한 연접은 구약 시대로 끝이 났다.

욥 8:7 네 시작은 미약하였으나 네 나중은 **심히 창대하리라**.

이 구절도 장식패의 단골 내용인데 주로 사업장에 많이 걸려 있다. 가게나 업소가 새로 생겨 출발을 할 때, 처음 시작 단계에서는 보잘것없더라도 시간이 흐름에 따라 크게 번성하기를 바란다는 희망의 메시지로 사용된다. 이 내용은 원래 욥의 친구인 빌닷이 욥에게 하는 충고**욥 8:1-7** 가운데 들어 있다. 욥이 현재 당하고 있는 고난은 자녀들의 범죄 때문이므로**4절** 그런 영적 문제를 해결하면 머지않아 재난의 상황이 종료될 것 **5-6절**이라고 빌닷은 설명한다.

빌닷의 처방은 복의 내용과 형식이 연접되어 있다는 구약적 공식에 입각해 볼 때 구구절절 타당하다. 단지 자녀들의 신앙이 욥에게 문제를 초래한 것은 아니라는 사실—성경은 욥의 자녀들이 범죄했다고 명확히 말하고 있지 않고, 혹시 범죄했다 할지라도 욥으로서는 그들을 위해 번제를 드리곤 했다는 점욥 1:5을 감안할 때—을 모르고 있었을 뿐이다. 하지만 혹시 욥과 자녀들에 대한 빌닷의 판정이 정확하다고(또 욥 8:7의 '창대 이론'이 맞는다고) 해도, 그것은 앞에서 몇 번이나 언급한 바복 개념의 새 언약적 변화 때문에 신약 시대의 그리스도인에게는 해당될 수 없는 것이다.

요삼 1:2 사랑하는 자여! **네 영혼이 잘됨**같이 **네가 범사에 잘되고 강건하기를** 내가 간구하노라.

이 성구는 형통 신학을 토착화한 신토불이 용어 '삼박자 구원'의 근거 구절이다. 제대로 된 그리스도인이라면 영혼이 잘되는 것(영적 성숙)은 필연적으로 범사에 잘되는 것(경제적·사업상 번영)과 강건한 것(신체적 건강)을 동반한다는 주장이다. 이러한 설명은, 마치 그리스도인에게 영적 성숙이 마땅한 목표이듯 경제적 번영과 신체적 건강 또한 마땅히 지향해야 할 목표인 것처럼 생각하게 한다. 나는 이러한 주장에 대해 세 가지 항목으로 비판을 시도하고자 한다.

첫째, 이 설명은 요한삼서 1장 2절의 내용을 잘못 나누었다. '삼박자 구원'에서는 이 구절을 세 부분으로 나누어 설명하고 있는데, 이 구절은 흔히 생각하듯 세 부분이 아니고 두 부분으로 나뉜다. 즉 "영혼이 잘됨"이 한 부분이고, "범사에 잘되고 강건함"이 또 한 부분이다. 또 '삼박자 구원'에서는 후반부의 내용과 관련해 "범사에 잘되고"와 "강건함"을 별도의 사항으로 보았는데, 이는 주석적으로 볼 때 정당하지 않다. 오히려 "잘되고"와 "강건함"은 함께 "범사"에 걸려 있다.

둘째, 본문에 대해 무리한 해석을 시도하고 있다. 조금 전에 설명했듯 "잘되고"와 "강건함"이 함께 범사에 걸려 있다면, 이 부분으로부터 경제적·사업상 번영과 신체적 건강이라는 별도의 두 내용을 도출할 수는 없는 일이다. 예를 들어, "범사"에 감사하라_{엡 5:20; 살전 5:18}라는 권면에서처럼 "범사"는 그리스도인의 신앙 전반을 지칭하는 단어이지, 꼭 경제적이거나 사업상 번영에 국한된 것으로 해석할 수 없다. 또 "잘되고"와 "강건함" 역시 각각 물질적 번영과 신체적 건강으로 대별해서 이해하기보다는 풍성하고 건전한 상태를 의미하는 중복적 표현으로 보아야 한다. 즉, "범사에 잘되고 강건함"은 마땅히 '신앙생활의 전반적 면모가 풍성하고 건전한 상태에 있음'으로 해석해야 한다.

셋째, '삼박자 구원'은 불합리한 추론*non sequitur*의 전형적 예이다. 만에 하나 첫째와 둘째 비판이 틀렸고 삼박자 구원의 주창자가 주장한 것이 맞다고 해도, 이 구절에서 '삼박자 구원'의 교리를 도출하는 것은 무리가 있다. 알다시피 이 구절은 '가이오'라는 개인**요삼 1:1**에 대한 간원의 형태를 취하고 있다. 그러므로 "~하게 되기를 바란다"[간원]와 "~해야 한다"[당위]나 "반드시 ~하게 된다"[필연] 사이에는 넘을 수 없는 논리적 간극이 존재한다.[4] 이처럼 요한삼서 1장 2절은 그저 '바람'의 차원이기 때문에 삼박자 구원이 요구하는 당위나 필연의 차원과는 사뭇 다른 것이다.

따라서 한국 교회에 자리 잡은 삼박자 구원은 성경적 근거가 결여된 가르침이라고 해야 할 것이다.

기복 신앙을 극복하는 길

기복 신앙은 생각보다 훨씬 깊이 그리스도인의 신앙과 삶에 침투해 들어와 있다. 이러한 신앙의 경향을 그대로 방치할 경우, 그 폐해는 우리 각 개인과 공동체에 치명적인 요인으로 작용할 것이다. (아니, 이미 그렇게 되고 있지 않은가?!) 무엇보다도, 삼위 하나님께서 그리도 중요시하시는 구원의 복, 예수께서 자신의 목숨을 바치면서까지 주시고자 했던 복을 값싸게 여기고 하찮은 것으로 치부해 버린다. 구원의 복을 등한시하면 이와 긴밀히 연관된 여타의 신앙적 면모들—자기를 부인하고 십자가를 짐, 고난 중에 즐거워함, 희생과 봉사의 삶을 살아감—또한 우리의 신앙생활에서 현저히 약화되고 급기야 자취를 감추게 된다.

그뿐만 아니라 그리스도인이 구원의 복을 마다하면 곧이어 별로 중요하지 않은 항목들—주로 경제적 번영, 세상에서의 성공, 사업의 번창, 안락한 삶 등의 물질적 은택—을 복의 핵심으로 여기게 된다. 물론 이러한 물질적 은택들도 하나님께서 베푸시는 선물임에 틀림없다약 1:17 참조.[5] 하지만 이것들은 복의 핵심이 아니고, 하나님께서는 결코 이런 비본질적인 것에 우리가 마음 뺏기는 것을 원하지 않으신다. 이처럼 물질적 은택을 복의 핵심으로 여기고 우리가 지속적으로 그런 신앙의 패턴에 노출될 때, 우리는 탐심의 노예가 되며 이 세상 신이 군림하는 신전에서 제사장 노릇을 하게 될 것이다. 우리는 하나님의 나라보다 자기 왕국의 건설에 분주하고, 하나님께 자신을 드리기보다 오히려 하나님을 이용하기에 바쁠 것이다.

이 비극적이고 비참한 개인적·공동체적 상황에서 우리는 어떻게 성경적 개혁의 기치를 들 수 있을 것인가? 첫째, 복과 관련하여 올바른 성경 해석과 적용이 있도록 줄기차게 가르치고 순종의 마음으로 배워야 한다. 둘째, 배우고 이해한 참된 복의 내용이 실제로 우리의 심령에 내면화되도록 힘써야 한다. 구원의 복이 의미하는 신앙 내용, 즉 하나님의 자녀됨, 영생, 하나님을 앎, 성령님의 내주, 하늘나라를 기업으로 받음, 주님과 친밀히 사귐 등으로 인해 우리의 가치관과 생활 방식에 변화가 있도록 해야 한다. 셋째, 복의 문제와 관련하여 넘어지고 쓰러질 때마다 회개하고 일어서야 한다. 우리는 연약하고 어리석기 때문에 참된 복의 내용을 배우고 내면화했다 할지라도 실제 삶의 정황에 들어가서는 시험을 받고 유혹에 빠지는 수가 빈번하다. 그때마다 그 속에 질펀히 앉아 있지 말고 즉각 회개하고 분연히 일어나야 한다.

이러한 세 가지 방침은 모든 그리스도인에게 해당되지만, 특히 신앙의 공동체 내에서 지도력을 행사하도록 부름 받은 이들에게 더욱 중요하다. 그들의 가르침과 모범이 공동체에 미치는 영향이 대단하기 때문이다.

기복 신앙은 그 내력과 연조가 그리스도인들 사이에 워낙 깊어진 터라 대응이 쉽지 않을 것이다. 그렇다고 보고만 앉아 있을 수는 없는 일이고, 또 극복이 전혀 불가능한 것만도 아니다. 우리 각 개인(특히 지도자)과 공동체에 수시로 각성의 계기가 마련되느냐, 이 거대한 내면의 적에 대해 지속적으로 투쟁의 의지를 발휘하겠느냐가 중요하다. 바로 여기에 기복 신앙을 퇴치할 수 있는 비결이 담겨 있다.

2. 교회당은 성전인가?

▼

▼

언젠가부터 대부분의 그리스도인은—어떤 경우에는 목회자의 부추김에 의해—교회당을 '성전'이라 부르고 있다. 주일에 공예배를 드리면서 "우리가 주의 '전'[성전의 약칭]을 사모하여 나왔나이다"라고 기도한다. 평소에도 그렇지만 특히 교회당을 새로 건축해야 하는 상황이 되면 너나없이 '성전 건축'이라는 표현을 사용한다. 얼마 전부터는 '지성전'이라는 용어까지 등장했는데, 이는 대형 교회가 필요에 따라 회중을 지역별로 나누고 각각의 회중이 모이는 건물이나 장소를 이렇게 지칭하면서 대중화하기 시작했다.

교회당을 성전이라고 부를 때 그런 명칭을 사용하는 이들 사이에는 은연중에 최소 다음과 같은 두 가지 경향이 두드러지게 나타난다. 첫째, 하나님의 임재와 역사가 어떤 특정한 건물이나 장소와 연관이 된다고 생각한다. 둘째, 자기들이 모이고 활동하는 건축물을 미신적이고 마술적으로 신성시한다. 나는 이러한 두 가지 신앙적 경향을 가리켜 '성전 신앙'이라 부르고자 한다.

성전 신앙이 한국의 그리스도인들 사이에서 이토록 극성을 부리는 것은 서로 맞물린 세 가지 이유 때문이다. 첫째, 구약 성경을 읽으면서 성전이 여호와 하나님을 믿는 신앙의 중심축이 됨을 빈번히 발견했다. 따라서 우리도 교회당을 귀하게 여겨야 한다고 생각하게 된 것이다. 둘째, 교우들 편에서 보자면 신앙의 초점을 건축물이라는 유형의tangible 대상에 맞춤으로써 구체적이고 실증적인 신앙생활이 가능하게 되었다. 사실 신앙의 본질은 영이신 하나님과의 인격적 교제이지만, 까딱 잘못하면 이것이 추상적이고 개념적인 차원에만 머물 수 있기 때문이다. 셋째, 목회자 편에서 교회당을 성전이라고 강조할 때 많은 목회적 유익이 생긴다. 예배 참석을 독려할 근거를 갖게 되고, 그 장소에서 이루어지는 각종 집회에 신성한 의미를 부여할 수 있으며, 이로써 이른바 교회 성장의 기틀이 마련되는 셈이기 때문이다.

여기서는 이 세 가지 이유 가운데 첫 번째 사항과 관련하여 성경의 교훈을 정리해 보고자 한다.

구약에 나타난 성전

▽ 성막에서 성전까지

하나님께서는 출애굽한 이스라엘 백성과 언약을 맺으시면서 출 19:5, 24:1-8 율법을 주셨고 출 20:3-23:33, 이어서 성막의 건립과 제사장 제도의 수립을 명하셨다 출 25:1-31:11. 그런데 그렇게 성막을 건립하도록 하신 목적은 '하나님께서 이스라엘 자손 가운데 거하시기 위함'이었다.

> 출 25:8 내가 그들 중에 거할 성소를 그들이 나를 위하여 짓되
> 신 12:5 오직 너희의 하나님 여호와께서 자기의 이름을 두시려고 너희 모든 지파 중에서 택하신 곳인 그 계실 곳으로 찾아 나아가서

이처럼 하나님께서는 땅의 어떤 백성도 꿈꿀 수 없는 영광스러운 특권을 이스라엘에게만 허락하셨으니, 그것은 곧 이스라엘 백성 가운데 임재하시는 일이었다. 이러한 하나님 임재의 실현은 성소를 지음으로써 이루어질 것이었다.

하나님께서는 그들 가운데 거할 뿐만 아니라 성소에서 그들과 만나고 그들에게 자신의 뜻을 전달하신다.

> 출 25:22 거기서 내가 너와 만나고 속죄소 위 곧 증거궤 위에 있는

두 그룹 사이에서 **내가 이스라엘 자손을 위하여 네게 명령할 모든 일을 네게 이르리라.**

출 29:42-43 [42]이는 너희가 대대로 여호와 앞 회막 문에서 늘 드릴 번제라. **내가 거기서 너희와 만나고 네게 말하리라.** [43]**내가 거기서 이스라엘 자손을 만나리니** 내 영광으로 말미암아 회막이 거룩하게 될지라.

하나님께서는 이스라엘 가운데 임재하실 뿐만 아니라 한 걸음 더 나아가 그들과 만나고 그들에게 자신의 뜻을 전하기 위해 성소를 짓게 하셨다.

이스라엘이 가나안 땅에 정착한 후 사사 시대를 거쳐 왕정 체제로 돌입하면서 곧 착수한 일은 솔로몬을 통한 성전 건립이었다. 그런데 우리는 솔로몬의 성전 역시 모세의 이동 성막과 비슷한 목적 때문에 건립이 요구되었음을 발견한다. 다시 말해, 성전 건립의 목적은 '하나님께서 이스라엘 백성과 함께하시고 그들 가운데 처소를 마련하시도록 하려는 데' 있었다.

왕상 8:13 내가 참으로 **주를 위하여 계실 성전**을 건축하였사오니 **주께서 영원히 계실 처소로소이다** 하고

왕상 9:3 여호와께서 그에게 이르시되 "네 기도와 네가 내 앞에서 간구한 바를 내가 들었은즉 나는 네가 건축한 이 성전을 거룩하게 구별하여 **내 이름을 영원히 그곳에 두며 내 눈길과 내 마음이 항상**

거기에 있으리니"

이상에서 살펴본 것과 같이 모세의 이동 성막이든 솔로몬의
영구적 성전이든 그 건립 목적은 '**하나님의 영광스러운 임재를
누리기 위함**'이었다. 그런데 이 목적이 실현되었음은 성막과 성
전의 완성 시에 있었던 초자연적 현상으로부터 짐작할 수 있다.

출 40:34-35 ³⁴구름이 회막에 덮이고 **여호와의 영광이 성막에 충만하
매** ³⁵모세가 회막에 들어갈 수 없었으니 이는 구름이 회막 위에
덮이고 **여호와의 영광이 성막에 충만함이었으며**

왕상 8:10-11 ¹⁰제사장이 성소에서 나올 때에 **구름이 여호와의 성전에
가득하매** ¹¹제사장이 그 구름으로 말미암아 능히 서서 섬기지 못
하였으니 이는 **여호와의 영광이 여호와의 전에 가득함이었더라.**

Ⅴ   내용과 형식 사이의 연접 현상

우리는 여기서 다시금 내용과 형식 사이의 연접 현상을
보게 된다. 구약 시대에는 대부분의 사안이 두 가지 요소, 곧
내용과 형식이 함께 맞물림으로써 그 의미가 살아난다고 하였
다.[1] 이것은 성전의 경우에도 마찬가지이다. 이 경우 내용은
'하나님의 임재'이고 형식은 '종교적 건축물'(이동 성막 혹은 고
정된 성전 건물)이다. 구약 시대에는 하나님의 영광스러운 임재
가 특정 양식의 건조물建造物을 통해서만 가능했다. 만일 하나

님께서 명한 이동 성막이나 솔로몬의 성전이 없었다면, 결코 하나님의 임재는 경험할 수 없었을 것이다. 구약 시대에는 형식도 내용 못지않게 중요한 위치를 차지하고 있었기 때문이다. 이것은 성막이나 성전의 건축 구조가 하나부터 열까지 하나님의 창안에 의한 것임을 보아서도 추정할 수 있다.

> **출 25:8-9** [8]내가 그들 중에 거할 성소를 그들이 나를 위하여 짓되 [9]**무릇 내가 네게 보이는 모양대로 장막을 짓고 기구들도 그 모양을 따라** 지을지니라.
>
> **대상 28:12, 19** [12]또 **그가 영감으로 받은 모든 것** 곧 여호와의 성전의 뜰과 사면의 모든 방과 하나님의 성전 곳간과 성물 곳간의 설계도를 주고 … [19]다윗이 이르되, "**여호와의 손이 내게 임하여 이 모든 일의 설계를 그려** 나에게 알려 주셨느니라."

물론 그렇다고 하여 성전이라는 형식 자체가 성전에 임하는 이들의 올바른 자세 없이 그 내용, 즉 하나님의 영광스러운 임재를 자동으로 보장해 주지는 않았다. 이것은 이미 성전을 지을 당시부터 하나님 자신에 의해 밝혀진 바였다.

> **왕상 9:6-7** [6]만일 너희나 너희의 자손이 아주 돌아서서 나를 따르지 아니하며 내가 너희 앞에 둔 나의 계명과 법도를 지키지 아니하고 가서 다른 신을 섬겨 그것을 경배하면 [7]내가 이스라엘을 내가

그들에게 준 땅에서 끊어 버릴 것이요 **내 이름을 위하여 내가 거룩하게 구별한 이 성전이라도 내 앞에서 던져 버리리니** 이스라엘은 모든 민족 가운데에서 속담거리와 이야기거리가 될 것이며

후에 예레미야 역시 성전이라는 형식 자체에 대한 맹신을 질타하곤 했다.

렘 7:3-4 [3]만군의 여호와 이스라엘의 하나님께서 이와 같이 말씀하시되, "너희 길과 행위를 바르게 하라. 그리하면 내가 너희로 이곳에 살게 하리라. [4]너희는 '**이것이 여호와의 성전이라, 여호와의 성전이라, 여호와의 성전이라!' 하는 거짓말을 믿지 말라.**"

하지만 그것이 성전의 제도와 구조물 없이도 하나님의 임재/현현을 누릴 수 있다는 말은 아니었다. 그래서 포로 귀환과 더불어 이스라엘 백성이 제일 먼저 힘쓴 일은 성전 건축이었다스 1:5, 3:8-13, 6:13-15.

바로 이러한 맥락에서 구약의 성도들은 여호와의 성전을 그렇게도 사모했던 것이다.

시 27:4 내가 여호와께 바라는 한 가지 일 그것을 구하리니 곧 내가 내 평생에 **여호와의 집에 살면서** 여호와의 아름다움을 바라보며 **그의 성전에서** 사모하는 그것이라.

시 65:4 주께서 택하시고 **가까이 오게 하사 주의 뜰에 살게 하신 사람은 복이 있나이다. 우리가 주의 집 곧 주의 성전의 아름다움으로 만족하리이다.**

시 84:1-2, 4 [1]**만군의 여호와여! 주의 장막이 어찌 그리 사랑스러운지요!** [2]**내 영혼이 여호와의 궁정을 사모하여 쇠약함이여!** 내 마음과 육체가 살아 계시는 하나님께 부르짖나이다. ⋯ [4]**주의 집에 사는 자들은 복이 있나니 그들이 항상 주를 찬송하리이다.**

이처럼 구약 시대에는 내용[하나님의 임재]이 형식[특정한 건축물]을 통해서만 그 의미가 살아났기 때문에, 그 당시 이스라엘 백성은 성전에 대해 그토록 간절한 마음과 열망을 품었던 것이다.[2]

새 언약 시대의 성전

성전을 통한 하나님의 임재 역사는 신약으로 넘어오면서 커다란 변화를 겪는다. 즉 내용과 형식 사이의 긴밀한 연관은 깨지고, 성전은 더 이상 구약식의 의미와 중요성을 갖지 못하게 되었다. 그 이유는 성육신하신 예수 그리스도께서 하나님의 임재 자체이므로 더는 다른 형식을 필요로 하지 않기 때문이다.

요 1:14, 18 ¹⁴말씀이 육신이 되어 **우리 가운데 거하시매 우리가 그의 영광을 보니** 아버지의 독생자의 영광이요 은혜와 진리가 충만하더라. … ¹⁸본래 하나님을 본 사람이 없으되 아버지 품속에 있는 독생하신 하나님이 나타내셨느니라.

요한복음 1장 14절에 있는 '거하다'라는 동사는 '장막을 치다to tabernacle'라는 뜻으로, 구약 시대 하나님께서 성전에 임재하심으로써 이스라엘 백성 가운데 거하는 것과 예수님의 성육신이 같음을 보여 주고 있다. 그 "영광" 역시 모세의 이동 성막이나 솔로몬의 성전 완공 시에 충만했던 여호와의 영광출 40:34-35; 왕상 8:10-11을 연상시킨다. 이렇게 예수 그리스도 안에 하나님께서 온전히 임재하시고골 2:9 참조 그를 통해 하나님께서 어떤 분인지 알 수 있었으므로, 예수님은 보이지 않는 하나님을 사람들이 볼 수 있게 해 준 분이었다요 1:18. 바로 그런 의미에서 예수께서는 **자기 자신이 바로 성전**이라고 밝히신 것이다.

요 2:19-21 ¹⁹예수께서 대답하여 이르시되, "너희가 이 성전을 헐라. 내가 사흘 동안에 일으키리라." ²⁰유대인들이 이르되, "이 성전은 사십육 년 동안에 지었거늘 네가 삼 일 동안에 일으키겠느냐?" 하더라. ²¹그러나 예수는 **성전된 자기 육체**를 가리켜 말씀하신 것이라.

예수께서 성전을 3일 동안에 일으키겠다고 하셨을 때 유

대인들은 이 말을 지나치게 문자적으로 해석했다. (사실 주전
20년에 출발한 제2차 성전의 보수 공사는 46년이 지난 주후 26년에도
끝나지 않았고, 이후로도 38년이나 더 걸렸다.) 예수께서는 단지 자
기 자신이 성전이라는 의미에서 이런 말씀을 하신 것이다.

이렇듯 예수 그리스도께서 성전이 되셨으므로 이제 더 이
상 형식으로서의 성전, 곧 건물로서의 성전과 이에 따른 제사
제도는 필요하지 않게 되었다. 이 점은 예수 그리스도께서 십
자가에서 돌아가셨을 때, 성소의 휘장이 찢어짐으로써 상징적
으로 드러났다.

> **마 27:51** 이에 **성소 휘장이 위로부터 아래까지 찢어져 둘이 되고** 땅이
> 진동하며 바위가 터지고

히브리서 기자는 위에 묘사된 십자가 사건 당시의 현상을
다음과 같이 해석하고 있다.

> **히 10:19-20** [19]그러므로 형제들아! 우리가 예수의 피를 힘입어 성소
> 에 들어갈 담력을 얻었나니 [20]**그 길은 우리를 위하여 휘장 가운데로
> 열어 놓으신 새로운 살 길이요 휘장은 곧 그의 육체니라.**

예수께서는 십자가에서 돌아가신 후 부활하셨고, 승천하
여 하나님 우편에 앉으셨다 **막 16:19; 눅 24:50-51; 히 1:3**. 그러고서 성

부로부터 성령을 받아 그의 교회에 부어 주셨다. 따라서 오순절의 성령 강림은 성부 하나님의 사역이지만 동시에 그리스도의 사역이기도 하다.

행 2:33 하나님이 오른손으로 예수를 높이시매 **그가 약속하신 성령을** 아버지께 받아서 **너희가 보고 듣는 이것을 부어 주셨느니라.**

그리고 이 사역을 통해 이제는 성령께서 우리 안에 거하실 수 있게 되었다. 즉 오순절 이후에는 이렇게 성전이신 예수 그리스도의 내주골 **1:27 참조**로 말미암아 바로 우리 자신, 그리스도인 각 개인과 공동체가 하나님께서 거하시는 처소인 성전이 되었다.

우선, 그리스도인 각 개인이 성전이다.

고전 6:19 너희 몸은 너희가 하나님께로부터 받은 바 **너희 가운데 계신 성령의 전인** 줄을 알지 못하느냐? 너희는 너희 자신의 것이 아니라.

또 우리는 공동체적으로 성전을 형성하고 있다.[3]

고전 3:16-17 [16]너희는 **너희가 하나님의 성전인 것과 하나님의 성령이 너희 안에 계시는 것을** 알지 못하느냐? [17]누구든지 하나님의 성전을 더럽히면 하나님이 그 사람을 멸하시리라. 하나님의 성전은 거룩하니 너희도 그러하니라.

고후 6:16 하나님의 성전과 우상이 어찌 일치가 되리요? **우리는 살아 계신 하나님의 성전**이라. 이와 같이 하나님께서 이르시되, "내가 그들 가운데 거하며 두루 행하여 나는 그들의 하나님이 되고 그들은 나의 백성이 되리라."

엡 2:21-22 ²¹그[그리스도]의 안에서 건물마다 서로 연결하여 **주 안에서 성전이 되어 가고** ²²너희도 성령 안에서 **하나님이 거하실 처소**가 되기 위하여 그리스도 예수 안에서 함께 지어져 가느니라.

이리하여 신약 시대에는 성전의 구조물[형식] 없이도 얼마든지 하나님의 임재[내용]를 누릴 수 있게 되었다. 따라서 오늘날 참다운 의미에서의 성전은 우리 각 개인과 공동체이지, 예배당 건물이 아니다. 비록 예배당을 가리켜 '성전'이라 하고 교회당을 지으며 '성전 건축'이라고 하지만, 이것은 성경·신학적으로 볼 때 합당한 표현이 아니다.

성전 신앙을 유발하는 다른 요인들

위에서는 성전 신앙이 주로 성경적 요인 때문에 형성된

것으로 서술했다. 즉 성경을 읽으면서 구약의 성전을 은연중에 오늘날의 교회당과 동일시하는, 그릇된 성경 해석 및 적용이 성전 신앙의 주범임을 밝혔다. 그런데 이러한 성경적 요인의 비중이 크다 해도 성전 신앙의 형성을 꼭 이 한 가지 요인으로만 설명할 수 있는 것은 아니다. 이제 두 가지 새로운 요인을 추가적으로 제시하고자 한다.

Ⅴ 무교적 요인

한국의 그리스도인들 사이에 성전 신앙이 요원의 불길처럼 퍼지는 또 다른 이유는, 무교적巫教的 세계관과 심성이 깊이 배어 있기 때문이다. 샤머니즘 및 원시 신앙은 영적 실체나 현상을 어떤 특정한 물체와 연관시키거나 그 물체에다 영적 의미를 투사하곤 한다. 과거에 원시 종교가 정령 숭배/물활론 animism 경향을 나타내는 것도 이와 비슷한 이치이다. 그리하여 어떤 물체는 액운이나 사탄의 역사를 불러일으키는 것으로 취급받는다. 인디언의 주술 장치이기 때문에 그 자체로서 사탄적이라든지, 일가족 몰살의 범행 도구가 유령을 불러낸다든지 하는 것이 단적인 예이다.

반대로 어떤 물체는 하나님의 호의나 은혜를 매개하는 '능력 있는' 수단으로 여겨지기도 한다. 십자가와 성배에 대한 맹목적 집착이나 성인들의 유골이나 유품 등이 행운을 가져다준다고 굳게 믿는 것도 이로써 설명이 된다. 선악을 알게 하는 나무의 실과에는 '죄의 독'이 내장되어 있었고 생명나무 실과는 그 자체에 생명의 능력을 본래부터 함유하고 있다고 생각한다.

교회당을 성전이라고 부르면서 그리스도인들 또한 비슷한 생각을 한다. 어떤 특정 장소에다 '성전'이라는 용어를 적용함으로써, 그 장소는 하나님께서 계시는 곳이므로 거룩하고 신성하고 구별된 영역이 된 것처럼 공공연히 주장한다. 그렇다고 하여 이들이 꼭 교회당 건물 속에 무슨 하나님의 신령한 힘이 흐른다고 생각하는 것은 아니지만, 그 건물 구조가 어떤 방식으로든 하나님의 능력을 매개한다고 믿는 데는 틀림이 없다.

▽ 종교심리적 요인

성전 신앙이 그리도 쉽게 파급되도록 만드는 또 한 가지 사항으로서 '종교심리적 요인'을 거론할 수 있다. 이것은 교회당이라는 공간이 제공하는 종교심리적 효과를 의미한다.

첫째, 교회당은 공동체 의식을 형성하고 지속하는 데 기여한다. 인간은 공간의 공유를 통해 집단 행위를 수행하며, 이것은 그 구성원들 사이에 공동체 의식을 고양시킨다. 이런 현상은 교회당이라는 공간을 통해서도 마찬가지로 발생하고 있다. 그리스도인들은 교회당이라는 공간을 통해 공예배를 드리고, 그룹으로 기도회를 하며, 주일학교 교육을 실시한다. 이로써 연관된 구성원들의 공동체 의식은 현저하게 확장된다.

둘째, 교회당은 그 건축물의 건립 및 유지와 관련하여 구성원들 각자가 보람을 느낄 수 있게 해 준다. 대부분의 교회당 건축에는 헌금을 통한 재정의 투자, 몸으로 참여하는 봉사 활동, 역경이나 반대와 싸워 가며 공동의 목표를 달성함 등의 요소들이 포함된다. 이런 사항들 때문에 그리스도인들은 교회당에 대해 긍정적 가치를 부여하게 되는 것이다.

셋째, 교회당은 그리스도인에게 많은 종교적 경험 및 추억들을 상기시킨다. 인간의 종교적 정서는 어떤 특정한 종교 경험을 가졌을 때의 장소·분위기·정황에 따라 크게 촉발된다. 지난여름 헌신 예배 때의 장면, 주일학교 교사가 남긴 눈물의 권면, 단기 선교를 떠나면서 무릎 꿇어 기도하던 일 등은 대개 교회당 안에서 일어난 일이므로, 특정 교회당에의 출석과 참여가 늘어나면 이러한 작용은 극대화된다.

이런 종교심리적 효과 때문에 우리는 교회당을 중요시하고 어떤 경우에는 심지어 '성전'이라고까지 부르는 것이다.

▽ 각 요인에 대한 평가

나는 위에서 성전 신앙의 형성 요인을 세 가지, 즉 '성경적 요인', '무교적 요인', '종교심리적' 요인으로 제시했다. 이 가운데 잘못된 해석에서 온 성경적 요인과 무교적 요인은 바람직하지 않은 요인으로 한시바삐 근절되어야 한다. 하지만 종교심리적 요인의 경우에는 다르다. 이것은 대체로 긍정적이거나 최소한 중립적인 요인으로 평가할 수 있다. 그럼에도 불구하고 종교심리적 요인이 문제가 되는 것은, 한 개인의 심령 및 공동체의 삶 가운데 종교심리적 요인이 성경적 요인이나 무교적 요인과 함께 교묘히 융합되어 영향력을 발휘하기 때문이다. 따라서 우리는 종교심리적 요인을 성경적 요인이나 무교적 요인과 분리해서 인정하도록 힘써야 한다.

참된 의미의 성전 신앙을 위하여

나는 오늘날 유행하는 성전 신앙을 비판함으로써 교회당의 필요성을 부인하려는 것은 아니다. 위에서 교회당의 종교심리적 요인을 긍정적으로—아니면 최소 중립적으로—취한 것을 보아서도 알 수 있을 것이다. 그런데 이러한 종교심리적 요인이 더욱 긍정적이고 바람직한 것이 되기 위해서는, 그리스도인 사이에 참된 의미의 성전 신앙이 강조되어야 한다.

예를 들어, 오늘날 진정한 의미에서의 '성전 건축'은 그 본질상 그리스도인 각 개인의 신앙을 강화해 주는 일—'덕 세움' **롬 14:19; 고전 8:1, 10:23, 14:3; 엡 4:29**—이나 그리스도의 몸을 세우는 일**고전 14:4-5**과 연관해서 사용해야 한다. '덕德을 세우다'라는 말은 흔히 생각하듯 개인의 체면이나 위신을 높여 준다는 뜻이 아니다. 이 단어 그리스어 명사형은 **오이코도메**οἰκοδομή로서, 집이나 권속을 뜻하는 **오이코스** οῖκος와 짓는다 to build라는 의미의 **데모** δέμω에서 유래했다. 다시 말하면, 집이나 어떤 영적 건물을 세우는 것이 '덕을 세움'의 원래 의미이다. 따라서 그리스도인 개인을 세우는 것, 곧 개인의 신앙을 강화해 주는 일이 바로 성전 건축의 핵심이다.

> **롬 14:19** 그러므로 우리가 화평의 일과 **서로 덕을 세우는 일**을 힘쓰나니
>
> **고전 10:23-24** [23]모든 것이 가하나 모든 것이 유익한 것은 아니요 모든 것이 가하나 모든 것이 **덕을 세우는 것**은 아니니 [24]누구든지 자기의 유익을 구하지 말고 남의 유익을 구하라.

공동체를 세우는 일, 공동체의 유익을 도모하는 일 역시 성전 건축의 중요한 방안이 된다.

> **고전 14:5** 나는 너희가 다 방언 말하기를 원하나 특별히 예언하기를 원하노라. 만일 방언을 말하는 자가 통역하여 **교회의 덕을 세우지** 아니하면 예언하는 자만 못하니라.

이렇게 개인과 공동체의 덕을 세우는 것이 진정한 의미에서의 성전 신앙이고, 또 이것이 전제될 때 교회당은 그 종교심리적 기능을 건전하고 아름답게 발휘할 수 있을 것이다. 따라서

그리스도인은 개인과 관련해서든 공동체와 연계해서든 사랑,
용서, 섬김 등의 덕목을 통해 '성전을 세우도록' 힘써야 한다.

3. 목회자는 구약 시대의 제사장 같은 존재인가?

▼

▼

얼마 전까지만 하더라도 목사를 가리켜 '하나님의 **기름 부음 받은 종**'이라 부르는 사례를 쉽게 접할 수 있었다. 특히 부흥회 때 하나님의 말씀을 전하러 온 초청 강사들은 너나 할 것 없이 이런 호칭으로 불리기를 좋아했다. 또 본 교회의 목사들도 자신의 권위가 도전을 받든지 일사불란한 위계질서가 삐거덕거린다 싶으면, "감히 하나님의 기름 부음 받은 제사장을 대적하느냐?" 하면서 자신의 위상을 부각하곤 했다. 결국 부흥 강사건 해당 교회의 목사건 그 주장하는 바는 동일하다. 즉 그들은 구약에 흔히 등장하는 '제사장'이라는 것이다. 다시 말해, 목회자는 구약의 제사장 계층에 해당되고 일반 교우는 평범한 백성이라는 것이다. 비록 최근에는 목회자들이 자신을 이렇게 명시적으로 '하나님의 제사장'이라 밝히지 않는다 해도 근본 질문은 여전히 남는다. "오늘날의 목회자들은 구약 시대의 제사장과 같은 계층의 사람인가?"

물론 위의 질문에 대해 전혀 답변이 시도되지 않은 것은 아니다. 마르틴 루터가 종교개혁 당시 주창한 '만인 제사장萬人祭司長, priesthood of all believers'교리는 부분적이나마 이미 위의 질문에 답변을 제시했다. 그러나 만인 제사장 이론만으로는 이 질문에 대한 충분한 답변이 되지 못한다. 3장의 주제는 바로 이런 상황에 도움을 주기 위한 것이다.

구약 시대: 인간 중보자들

▽ 인간 중보자의 개념

구약 시대의 제사장이 어떤 인물인지를 파악하기 위해서는, '인간 중보자'라는 개념부터 설명해야 한다. 하나님께서는 이스라엘을 통치하고 다스리시는 데—이른바 신정 통치神政統治, theocracy라고 한다—에 인간 지도자들을 활용하기로 정하셨다. 그래서 하나님의 선택을 받은 인간 지도자들은 하나님과 이스라엘 백성 사이에 서서 종교적·정치적·사회적 임무를 수

행하곤 하였다. 이 일꾼들이 하나님과 이스라엘 백성 사이에
서 활동했기 때문에 이들을 가리켜 **인간 중보자**human mediators
라 부른다. 그 대표적 인물로서 모세를 들 수 있다.

갈 3:19-20 [19]그런즉 율법은 무엇이냐? 범법하므로 더하여진 것이
라. 천사들을 통하여 **한 중보자의 손으로** 베푸신 것인데 약속하신
자손이 오시기까지 있을 것이라. [20]**그 중보자는 한 편만 위한 자가
아니나** 하나님은 한 분이시니라.

신 5:5 그때에 너희가 불을 두려워하여 산에 오르지 못하므로 **내가
여호와와 너희 중간에 서서** 여호와의 말씀을 너희에게 전하였노라.

위 구절들에 의하면, 두 가지 사실이 명료히 드러난다. 첫
째, 중보자는 하나님과 인간 사이에 위치해 있는 존재이다. 둘
째, 하나님께서는 율법을 전달하는 데에 인간 중보자―이 경
우에는 모세―를 활용하셨다. 그런데 모세는 인간 중보자로
서 율법뿐이 아니요 궁극적으로는 하나님과의 언약 체결을 할
때도 중보자로서의 소임을 다했다.

히 8:5-6 [5]그들이 섬기는 것은 하늘에 있는 것의 모형과 그림자라.
모세가 장막을 지으려 할 때에 지시하심을 얻음과 같으니 이르시
되, "삼가 모든 것을 산에서 네게 보이던 본을 따라 지으라" 하셨
느니라. [6]그러나 이제 그[그리스도]는 더 아름다운 직분을 얻으셨

으니 그는 더 좋은 약속으로 세우신 더 좋은 언약의 **중보자**시라.

예수께서 새 언약의 중보자인 것과 마찬가지로 모세는 옛 언약의 중보자 출 24:3-8였다.

▽ 인간 중보자: 세 직분

그런데 구약 시대 인간 중보자는 모세 개인에게만 국한되지 않았다. 제사장들이 모두 인간 중보자였다.

히 5:1, 4 [1]대제사장마다 **사람 가운데서 택한 자**이므로 **하나님께 속한 일에 사람을 위하여** 예물과 속죄하는 제사를 드리게 하나니… [4]이 존귀는 아무도 스스로 취하지 못하고 오직 아론과 같이 **하나님의 부르심을 받은 자**라야 할 것이니라.

제사장이 인간 중보자라고 할 때 다음의 세 가지 내용이 포함된다. 첫째, 자기 스스로가 아니요 하나님의 부르심을 받아서 그러한 신분을 갖추게 된다. 둘째, 하나님께 속한 일을 수행하기 위하여 세움을 입은 것이다. 셋째, 사람 가운데서 선택을 받아 사람을 위하여 일한다.

제사장은 이렇게 하나님과 인간 사이에 위치하여 하나님께 받은 소임을 다하는 인물이었다. 제사장이 되면서부터 비非제사장 계층과 다른 독특한 **기능**을 수행할 뿐 아니라 아예 **신**

분이 일반 백성과 구별되었다. 이렇게 새로운 신분과 새로운 기능의 출발을 기념하기 위해 제사장은 기름 부음을 받았다.

> **출 28:41** 너는 그것들로 네 형 아론과 그와 함께한 그의 아들들에게 입히고 **그들에게 기름을 부어** 위임하고 거룩하게 하여 그들이 **제사장 직분을** 내게 **행하게** 할지며
>
> **민 3:3** 이는 아론의 아들들의 이름이며 **그들은 기름 부음을 받고** 거룩하게 구별되어 **제사장 직분을 위임받은 제사장들**이라.

기름 부음은 그들이 하나님의 특별한 뜻을 이루기 위해 하나님께 성별된 존재임을 나타낸다. 그런데 이렇게 기름 부음을 받는 일은 제사장 계층에만 국한되지 않고 왕들의 경우에도 마찬가지였다.

> **삼상 15:1** 사무엘이 사울에게 이르되, "여호와께서 나를 보내어 **왕에게 기름을 부어 그의 백성 이스라엘 위에 왕으로 삼으셨은즉** 이제 왕은 여호와의 말씀을 들으소서!"
>
> **삼하 5:3** 이에 이스라엘 모든 장로가 헤브론에 이르러 왕에게 나아오매 다윗 왕이 헤브론에서 여호와 앞에 그들과 언약을 맺으매 **그들이 다윗에게 기름을 부어 이스라엘 왕으로 삼으니라.**
>
> **왕상 1:39** 제사장 사독이 성막 가운데에서 기름 담은 뿔을 가져다가 **솔로몬에게 기름을 부으니** 이에 뿔나팔을 불고 모든 백성이 "솔

로몬 **왕**은 만세수를 하옵소서" 하니라.

또 선지자들 역시 사명자로 나설 때 기름 부음을 받았다.[1]

왕상 19:16 너는 또 님시의 아들 예후에게 기름을 부어 이스라엘의 왕이 되게 하고 또 아벨므홀라 사밧의 아들 **엘리사에게 기름을 부어** 너를 대신하여 **선지자가 되게** 하라.

이렇게 본다면 결국 구약에는 제사장, 왕, 선지자 그룹이 기름 부음을 받은 이들이었다. '기름 부음 받은 자'는 히브리어로 '마시아흐משׁיח'인데, 여기에서 메시아messiah라는 단어가 생겼다. 이들은 하나님께 성별되어 하나님께서 맡기신 임무를 감당했으며, 하나님과 이스라엘 백성 사이에 인간 중보자로 자리매김을 함으로써 기능뿐 아니라 신분에서도 일반 백성과 차이가 있었다.

이렇게 세 그룹 모두가 인간 중보자에 해당하지만, 이 장에서는 제사장 직분에 대해서만 초점을 맞추어 설명하고자 한다.

구약 시대: 제사장

구약 시대의 제사장들은 일반 백성과 두 가지 면에서 차이가 있었다.

첫째, 제사장은 하나님 앞에서의 신분이 일반 백성과 달랐다. 제사장의 효시인 아론은 하나님의 선택과 소명에 의해 제사장이 되었고 히 5:4, 그 이후에는 세습에 의해 제사장이 될 수 있었다. 다시 말해, 구약 시대에 제사장이 되려면 레위 지파에 소속되어 있어야 했고 레위 지파 가운데서도 아론의 후손으로 태어나야만 했다.

> 출 40:15 그 아버지[아론]에게 기름을 부음같이 그들[그 아들 및 후손들]에게도 부어서 그들이 내게 제사장 직분을 행하게 하라. 그 **들이 기름 부음을 받았은즉 대대로 영영히 제사장이 되리라** 하시매

아무나 제사장이 될 수 없다는 의미에서 제사장은 아예 신분에서조차 일반 백성과 차이가 났고, 북국 이스라엘의 처음 왕인 느밧의 아들 여로보암이 레위 자손 아닌 보통 백성으로 제사장을 삼은 것 왕상 12:31은 근본부터 크게 잘못된 일이었다.

둘째, 제사장은 직분을 수행하는 기능의 면에서도 일반 백성과 달랐다. 즉 일반 백성으로서는 할 수 없는 독특한 역할과 기능을 수행해야 했다. 그렇다면 무엇이 제사장 고유의 기능

이었는가? 다섯 가지를 언급할 수 있다.

(1) 제사장들에게는 백성을 위해 하나님께 **속죄 제사**를 드리는 독특한 기능이 있었다.

> **레 4:20** 그 송아지를 속죄제의 수송아지에게 한 것같이 할지며 **제사장**이 그것으로 **회중을 위하여 속죄한즉 그들이 사함을 받으리라**.
>
> **민 15:25 제사장이 이스라엘 자손의 온 회중을 위하여 속죄하면 그들이 사함을 받으리니** 이는 그가 부지중에 범죄함이며 또 부지중에 범죄함으로 말미암아 헌물 곧 화제와 속죄제를 여호와께 드렸음이라.

제사장들이 속죄 제사를 드림으로써 일반 백성들은 하나님으로부터 사죄를 누릴 수 있었다.

(2) 제사장들에게는 백성을 **축복**하는 기능이 있었다.

> **민 6:23-26** [23]아론과 그의 아들들에게 말하여 이르기를, "너희는 **이스라엘 자손을 위하여** 이렇게 **축복**하여 이르되, [24]'**여호와는 네게 복을 주시고** 너를 지키시기를 원하며 [25]여호와는 그의 얼굴을 네게 비추사 은혜 베푸시기를 원하며 [26]여호와는 그 얼굴을 네게로 향하여 드사 평강 주시기를 원하노라' 할지니라" 하라.
>
> **삼상 2:20-21** [20]엘리가 **엘가나와 그의 아내에게 축복하여** 이르되, "여호와께서 이 여인으로 말미암아 네게 다른 후사를 주사 이가 여호와께 간구하여 얻어 바친 아들을 대신하게 하시기를 원하노

라" 하였더니 그들이 자기 집으로 돌아가매 ²¹여호와께서 한나를 돌보시사 그로 하여금 임신하여 세 아들과 두 딸을 낳게 하셨고 아이 사무엘은 여호와 앞에서 자라니라.

제사장이 이스라엘 백성을 집단적으로나 개인적으로 축복할 때, 축복의 대상들은 실제로 그 복의 내용—영적인 것과 물질적인 것—을 향유할 수 있었다.

(3) 제사장들에게는 백성을 위해 **중보 기도**를 드리는 고유의 기능이 있었다.

> **삼상 7:9** 사무엘이 젖 먹는 어린 양 하나를 가져다가 온전한 번제를 여호와께 드리고 **이스라엘을 위하여 여호와께 부르짖으매 여호와께서 응답하셨더라.**
>
> **시 99:6** 그의 **제사장들** 중에는 모세와 아론이 있고 그의 이름을 부르는 자들 중에는 사무엘이 있도다. **그들이 여호와께 간구하매 응답하셨도다.**

구약 시대에는 제사장을 포함하여 인간 중보자들만이 백성을 위한 중보 기도를 할 수 있었다.² (물론 자기 자신을 위한 개인 기도는 누구든 가능했다.) 또 이런 중보 기도는 반드시 하나님께 응답을 받았다.

(4) 제사장들에게는 백성에게 **율법**을 가르치는 기능이 있었다.

신 33:8, 10 [8]**례위**에 대하여는 일렀으되 "주의 둠밈과 우림이 주의 경건한 자에게 있도다. 주께서 그를 맛사에서 시험하시고 므리바 물가에서 그와 다투셨도다. … [10]주의 법도를 야곱에게, **주의 율법을 이스라엘에게 가르치며** 주 앞에 분향하고 온전한 번제를 주의 제단 위에 드리리로다."

스 7:10-11 [10]**에스라가 여호와의 율법을** 연구하여 준행하며 율례와 규례를 **이스라엘에게 가르치기로** 결심하였었더라. [11]여호와의 계명의 말씀과 이스라엘에게 주신 율례 학자요 학자 겸 **제사장인 에스라**에게 아닥사스다 왕이 내린 조서의 초본은 아래와 같으니라.

제사장에게는 율법의 내용을 가르치는 기능이 있었기 때문에 에스라는 포로 귀환 후 이처럼 율법을 연구하고 가르치는 책임에 만전을 기했던 것이다.

(5) 제사장들은 백성에 대해 **종교적 리더십**을 행사하는 기능이 있었다.

삼상 7:3 **사무엘이 이스라엘 온 족속에게 말하여** 이르되, "만일 너희가 전심으로 여호와께 돌아오려거든 이방 신들과 아스다롯을 너희 중에서 제거하고 너희 마음을 여호와께로 향하여 그만을 섬기라. 그리하면 너희를 블레셋 사람의 손에서 건져내시리라."

스 8:15 **내**[에스라]**가 무리를** 아하와로 흐르는 강 가에 **모으고** 거기서 삼 일 동안 장막에 머물며 **백성과 제사장들을 살핀즉** 그중에 레위 자손이 한 사람도 없는지라.

제사장들은 유사시에 백성의 지도자로서 필요한 리더십을 발휘했다.

하지만 제사장을 포함하여 구약 시대의 인간 중보자들은 머지않아 쇠퇴를 맞게 된다. 제사장 그룹만 하더라도 율법을 제대로 가르치기는커녕 오히려 자신들이 먼저 율법을 범했다 겔 22:26. 포로 귀환 이후에도 그들은 여전히 율법을 지키지 않았고 사람들로 하여금 율법에 거치게 만들었다말 2:7-8. 그리하여 하나님께서는 참된 중보자가 없음을 안타까이 여기셨고겔 22:30, 결국 스스로 대책을 강구하셨다사 59:16. 이제는 인간 중보자의 완성이신 진정한 메시아, 즉 기름 부음 받은 자사 2:2가 요청되었다. 그는 왕속 9:9; 마 27:11과 선지자신 18:15, 18; 행 3:22-23이면서 동시에 제사장시 110:4; 히 5:6이기도 할 것이었다.

신약 시대: 만인 제사장론의 요체

▽ 신약 시대의 변화

신약 시대로 접어들면서 제사 제도에는 총체적인 변화가 찾아왔다. 그 대표적인 예가 로마서의 한 구절에 나타나 있다.

롬 12:1 그러므로 형제들아! 내가 하나님의 모든 자비하심으로 너희를 권하노니 **너희 몸**을 하나님이 기뻐하시는 거룩한 산 **제물로 드리라**. 이는 너희가 드릴 영적 예배니라.

오늘날 우리는 복음을 받아들인 이방인으로서 로마서 12장 1절을 읽기 때문에 이 구절의 의미심장함을 아주 빈번히 놓치고 만다. 만일 구약식의 제사 제도에 인이 박인 유대인이 이 구절을 접하게 되었다면 그는 대경실색했을 것이다. 그가 경악한 이유는 최소 세 가지 사항에서 찾을 수 있다.

첫째, 이방인에 대하여 제사를 드리라—즉 제사장이 되라—고 했기 때문이다. 당시 로마 교회에는 이방인 그리스도인들이 많이 있었는데, 이들을 향하여 제사를 드리라고 했으니 정통 유대인으로서는 납득하기 힘든 일이었을 것이다. 위에서 살펴보았듯이 제사를 집전하는 일은 유대인 가운데서도 레위 지파에게, 또 레위 지파 가운데서도 아론의 자손에게만 허락된 특권이요 사명이었다. 그런데 아론의 자손은커녕 유대인도 아닌 이들을 향하여 하나님께 제사를 드리라고 했으니 이 어찌 괴이한 일이라고 하지 않을 수 있겠는가?

둘째, 하나님께 드릴 제물이 바로 자기의 몸이라고 하기 때문이다. 구약 시대에는 주로 소나 양 등 짐승을 제물로 사용했다. 그런데 로마서 12장 1절에서는 "너희 몸"을 가지고 제사를 드리라고 했으니 놀라지 않을 수 없었다.

셋째, 제물과 제사장이 한 개인 안에서 통합되기 때문이다. 역시 구약 시대에는 제물과 제사장이 존재론적으로 일치될 수 없었다. 제물은 제물[짐승]이고 제사장은 제사장[인간]이었다. 이것은 **별개** 제물other-sacrifice로서 구약 제사의 특징이었다. 그런데 이제는 제물과 제사장이 한 개인에게서 통합된다 —즉 **동일** 제물self-sacrifice이라는 뜻—고 하니 참으로 경이롭기 짝이 없는 일이었다.

▽ 완전하신 제사장 예수 그리스도

그렇다면 도대체 무엇 때문에 제사 제도에 이처럼 놀라운 변화가 찾아왔단 말인가? 한마디로 답하자면, '참 제사장이신 예수 그리스도 때문에' 이런 엄청난 변화가 찾아온 것이다. 바로 여기에 복음의 핵심이 있고 만인 제사장론의 요체가 담겨 있다. 예수께서는 메시아 중의 메시아요, 구약 시대 인간 중보자들(제사장, 왕, 선지자)의 완성으로 오셨다. 따라서 그는 우리의 참되고 진정한 제사장이시기도 한 것이다. 왜 그는 제사장으로 오셔야 했는가? 히브리서를 중심으로 살펴보면, 구약 제사 제도를 보완하고 완성하시기 위해 오셨음을 알 수 있다.

구약의 제사 제도는 두 가지 면에서 약점을 가지고 있었다. 우선, 제사장이 자꾸 죽고 갈리기 때문에 제사직이 일사불란하게 안정된 상태로 유지되지 못하고 있었다.

히 7:11 레위 계통의 제사 직분으로 말미암아 온전함을 얻을 수 있었으면 (백성이 그 아래에서 율법을 받았으니) 어찌하여 아론의 반차를 따르지 않고 멜기세덱의 반차를 따르는 다른 한 제사장을 세울 필요가 있느냐?

히 7:23 제사장 된 그들의 수효가 많은 것은 죽음으로 말미암아 항상 있지 못함이로되

히 7:27-28 [27]그는 저 대제사장들이 먼저 자기 죄를 위하고 다음에 백성의 죄를 위하여 날마다 제사 드리는 것과 같이 할 필요가 없으니 이는 그가 단번에 자기를 드려 이루셨음이라. [28]율법은 **약점을 가진 사람들을 제사장으로 세웠거니와** 율법 후에 하신 맹세의 말씀은 영원히 온전하게 되신 아들을 세우셨느니라.

이처럼 구약 시대 제사장들은 자신의 죄로 인해 죽어야 했고 그때마다 제사장이 수시로 갈렸기 때문에 전체적으로 보아 제사 제도가 안정적이지 못했다.

둘째, 제물 또한 문제였다. 근본적으로 범죄의 주체자는 인간인데창 2:17, 어떻게 짐승이 대신 형벌을 받을 수 있느냐는 것이었다.

히 10:1, 3-4 [1]율법은 장차 올 좋은 일의 그림자일 뿐이요 참 형상이 아니므로 **해마다 늘 드리는 같은 제사로는 나아오는 자들을 언제나 온전하게 할 수 없느니라.** ⋯ [3]그러나 **이 제사들에는 해마다 죄를 기**

억하게 하는 것이 있나니 [4]이는 황소와 염소의 피가 능히 죄를 없이
하지 못함이라.

비록 짐승 제사가 일시적으로는 사죄의 방편 노릇을 했지
만, 그것은 피상적 수준의 영향만 발휘했을 뿐 심층적이고 근
본적인 대책이 되지는 못했다는 것이다.

이처럼 제사 제도의 두 요소인 제사장과 제물 각각에서
문제점이 발견된다는 것은 제사 제도 자체가 그 뿌리부터 혁
신되어야 할 것임을 시사하고 있다. 바로 이런 차제에 그리스
도께서 우리를 위하여 이 땅에 찾아오신 것이다. 먼저, 예수께
서는 영원한 제사장으로 오셨다.

> 시 110:4 여호와는 맹세하고 변하지 아니하시리라. 이르시기를, "너
> 는 멜기세덱의 서열을 따라 영원한 제사장이라" 하셨도다.
> 히 6:20 그리로 앞서가신 예수께서 멜기세덱의 반차를 따라 영원히 대
> 제사장이 되어 우리를 위하여 들어가셨느니라.

이처럼 예수께서 멜기세덱의 반차를 좇아 영원한 제사장
으로 오셨기 때문에 그는 구약 제사에 내재한 제사장의 약점
을 보완할 수 있었다.

> 히 7:24-25 [24]예수는 영원히 계시므로 그 제사장 직분도 갈리지 아니하

느니라. ²⁵그러므로 자기를 힘입어 하나님께 나아가는 자들을 온전히 구원하실 수 있으니 이는 **그가 항상 살아 계셔서** 그들을 위하여 간구하심이라.

그가 온전한 인간으로 오셔서 십자가의 형벌을 받으셨기 때문에 제물의 약점 또한 해결할 수 있었다.

히 2:14 자녀들은 혈과 육에 속하였으매 **그도 또한 같은 모양으로 혈과 육을 함께 지니심**은 죽음을 통하여 죽음의 세력을 잡은 자 곧 마귀를 멸하시며
히 10:10 이 뜻을 따라 **예수 그리스도의 몸을** 단번에 **드리심**으로 말미암아 우리가 거룩함을 얻었노라.

예수께서 구약의 제사 제도를 보완하기 위해 오셨고, 또 그의 오심으로 말미암아 제사 제도가 종언을 고했다는 증거는, 그가 십자가에서 돌아가셨을 때 지성소로 통하는 휘장이 위에서 아래로 찢어져 두 동강이가 난 사건에 반영되어 있다.

마 27:51 이에 **성소 휘장이 위로부터 아래까지 찢어져 둘이 되고** 땅이 진동하며 바위가 터지고

히브리서 기자는 이 사건을 다음과 같이 해석한다.

히 10:19-20 ¹⁹그러므로 형제들아! 우리가 예수의 피를 힘입어 성소에 들어갈 담력을 얻었나니 ²⁰그 길은 우리를 위하여 **휘장 가운데로 열어 놓으신 새로운 살 길이요 휘장은 곧 그의 육체니라.**

이상의 내용에 의거하건대, 예수 그리스도께서 우리를 구원하기 위해 속죄주로 오셨을 때 그로 말미암아 제사 제도와 관련하여 세 가지 결과가 나타났다. 첫째, 예수께서는 유다 지파에 속해 있어서 아론의 후손이 아니지만 멜기세덱의 반차를 좇아 제사장이 되셨다히 7:14-15. 둘째, 예수께서는 자신을 제물로 바치셨다히 7:27, 9:12, 25-26, 10:10, 12. 셋째, 그는 제사장이시며 동시에 제물이 되심으로써히 7:24-27, 9:11-12, 24-26, 10:10-12, 19-21 제사장과 제물이 한 개인에게서 통합되도록 하셨다. 그런데 이 세 가지 항목은 바로 로마서 12장 1절이 밝히는 바 이방인 그리스도인들에게서 발견되는 특이점들이었다. 즉, 그리스도께서 제사장이셨으므로 우리도 제사장이 되었고, 그리스도께서 제물이셨으므로 우리도 제물이 되었으며, 그리스도 개인에게서 제사장과 제물이 통합되었기 때문에 우리 개인에게서도 제사장과 제물이 통합되었다는 것이다.

우리는 결국 예수 그리스도의 구속 사역 때문에 이와 같은 제사장으로서의 특권을 허락받은 셈이다. 우리는 본래 제사장도 제물도 될 수 없었지만―더구나 우리 자신에게서 제사장과 제물의 역할이 통합된다는 것은 말할 것도 없고―예

수 그리스도를 믿는 믿음으로 말미암아 그와 연합한 바 되었
고롬 6:3-5 참조, 이 신비로운 연합은 그리스도의 제사장 되심, 제
물 되심, 제사장과 제물이 한 개인에게서 통합되심과 같은 사
항들이 우리에게서도 똑같이 재현되도록 유익을 끼친 것이다.

우리는 복음이 끼치는 유익을 사죄와 하나님의 자녀 됨에
서 찾곤 한다. 물론 이것은 사실이고 마땅히 강조할 사항이다.
그러나 우리가 복음을 받아들일 때 그리스도와의 연합으로 말
미암아 제사장 및 제물 관련의 영적 유익 또한 전달받았음을
잊어서는 안 될 것이다. 바로 이러한 복음의 유익 내용으로부
터 만인 제사장 교리가 발원한 것이다.

구약 시대의 제사장과 오늘날의 목회자

앞에서 나는 구약 시대의 제사장이 **신분** 및 **기능** 면에서
일반 백성과 차이가 남을 설명했다. 제사장의 남다른 기능은
다섯 가지, 즉 속죄 제사를 드림, 백성을 축복함, 중보 기도를
함, 율법을 가르침, 종교적 리더십을 발휘함이었다. 예수께서
도 제사장으로 오셔서 제사를 드리셨고 히 7:27, 9:12-14, 24-26, 10:10-
12, 사람들을 축복하셨으며막 10:16; 눅 24:50, 중보 기도를 하셨고눅
22:32, 23:34; 요 17:9, 15, 20, 율법을 가르치셨는가 하면마 5:18-19, 12:5,

22:37-40; 눅 10:25-26, 신앙적 지도력을 행사하셨다 마 23:10; 막 10:42-45;
요 10:11, 14-15, 13:12-15.

Ⅴ 그리스도인 모두에게 허락된 제사장 신분과 세 가지 기능

우리가 그리스도를 믿고 그와 연합할 때 우리 또한 제사
장이 된다는 것은 이미 위에서 밝힌 바 있다. 그런데 우리가
제사장이 되었다고 할 때, 그것을 **신분**과 **기능**의 면으로 나누
어 생각해 볼 수 있다.

첫째, 우리 모두는 **신분상**으로 하나님 앞에서 제사장이 되
었다.

벧전 2:5 너희도 산 돌같이 신령한 집으로 세워지고 예수 그리스도
로 말미암아 하나님이 기쁘게 받으실 신령한 제사를 드릴 거룩한
제사장이 될지니라.

벧전 2:9 그러나 너희는 택하신 족속이요 왕 같은 **제사장들**이요 거
룩한 나라요 그의 소유가 된 백성이니 이는 너희를 어두운 데서
불러 내어 그의 기이한 빛에 들어가게 하신 이의 아름다운 덕을
선포하게 하려 하심이라.

계 1:5-6 [5]또 충성된 증인으로 죽은 자들 가운데에서 먼저 나시고
땅의 임금들의 머리가 되신 예수 그리스도로 말미암아 은혜와 평
강이 너희에게 있기를 원하노라. 우리를 사랑하사 그의 피로 우
리 죄에서 우리를 해방하시고 [6]그의 아버지 하나님을 위하여 우

리를 나라와 **제사장**으로 삼으신 그에게 영광과 능력이 세세토록 있기를 원하노라! 아멘!

둘째, 그렇다면 **기능** 면에서는 어떠한가? 먼저, 제사를 드리는 기능은 모든 그리스도인에게 공통적으로 해당된다.

롬 12:1 그러므로 형제들아! 내가 하나님의 모든 자비하심으로 너희를 권하노니 **너희 몸을 하나님이 기뻐하시는 거룩한 산 제물로 드리라**. 이는 너희가 드릴 영적 예배니라.

히 13:15-16 [15] 그러므로 우리는 예수로 말미암아 항상 **찬송의 제사**를 하나님께 드리자. 이는 그 이름을 증언하는 입술의 열매니라. [16] 오직 **선을 행함과 서로 나누어 주기**를 잊지 말라. 하나님은 **이 같은 제사**를 기뻐하시느니라.

복을 비는 기능 또한 모든 그리스도인에게 주어져 있다.

롬 12:14 너희를 박해하는 자를 **축복하라. 축복하고** 저주하지 말라.

벧전 3:8-9 [8] 마지막으로 말하노니 너희가 다 마음을 같이하여 동정하며 형제를 사랑하며 불쌍히 여기며 겸손하며 [9] 악을 악으로, 욕을 욕으로 갚지 말고 도리어 **복을 빌라.** 이를 위하여 너희가 부르심을 받았으니 이는 복을 이어받게 하려 하심이라.

중보 기도를 하는 기능 역시 모든 그리스도인에게 동일하다.

엡 1:16, 6:19 ^{1:16}**내가 기도할 때에 [너희를] 기억하며** 너희로 말미암아 감사하기를 그치지 아니하고 … ^{6:19}또 **나를 위하여 구할 것은** 내게 말씀을 주사 나로 입을 열어 복음의 비밀을 담대히 알리게 하옵소서 할 것이니

약 5:16 이러므로 너희 죄를 서로 고백하며 병이 낫기를 위하여 **서로 기도하라**.

이상에서 살펴본 대로 제사장의 세 가지 기능, 즉 제사, 축복, 중보 기도는 모든 그리스도인에게 동일하게 허락되어 있다.

▽ **그리스도인 일부에게 허락된 두 가지 기능**

그러나 다음의 두 가지 기능은 그리스도인에게 보편적이지 않다. 먼저, 말씀을 가르치는 일은 모든 그리스도인의 기능이 아니다.

갈 6:6 가르침을 받는 자는 **말씀을 가르치는 자**와 모든 좋은 것을 함께 하라.

엡 4:11 그가 어떤 사람은 사도로, 어떤 사람은 선지자로, 어떤 사람은 복음 전하는 자로, 어떤 사람은 목사와 **교사**로 삼으셨으니

딤전 3:2 그러므로 **감독**은 책망할 것이 없으며 한 아내의 남편이 되

며 절제하며 신중하며 단정하며 나그네를 대접하며 **가르치기를 잘하며**

딤전 5:17 잘 다스리는 **장로들**은 배나 존경할 자로 알되 **말씀과 가르침에 수고하는 이들**에게는 더욱 그리할 것이니라.

딤후 2:24 **주의 종**은 마땅히 다투지 아니하고 모든 사람에 대하여 온유하며 **가르치기를 잘하며** 참으며

그리고 신앙적 지도력을 행사하는 것도 모든 그리스도인의 기능이 아니다.

행 20:28 여러분은 자기를 위하여 또는 온 양 떼를 위하여 삼가라. 성령이 그들 가운데 **여러분을 감독자로 삼고** 하나님이 자기 피로 사신 **교회를 보살피게 하셨느니라.**

롬 12:8 혹 위로하는 자면 위로하는 일로, 구제하는 자는 성실함으로, **다스리는 자**는 부지런함으로, 긍휼을 베푸는 자는 즐거움으로 할 것이니라.

고전 12:28 하나님이 교회 중에 몇을 세우셨으니 첫째는 사도요 둘째는 선지자요 셋째는 교사요 그다음은 능력을 행하는 자요 그다음은 병 고치는 은사와 서로 돕는 것과 **다스리는 것**과 각종 방언을 말하는 것이라.

살전 5:12 형제들아! 우리가 너희에게 구하노니 너희 가운데서 수고하고 주 안에서 **너희를 다스리며** 권하는 자들을 너희가 알고

히 13:17 너희를 인도하는 자들에게 순종하고 복종하라. 그들은 너희 영혼을 위하여 경성하기를 자신들이 청산할 자인 것같이 하느니라. 그들로 하여금 즐거움으로 이것을 하게 하고 근심으로 하게 하지 말라. 그렇지 않으면 너희에게 유익이 없느니라.

상기 구절에서 언급한 바 두 가지 기능, 즉 말씀을 가르치고 지도력을 행사하는 데는 그리스도인들 사이에 차이가 난다는 것을 알 수 있다. 다시 말해, 신앙 공동체의 구성원 가운데 어떤 이는 말씀을 가르치고 리더십을 행사하는 반면, 다른 이들은 말씀의 가르침을 받고 지도함을 받는다는 것이다. 공동체의 구성원이 나뉘는 것은 제사장으로서의 신분이나 제사·축복·중보 기도의 기능 때문이 아니요, 말씀을 가르치는 기능과 지도력을 행사하는 기능 때문이다. 말씀을 가르치고 지도력을 행사하는 이들을 가리켜 우리는 '목회자'라고 부르고, 그렇지 않은 이들을 가리켜 '평신도'라고 부르는 것이다.

▽ 목회자와 평신도: 공통점 및 차이점

지금까지의 내용을 토대로 생각해 보면, 목회자와 평신도 사이에는 공통점과 차이점이 함께 존재함을 알 수 있다. 공통점은 두 계층 모두 하나님 앞에서 '같은 제사장의 신분'을 보유하고 있고, '제사·축복·중보 기도의 기능'을 발휘한다는 점이다. 차이점은 목회자의 경우에는 '말씀을 가르치는 기능'과

<table>
<tr><td colspan="2">구약 시대의 제사장</td><td colspan="2">신약 시대의 제사장</td></tr>
</table>

구약 시대의 제사장 　　　　　　　　　신약 시대의 제사장

백성의 일부만이 제사장 ⟷ 모든 그리스도인이 제사장

제사장과 일반 백성 ⋯⋯⋯⋯⋯ 목회자와 평신도

신분상의 차이
레위 지파 아론의 후손 vs. 다른 지파

기능상의 차이
① 제사
② 축복
③ 중보
④ 가르침
⑤ 리더십

공통점
신분 및 세 가지 기능

신분 모든 그리스도인이 다 제사장
[만인 제사장]
기능 모든 그리스도인이 세 가지 기능 행사
① 제사
② 축복
③ 중보

차이점 두 가지 기능
목회자 평신도에 대해 행사하는 두 가지 기능
④ 가르침
⑤ 리더십

'신앙적 지도력을 행사하는 기능'이 있는 데 비해 평신도는 그렇지 않다는 것이다.

　이제 이번 주제와 관련해 출발할 때 던진 질문으로 돌아가 보자. "오늘날의 목회자들은 구약 시대의 제사장과 같은 계층의 사람인가?" 이 질문에 대한 답변은 한편으로 "예"이고

다른 한편으로 "아니요"이다. 오늘날의 목회자들이나 구약 시대의 제사장들이나 똑같이 말씀(율법)을 가르치고 신앙적(종교적) 리더십을 발휘한다. 그런 면에서 오늘날의 목회자들은 구약 시대의 제사장들과 연속성이 있다고 하겠다.

하지만 오늘날의 목회자들은 구약 시대의 제사장들과 매우 다르기도 하다. 오늘날의 목회자들은 하나님 앞에서의 신분이 일반 그리스도인들과 동일하지만, 구약 시대의 제사장들은 일반 백성들과 신분에서 차이가 있었다. 또 오늘날의 목회자들은 일반 그리스도인들과 같은 기능—제사·축복·중보 기도—을 수행하지만, 구약 시대 제사장들은 자신들만이 이런 기능을 수행했을 뿐 일반 백성은 그 수혜자에 지나지 않았다. 이러한 내용을 표로 정리하면 85쪽의 그림과 같다.

따라서 오늘날의 목회자들은 자신들이 구약 시대의 제사장들처럼 일반 그리스도인들과 신분조차 다른 것으로 잘못 생각하여 거들먹거려서는 안 된다. 또 자신들만이 제사·축복·중보 기도를 할 수 있는 양 오해해서도 안 된다. 목회자는 단지 말씀을 가르치는 것과 신앙적 지도력을 발휘할 때 보이는 경험·지식·기술의 탁월성 때문에 일반 그리스도인들과 차별이 되어야 하고, 이로써 다른 일반 그리스도인들에게 유익을 끼칠 수 있어야 한다.

4. 십일조는 오늘날에도 유효한 규례인가?

▼

▼

한국 교회의 성장과 발전이 교우들의 헌금 생활에 힘입은 바 크고, 그 헌금 명목 가운데 십일조가 큰 비중을 차지했다는 것은 그 누구도 부인할 수 없는 사실이다. 십일조의 성실한 헌납으로 말미암아 전임 사역자에 대한 재정적 지원의 기틀이 마련되었고, 주일학교 교육의 활성화나 농촌 교회에 대한 후원이 가능했으며, 초문화 사역에 몸담은 선교사들을 지속적으로 돕는 일 또한 막힘없이 실행할 수 있었다.

하지만 십일조에 대한 이러한 열심이 앞으로도 계속될지는 미지수다. 이렇게 비관적 태도를 표명하는 데는 세 가지 이유가 있다. 첫째, 과거 십일조의 헌납과 관련하여 강조되었던 캐치프레이즈, 즉 "십일조를 하면 복 받는다"는 주장이 교우들에게 더 이상 호소력을 발휘하고 있지 못하다. 둘째, 십일조를 장려하기 위해 사용된 방식들, 예를 들어 주보에 헌금자 명단을 게재한다든지 예배 시에 공개한다든지 하는 일이 전에 비해 점차 구속력을 잃어 가고 있다. 셋째, 무엇보다도 심각한 것은 십일조의 성경적 근거에 대한 의문이나 도전이 공공연해졌기 때문이다. 다시 말해, 십일조가 신약 시대에도 여전히 유효한 하나님의 규례이냐 하는 데 대해 진지한 질문들을 던지게 된다.

나는 이 장에서 십일조에 대한 여러 주제 가운데 마지막 사안을 다루고자 한다. 먼저, 십일조의 성경적 근거를 주석적·신학적으로 살핀 뒤, 교회에서의 헌납 행위와 관련한 지침을 소개하겠다.

모세 오경에 나타난 십일조

▽ 세 가지 유형의 십일조

모세 오경에는 세 가지 유형의 십일조가 등장한다. 첫 유형으로서 **기업基業 해당용 십일조**가 있는데, 이는 레위 지파의 생계를 책임지기 위한 것이었다.

민 18:21, 23-24 [21]내가 **이스라엘의 십일조를 레위 자손에게 기업으로 다 주어서** 그들이 하는 일 곧 회막에서 하는 일을 갚나니 … [23]그 러나 **레위인**은 회막에서 봉사하며 자기들[이스라엘 자손]의 죄를 담당할 것이요 **이스라엘 자손 중에는 기업이 없을 것**이니 이는 너희 대대에 영원한 율례라. [24]**이스라엘 자손이 여호와께 거제로 드리는 십일조를 레위인에게 기업으로 주었으므로** 내가 그들에 대하여 말 하기를, "**이스라엘 자손 중에 기업이 없을 것이라**" 하였노라.

레위 자손은 제사와 성막에 관련한 봉사에만 전념해야 했 던 까닭에 다른 지파처럼 기업(유산)이 허락되지 않았다. 그러 므로 하나님께서는 이스라엘 백성이 바치는 십일조, 즉 땅의 곡식과 나무의 과실 및 각종 짐승 레 27:30-32을 레위 자손에게 할당시키셨다. 이로써 레위 자손은 생계 문제에 얽매이지 않고 자기들에게 부과된 종교적 사명에 진력할 수 있었다. 또, 레위 인들은 이스라엘 백성에게서 받은 십일조 가운데 10분의 1을 다시 제사장에게 바치도록 되어 있었다민 18:26-29.

십일조의 둘째 유형은 **절기 충당용 십일조**라 부를 수 있겠 는데, 각종 절기 시에 필요한 예물을 위한 것이었다.

신 12:11-12 [11]너희는 **너희의 하나님 여호와께서 자기 이름을 두시려고 택하실 그곳**으로 내가 명령하는 것을 모두 가지고 갈지니 곧 너희 의 번제와 너희의 희생과 **너희의 십일조**와 너희 손의 거제와 너희가 여호와께 서원하는 모든 아름다운 서원물을 가져가고 [12]**너희와 너희의 자녀와 노비와 함께 너희의 하나님 여호와 앞에서 즐거워할 것이요 네 성중에 있는 레위인과도 그리할지니** 레위인은 너희 중에 분깃이나 기업이 없음이니라.

신 14:22-23 [22]**너는 마땅히 매년 토지 소산의 십일조를 드릴 것이며** [23]**네 하나님 여호와 앞 곧 여호와께서 그의 이름을 두시려고 택하신 곳에서 네 곡식과 포도주와 기름의 십일조를 먹으며 또 네 소와 양의 처음 난 것을 먹고 네 하나님 여호와 경외하기를 항상 배울 것이니라.**

두 번째 유형의 십일조는 온 가족이 (레위인과 더불어) 절기 시에 예루살렘에 올라가 함께 여호와 앞에서 음식을 먹으며 즐거워하는 일에 충당하도록 되어 있었다. 만일 어떤 이스라엘 사람이 그 모든 것을 가지고 예루살렘까지 여행하기가 힘들 때는 그 십일조의 내용물을 돈으로 바꾸었다가 예루살렘에 도착해서는 다시금 소와 양이나 포도주 등 자신이 원하는 품목으로 바꿀 수 있었다신 14:24-26.

마지막 유형은 **빈자**貧者 **지원용 십일조**로서 매 3년에 한 번씩 헌납하도록 되어 있었다.

신 14:28-29 [28]**매 삼 년 끝에 그해 소산의 십분의 일을 다 내어 네 성읍에 저축하여** [29]**너의 중에 분깃이나 기업이 없는 레위인과 네 성중에 거류하는 객과 및 고아와 과부들이 와서 먹고 배부르게 하라.** 그리하면 네 하나님 여호와께서 네 손으로 하는 범사에 네게 복을 주시리라.

신 26:12 셋째 해 곧 십일조를 드리는 해에 네 모든 소산의 십일조 내기를 마친 후에 그것을 레위인과 객과 고아와 과부에게 주어 네 성읍 안에서 먹고 배부르게 하라.

세 번째 십일조는 3년마다 한 번씩 바치는 것이므로 매년 단위로 계산하면 십의 0.3조라고 해야 좀 더 정확할 것이다. 이 십일조는 공동체 내 경제적으로 빈핍한 계층의 유익을 위해 설정된 것으로서, 이스라엘 백성은 자신이 거하는 성읍에 비축하여 두었다가 필요시에 그 성내에서 사용하도록 했다 신 14:28, 26:12.

▽ 십일조의 종류에 대한 견해들

그렇다면 이 세 유형의 십일조는 결국 한 종류(혹은 두 종류)의 십일조를 나타내는가? 아니면 세 종류의 십일조를 구성하는가? 다시 말해, 이스라엘 백성은 매년 소출의 23.3퍼센트(혹은 20퍼센트)를 십일조로 헌납했는가, 아니면 그저 10퍼센트만을 헌납했는가? 신학자들은 이 세 가지 견해 사이에서 통일을 보지 못하고 있다.

가장 주창자가 많은 견해는 십일조는 결국 한 가지밖에 없다는 주장이다.[1] 십일조가 한 가지뿐이라고 주장하는 이들은, 한 종류의 십일조가 이스라엘이 처한 상황과 처지에 따라 기업 해당용 십일조의 역할을 하기도 하고 절기 충당용 십일조의 형식으로 바뀌기도 했다고 말한다. 예를 들어, 모세 휘하에서는 이스라엘이 유목민 형태의 삶을 유지하고 있었기 때문에, 절기 충당용 십일조라는 개념이 맞지 않고 레위 자손과 제사장 그룹을 가난한 계층으로 여기는 기업 해당용 십일조가 타당하다는 것이다. 그러나 일단 가나안 땅에 정착할 때에 이르러서는 레위 지파가 전보다 훨씬 안정이 되었기 때문에, 중앙 성소로 모이는 식의 절기 충당용 십일조와 레위인 이외의 빈자들에게도 신경을 쓰는 빈자 지원용 십일조 개념이 도래하게 되었다는 것이다. 이 입장이 맞는다면 이스라엘 백성은 소득의 10분의 1만을 십일조로 바쳤다는 뜻이 된다.

하지만 십일조를 두 가지로 상정하는 학자들도 꽤 많이 있다.[2] 이들은 근본적으로 두 가지 종류의 십일조—기업 해당용 십일조와 절기 충당용 십일조—가 있다고 본다. 다만 빈자 지원용 십일조는 별도의 것으로 보지 않고 절기 충당용 십일조의 다른 이름으로 여긴다. 다시 말해, 매 두 해에는 기업 해당용 십일조와 절기 충당용 십일조를 걷고 제3년째에는 절기 충당용 십일조가 빈자 지원용 십일조의 명목으로 드려졌을 것이라고 추정한다. 이 경우 이스라엘 백성은 결국 소득의 10분의 2를 십일조로 드린 것이라고 볼 수 있다.

가장 소수가 지지하는 견해는 십일조의 세 유형이 십일조의 세 종류를 구성한다는 주장이다.[3] 만일 이 주장이 맞는다면 이스라엘 백성은 소득의 10분의 2.3 정도를 십일조로 바친 셈이 된다.

십일조의 형태와 종류에 대한 위의 입장들은 이스라엘의 십일조가 단순히 수입의 10분의 1에만 한정되었다는 통념을 깨기에 충분하다.

신약 성경에 나타난 십일조

신약 성경에는 십일조에 대한 언급이 매우 적다. 우선, 예수께서 말씀하신 내용이 복음서의 몇 군데에 기록되어 있다.

> **마 23:23** 화 있을진저! 외식하는 서기관들과 바리새인들이여! 너희가 **박하와 회향과 근채의 십일조**는 드리되 율법의 더 중한 바 정의와 긍휼과 믿음은 버렸도다. 그러나 **이것도 행하고** 저것도 버리지 말아야 할지니라.
>
> **눅 11:42** 화 있을진저! 너희 바리새인이여! 너희가 **박하와 운향과 모든 채소의 십일조**는 드리되 공의와 하나님께 대한 사랑은 버리는도다. 그러나 **이것도 행하고** 저것도 버리지 말아야 할지니라.
>
> **눅 18:12** 나는 이레에 두 번씩 금식하고 또 **소득의 십일조**를 드리나이다.

또 한 가지 언급은 히브리서에서 멜기세덱을 설명하는 맥락에서 나타난다.

히 7:4-10 [4]이 사람이 얼마나 높은가를 생각해 보라. 조상 아브라함도 노략물 중 **십분의 일**을 그에게 주었느니라. [5]레위의 아들들 가운데 제사장의 직분을 받은 자들은 율법을 따라 아브라함의 허리에서 난 자라도 자기 형제인 백성에게서 **십분의 일**을 취하라는 명령을 받았으나 [6]레위 족보에 들지 아니한 멜기세덱은 아브라함에게서 **십분의 일**을 취하고 약속을 받은 그를 위하여 복을 빌었나니 [7]논란의 여지없이 낮은 자가 높은 자에게서 축복을 받느니라. [8]또 여기는 죽을 자들이 **십분의 일**을 받으나 저기는 산다고 증거를 얻은 자가 받았느니라. [9]또한 **십분의 일**을 받는 레위도 아브라함으로 말미암아 **십분의 일**을 바쳤다고 할 수 있나니 [10]이는 멜기세덱이 아브라함을 만날 때에 레위는 이미 자기 조상의 허리에 있었음이라.

이상의 구절들 가운데 히브리서 본문은 아브라함이 멜기세덱에게 전리품의 10분의 1을 바친 내용으로서, 오늘날 우리의 헌금 생활과는 거리가 멀다. 누가복음 18장 12절은 예수님의 비유에 나타난 바리새인의 십일조 행위로서, 역시 우리의 헌금 지침이 되기에는 간극이 크다. 그렇다면 결국 신약 성경에 나타난 십일조 구절 가운데 가장 의미심장한 것은 마태복음 23장 23절(눅 11:42는 병행 구절임)이라고 할 수 있다.

마태복음 23장 23절에는 적어도 다음의 세 가지 사항이 나타나 있다.

첫째, 서기관과 바리새인들은 그 당시 십일조의 품목으로 박하, 회향, 근채까지 포함시켰다. '박하mint'는 밭에서 기르는 향료용 식물로서 말리거나 가루를 내서 사용했다. '회향菌香, dill'은 야생 혹은 정원 작물로서 생으로 먹거나 조미용으로 사용했다. 누가복음 11장 42절에는 회향 대신에 아람어를 기원으로 한 단어[4] '운향芸香, rue'이 사용되고 있다. '근채芹菜, cummin'는 1년생 방향성 작물로서 음식에 맛을 내거나 눈에 대해 의료적 효과가 있는 것으로 알려져 있다. 율법에는 토지 소산의 십일조를 말하면서신 14:22, "곡식과 포도주와 기름"신 14:23에 대해서만 언급하고 있다. 후에 서기관들이 토지 소산의 목록을 확장시킨 경우에도―이런 내용이 《미슈나Mishna》에 기록되어 있는데―회향과 근채만 포함시켰을 뿐 박하와 관련해서는 아무런 언급도 없었다고 한다.[5] 이것을 보면 당시 서기관과 바리새인들의 십일조 헌납이 지나칠 정도로 철저했던 것을 알 수 있다.

둘째, 하지만 서기관과 바리새인들이 책망을 받은 것은 박하와 회향과 근채의 십일조를 드린 것 때문이 아니었다. 비록 율법에 명시되어 있지는 않았지만 그런 세부적 품목에 대한 십일조를 바친 것 자체가 문젯거리일 수는 없었다. 단지 그런 십일조의 품목을 율법이 지향해야 하는 정신―정의, 긍휼, 믿음―과 무관하게 바친 것이 문제였다. 좀 더 큰 맥락에서 보자면, 십일조의 헌납도 하나님 사랑과 이웃 사랑의 정신[목표와 동기]마 22:37-40을 염두에 둔 가운데 이루어져야 했는데, 서기관과 바리새인들의 경우 그렇지 못했기 때문에 예수님의 질책을 받았던 것이다.

셋째, 결국 예수께서는 십일조의 규례와 관련하여 서기관과 바리새인들에게 양자 택일either-or이 아니라 양자 필요both-and의 논리를 천명하셨다. 즉, 정의와 긍휼과 믿음의 정신 가운데 박하와 회향과 근채의 십일조를 바쳐야 한다는 것이다.

이상의 세 가지 사항에 의거할 때 십일조의 시행과 관련해 마태복음 23장 23절의 중요성이 부각된다. 비록 예수께서 십일조의 헌납을 매우 적극적으로 강조하시지는 않았지만, 그래도 마태복음 23장 23절을 통해 십일조 규정의 유효성을 뒷받침하셨다고는 볼 수 있다. 이런 의미에서 이 내용은 신약 성경에서 십일조의 시행을 긍정적으로 가르치는 유일한 구절로 채택할 수 있다.

십일조의 구속력: 네 가지 입장

이제 우리는 십일조가 하나님이 정하신 규례로서 오늘날

의 그리스도인들에게도 여전히 구속력을 갖느냐 하는 핵심적 질문에 이르렀다. 다시 말해, 십일조가 오늘날의 그리스도인들에게도 여전히 유효한 하나님의 명령인가 하는 점이다. 이 질문과 관련해 나는 네 가지 입장, 즉 **확정설, 지속설, 참조설, 폐기설**이 있을 수 있다고 본다. 나는 이들 가운데 참조설을 지지하는데, 각 입장을 소개하고 동시에 비판적으로 검토할 것이다.

▽ 확정설

이 입장은 십일조가 오늘날의 그리스도인들에 대해서도 여전히 구속력을 발휘하는 하나님의 규례라고 주장한다. 대표적 주창자로서 켄달(R. T. Kendall, 1935-)을 지목할 수 있다. 켄달은 십일조가 신약 시대에도 여전히 유효한 하나님의 규례임을 설명하기 위해 마태복음 23장 23절과 고린도전서 16장 2절을 근거로 제시한다. 우선, 고린도전서 16장 2절부터 살펴보자.

> **고전 16:2** 매주 첫날에 너희 각 사람이 **수입에 따라** 모아 두어서 내가 갈 때에 연보를 하지 않게 하라.

켄달은 이 구절에서 "'수입에 따라 in keeping with his income'(NIV, '자신의 수입에 맞게')라는 어구는 십일조라는 단어를 쓰지 않았을 뿐 사실상 십일조를 지칭하는 명백한 표현이다"[6]

라고 말한다. 그러나 이러한 설명은 객관적 인증을 받기에 너무 버거운 주장이다. 왜냐하면 이 표현이 수입과 헌금 사이의 관계를 묘사하는 것은 사실이지만 그 비율이 꼭 10분의 1이라는 것을 못 박고 있지는 않기 때문이다. 그 비율을 5퍼센트 정도로 생각하고 있는 이도, 12퍼센트로 정하고 있는 이도, 아니면 그때그때 조정하리라고 마음먹은 이도 모두 고린도전서 16장 2절의 권면에 순응하고 있는 것이라고 볼 수 있다. 따라서 켄달이 고린도전서 16장 2절을 내세우며 "십일조를 지칭하는 명백한 표현"이라고 주장하는 것은 지나친 해석이다.

우리는 여기에서 켄달이 자신의 주장점을 수립하도록 다음과 같이 도울 수 있다. 만일 켄달이 고린도전서 16장 2절을 접하기 전에, 이미 "십일조의 규례는 신약 시대의 그리스도인들에게도 해당이 된다"라는 성경적 원칙을 확보했다면, 고린도전서 16장 2절은 그가 원하는 내용으로도 해석될 수 있을 것이다. 그렇다면 우리의 논의는 과연 성경에서 "십일조의 규례는 신약 시대의 그리스도인들에게도 해당이 된다"라는 원칙을 찾을 수 있는가 하는 문제로 초점이 맞추어지고, 결국 이 시점에 이르면 마태복음 23장 23절이 주요 후보로 떠오르게 된다.

켄달은 이 점에서 매우 확고한 자세를 견지하고 있다. 즉, 예수께서는 마태복음 23장 23절에서 십일조를 바쳐야 한다고 명백히 주장했다는 것이다.[7] 우리의 논변 과정에 비추어 본다면, 아마 그는 이렇게 환호성을 질렀을 것이다. "야호! 여기 마태복음 23장 23절에 '십일조의 규례는 신약 시대의 그리스도인들에게도 해당이 된다'라는 내용이 있네. 이제야 고린도전서 16장 2절도 십일조를 가리키는 구절이라고 확실히 내세울 수 있겠군!"

하지만 승리는 그렇게 쉽게 얻어질 수 없다. 왜 그런가? 나는 여기에서 매우 중요한 사항, 즉 이것을 옳게 분별하지 못하기 때문에 대부분의 그리스도인들이 빠지는 함정 한 가지를 지적하지 않을 수 없다. 그것은 우리가 '책으로서의 신약'과 '의미로서의 신약(새 언약)'을 명료히 구별하지 못하고 있다는 사실이다. 즉 우리는 어떤 내용이 신약 성경에 등장하면 그것이 자동으로 신약적(새 언약적) 의미를 확보한다고 그릇되게 생각한다. 하지만 실상은 그렇지 않다. 다시 말해, 어떤 내용은 분명신약 성경에 등장하면서도 신약(새 언약)에 속하지 않을 수도 있다. 예를 들어, 복음서에서 "이방인의 길로도 가지 말고 사마리아인의 고을에도 들어가지 말고 오히려 이스라엘 집의 잃어버린 양에게로 가라"마 10:5-6는 명령이나, "네 몸을 제사장에게 보이고 네가 깨끗하게 되었으니 모세가 명한 것을 드려 그들에게 입증하라"막 1:44는 지시나, 예수께서 성전세를 내신 일마 17:24-27이나 토요일을 안식일로 지킨 일막 6:2; 눅 23:54 등은 비록 신약 성경에 나타나지만 구약(옛 언약)적 규례와 연관이 있다.

물론 그렇다고 하여 복음서에 등장하는 모든 사항이 구약

세로 텍스트
십일조는 오늘날에도 유효한 규례인가?

적 의미가 있다고 주장하는 것은 아니다. 예를 들어, 교회에 관한 약속마 16:18-19이나 예수님의 임재마 18:20, 28:20 등은 의미 면에서도 신약적이다. 따라서 복음서에 등장하는 주제가 의미 면에서 옛 언약에 속하는 것이냐, 새 언약에 속하는 것이냐 하는 사안은 사례별로 다루어야 한다.

그렇다면 어떤 주제의 언약적 의미는 어떠한 표준에 의해 판명되는 것일까? 이에 대한 결정적 답변은 새 언약과 옛 언약의 분기점을 어떻게 잡아야 하느냐 하는 문제와 직결이 된다. 학자들에 따라서 또 다루고자 하는 주제에 따라서 조금씩 차이가 있기는 하지만, 신구약의 분기점은 일찍 잡아 십자가의 구속 사건, 조금 뒤로 잡아 오순절 성령 강림이라고 할 수 있다. 따라서 어떤 주제가 그리스도의 십자가·부활 사건이나 오순절 성령 강림 이전의 맥락에서 기술되어 있다면, 비록 그것이 신약 성경에 나타나 있다 할지라도 옛 언약의 질서에 속하는 것으로 보아야 하고, 그렇지 않은 것—심지어는 구약 성경에 기록되어 있다고 해도[8]—은 새 언약의 질서와 연관된 것으로 해석해야 할 것이다.

그렇다면 우리는 다음과 같은 두 가지 사항을 함께 고려함으로써 어떤 주제의 언약적 의미를 판정할 수 있을 것이다. 첫째, 어떤 주제가 구속사적 분기점의 어느 쪽에 해당이 되는지를 생각해야 한다. 둘째, 논의 중인 주제가 서신 부분—서신은 모두 오순절 이후에 기록된 것이므로—에서 구속사적 발전의 맥락 가운데 다시금 확증되고 있느냐 하는 점을 고려해야 한다.

이제 이런 준거에 따라 십일조라는 규례를 검토해 보도록 하자. 과연 이 규례는 구속사적 분기점의 어느 쪽에 해당이 되는 것인가?

(1) 우선, 예수님의 이 진술마 23:23은 십자가 사건 이전에 이루어졌다. (2) 이 진술이 겨냥하고 있는 일차적 대상은 당시의 '서기관과 바리새인들'이었다. (3) 마태복음 23장에서 거론되는 대부분의 연관 사항들—랍비7-8절, 성전과 제단16-21절, 정결례의 실행25-26절, 구약 시대 선지자들에 대한 언급29-32절, 이스라엘이 곧 받을 심판에 대한 예언33-36절—은 옛 언약의 질서에 속하는 내용들이다. (4) 마지막으로, 서신 부분 어디에서도 십일조의 규례와 관련한 명령이나 약속, 혹은 모범을 찾아볼 수 없다.[9]

이러한 네 가지 사항을 고려할 때 비록 십일조가 마태복음 23장 23절에 언급되어 있다 할지라도 이것은 옛 언약의 질서에 속한 규례라고밖에 판정할 수 없다. 그렇다면 마태복음 23장 23절은 켄달이 그토록 목마르게 찾는 원칙 제공의 구절이 될 수 없는 것이다. 따라서 켄달(및 기타 주장자들)의 확정설은 그의 주장과 달리 성경적 근거가 결여되어 있음을 알 수 있다.

V 지속설

두 번째 입장은 십일조의 규례와 관련하여 형식과 정신/취지를 나누고, 형식은 아니지만 정신/취지는 오늘날의 그리스도인에게도 유효하기 때문에 우리는 여전히 십일조 헌납을 지속해야 한다고 주장한다. 이들은 왜 십일조—또 한 걸음 더 나아가서는 율법—를 형식과 정신/취지로 나누는가? 이 점을 제대로 이해하기 위해서는 구약의 율법이 신약 시대의 그리스도인에게 어떤 의미를 던지는지부터 규명해야 한다.

예수 그리스도께서는 자신의 오심이 구약의 율법을 온전히 이루도록 하기 위함이라고 말씀하셨다.

마 5:17-18 [17]**내가 율법이나 선지자를 폐하러 온 줄로 생각하지 말라. 폐하러 온 것이 아니요 완전하게 하려 함이라.** [18]진실로 너희에게 이르노니 천지가 없어지기 전에는 **율법의 일점일획도 결코 없어지지 아니하고 다 이루리라.**

그리스도께서 이렇게 율법을 성취하심으로써 우리의 구원이 가능하게 되었다.

롬 8:3-4 [3]율법이 육신으로 말미암아 연약하여 할 수 없는 그것을 하나님은 하시나니 곧 죄로 말미암아 자기 아들을 죄 있는 육신의 모양으로 보내어 육신에 죄를 정하사 [4]육신을 따르지 않고 그 영을 따라 행하는 우리에게 **율법의 요구가 이루어지게 하려 하심**이니라.

롬 10:4 그리스도는 모든 믿는 자에게 의를 이루기 위하여 **율법의 마침이 되시니라**.

그리스도께서 우리를 위해 율법을 성취하셨다는 것은 구약의 모든 율법—의식법儀式法, ceremonial law, 시민법civil law, 도덕법moral law[10]—을 염두에 두고 하는 말이다. 우리가 그리스도를 믿을 때 하나님께서는 흡사 내가 모든 율법을 지킨 것처럼[법적 차원] 의롭게 여기셔서 칭의稱義, justification의 은혜를 베푸신다**롬 10:4; 고후 5:21; 빌 3:9**.

그리스도인이 되고 나서부터는 이 의가 나의 인격과 삶에 주관적으로 실현되도록 힘써야 한다. 비록 그리스도께서 나를 위해 의를 획득해 주셨지만, 그렇다고 하여 내가 실제로[인격적 차원] 의로워진 것은 아니기 때문에 주관적 실현은 나의 몫이다. 이러한 성화聖化, sanctification의 관점에서 보자면 그리스도인의 삶이란 결국 변화된 심령으로 율법(하나님의 법도/규례/말씀)에 반응하는 삶인 것이다. 다음 구절들은 우리가 그리스도인으로서도 율법을 지켜야 한다는 사실을 환기해 준다.

롬 13:9-10 [9] **간음하지 말라, 살인하지 말라, 도둑질하지 말라, 탐내지 말라** 한 것과 그 외에 **다른 계명**이 있을지라도 **네 이웃을 네 자신과 같이 사랑하라 하신 그 말씀** 가운데 다 들었느니라. [10] 사랑은 이웃에게 악을 행하지 아니하나니 그러므로 사랑은 **율법의 완성**이니라.

갈 6:2 너희가 짐을 서로 지라. 그리하여 **그리스도의 법을 성취하라.**

약 1:25 자유롭게 하는 온전한 율법을 들여다보고 있는 자는 듣고 잊어버리는 자가 아니요 **실천하는 자**니 이 사람은 **그 행하는 일에 복**을 받으리라.

약 2:8-11 [8]너희가 만일 성경에 기록된 대로 **네 이웃 사랑하기를 네 몸과 같이 하라** 하신 **최고의 법을 지키면** 잘하는 것이거니와 [9]만일 너희가 사람을 차별하여 대하면 죄를 짓는 것이니 **율법이 너희를 범법자로 정죄하리라.** [10]누구든지 **온 율법을 지키다가 그 하나를 범하면 모두 범한 자가 되나니** [11]**간음하지 말라** 하신 이가 또한 **살인하지 말라** 하셨은즉 네가 비록 간음하지 아니하여도 살인하면 **율법을 범한 자가** 되느니라.

요일 5:3 하나님을 사랑하는 것은 이것이니 우리가 **그의 계명들을 지키는 것**이라. 그의 계명들은 무거운 것이 아니로다.

그런데 그리스도인으로서 율법(하나님의 법도/규례/말씀)을 지키고자 할 때 그 방식은 율법의 종류—의식법, 시민법, 도덕법—에 따라 차이가 난다. 의식법의 경우에는 그 법이 지향하고 있는 그리스도의 속죄 사역과 십자가를 상기함으로써 지키는 것이 된다. 이 경우에는 그 규례와 관련하여 오늘날 아무런 구체적 실행—짐승을 예물로 바침레 1:2, 돼지고기를 피함레 11:7-8, 산후에 정결례를 행함레 12:1-8 등—이 요구되지 않는다.

시민법의 경우에는 그 율법의 형식과 정신을 나누어서 생각하는 것이 바람직하다. 다시 말해, 구약에 나타난 바대로의 형식을 그대로 지킬 필요는 없지만 그 규례의 정신을 살려 새로운 방식으로의 순종이 요구된다. 예를 들어, 오늘날 우리에게 꼭 곡물이나 작물 수거 시 이삭이나 열매를 남겨 두는 방식 **레 19:9-10**이 요구되지는 않지만, '성도들의 쓸 것을 공급하며 손대접하기를 힘쓰는 일' **롬 12:13**과 같은 형태의 순종은 필요하다는 것이다. 이때 중요한 점은, 현재 논하는 시민법의 정신을 살리기 위하여 새 언약의 질서에 합당한 시행 방안을 찾아야 한다는 것이다. 마지막으로 도덕법의 경우—주로 십계명에 나타나 있는데—에는 그 조항에 대한 순종이 구약 시대나 오늘날이나 별 차이가 없다.

자, 그렇다면 십일조의 경우는 어떠한가? 나는 앞에서 모세 오경에 나타난 규례를 언급하는 중에 십일조에도 세 가지 유형이 있음을 밝혔다. 먼저, 기업 해당용 십일조는 의식법과 시민법 양자 모두에 걸리는 것으로 볼 수 있다. 레위 지파의 성전 봉사는 의식법적 측면으로서 그리스도의 속죄 사역에서 완성을 보았는데, 그 결과 우리 모두가 제사장이 되고 함께 성전을 이루어 가는 것[11]이기 때문에 오늘날에는 구약 시대처럼 어떤 특정 대상에게만 부과되는 그런 종교적 사명이 존재하지 않는다. 동시에 기업이 없는 레위인들을 재정적으로 돕는다는 면에서 생각하면 시민법적 측면 또한 들어 있다고 볼 수 있다.

그러나 절기 충당용 십일조는 의식법에만 해당되는 것이라 할 수 있는데, 구약의 절기는 실체이신 그리스도께서 오심으로써 오늘날 별도의 의미를 갖지 못하기 때문이다 골 2:16-17. 마지막으로 빈자 지원용 십일조는 전형적인 시민법의 일종으로서 오늘날 구약과 똑같은 형식은 아니더라도 그 규례의 정신만큼은 살려 봄 직하다. 종합하면, 구약의 십일조는 시민법적 특징이 강한 율법의 조항으로서 그 형식은 그대로 유지할 필요가 없지만 그 정신만큼은 살려야 할 것으로 보인다.

나는 지속설과 관련해서는 여기까지의 내용에 대해 별 반대 없이 동조하는 편이다. 그러나 이 규례의 정신을 어떻게 살리느냐에 대해서는 지속설 주창자[12]와 의견을 달리한다. 지속설을 따르는 이들은 십일조의 정신이 오늘날에도 유효하다고 말하면서, 그 정신의 실현은 수입의 10분의 1의 헌납이라는 헌금 방식에서 찾을 수 있다고 주장한다. 하지만 나는 이에 대해 두 가지 점에서 이의를 제기한다.

첫째, 율법의 정신/취지를 살리려면 어떤 율법이 주어진 윤리적·영적 목적의 천명과 율법을 시행하는 이의 동기나 목적에 관련된 마음 자세를 밝히는 데서 끝나야지, 10분의 1이라는 구체적 시행 세칙까지 내세우는 것은 바람직하지 않다. 이것은 정신이나 취지가 아니라 구체적 형식을 고수하자는 것으로, 만일 그렇게 한다면 이 입장은 확정설과 차이가 없는 셈이 된다.

둘째, 구약의 율법이 신약에 어떻게 적용되느냐 하는 사안을 결정하는 데에 가장 중요한 것은 그 율법의 항목이 새 언약의 질서하에서 어떤 구체적 형태로 등장하는지를 살펴보는 일이다. 이렇듯 적용 형태에 대한 새 언약의 증거가 바로 율법의 정신/취지를 살리는 방안이라고 할 수 있을 것이다. 다시 말해, 그런 증거가 있으면 새 언약하에서의 시행 방식으로 삼을 수 있지만, 그렇지 않을 경우에는 결코 새 언약의 질서에 속하는 방안으로 채택될 수 없다는 것이다. 예를 들어, 오늘날 우리가 짐승 제사를 드리지 않는 것은 신약 시대에 그것이 폐해졌다는 증거 때문히 10:8-9이요, 오늘날에는 부정한 음식이 따로 존재하지 않는다고 하는 것도 새 언약적 증거 때문롬 14:20이며, 안식일의 정신이 토요일에서 주일로 옮겨졌다고 하는 것도 신약의 증거마 28:1; 행 20:7; 고전 16:2; 계 1:10에 기초하고 있기 때문이다.

그렇다면 십일조에 관한 새 언약적 증거는 무엇인가? 새 언약의 질서에 속하는 증거를 아무리 찾아보아도 우리는 10분의 1이라는 시행 세칙을 발견할 수가 없다. 헌금과 관련한 긍정적 진술을 찾아본다 해도 고작해야, '매주 첫날에 너희 각 사람이 수입에 따라 모아 두라'고전 16:2(이것이 십일조를 지칭하는 내용이 아니라는 것은 이미 설명한 바 있다), '환난의 많은 시련 가운데서 그들의 넘치는 기쁨과 극심한 가난이 그들의 풍성한 연보를 넘치도록 하게 했다'고후 8:2, '각각 그 마음에 정한 대로 할 것이요 인색함으로나 억지로 하지 말지니 하나님은 즐겨 내는 자를 사랑하신다'고후 9:7 정도이다. 그렇기 때문에 십일조

의 정신을 운운하면서 10분의 1을 시행 방안으로 들먹이는 것
은 성경의 증거를 넘어가는 처사로 보인다.

바로 이러한 두 가지 이유 때문에 나는 지속설의 입장에
반기를 드는 것이다.

Ⅴ 폐기설

순서로는 참조설이 먼저이지만 주장의 상반적 차이를 드
러내기 위해 네 번째 입장부터 다루고자 한다. 폐기설은 그 단
어에서 미루어 볼 수 있듯이 '십일조는 구약에 등장하는 율법
의 조항이기 때문에 폐기되었고, 따라서 오늘날의 그리스도인
들과는 아무런 상관이 없는 규례'라는 주장이다.[13] 그들은 보
통 '율법'과 '은혜'를 날카롭게 대조해 구약은 율법의 시대에
속하고 신약은 은혜의 시대에 속한다고 하면서, 십일조가 구
약의 율법에 속해 있기 때문에("이는 너희가 법[율법] 아래 있지 아
니하고 은혜 아래에 있음이라", 롬 6:14) 그리스도께서 십자가에 죽
으시고 부활하신 후에는 여타의 율법 조항들과 더불어 폐기되
었다는 식으로 설명한다.

내가 폐기설을 찬성하지 않는 이유는 두 가지다.

첫째, 폐기설의 주창자들은 '율법'의 의미를 지나치게 단
차원적으로 이해하기 때문에 성경 전체의 가르침을 놓치고 있
다. 율법은 한편으로 죄를 깨닫게 하고롬 3:20, 4:15, 5:13, 7:7; 갈 3:19;
약 2:9, 결국에는 구원을 위해 그리스도를 가리킨다는 점롬 3:21-

22; 갈 2:16, 3:11-14에서는 은혜와 상극이 되지만[율법의 제2용도[14]], 그리스도인(구약의 경우에는 유대인)과 관련하여 하나님의 뜻을 제시하고롬 2:18-19, 하나님 사랑과 이웃 사랑을 실천하게 자극 한다는 점롬 13:8-10; 갈 6:2; 약 1:25, 2:8-11; 요일 5:3에서는 철저히 은혜 의 방편인 것이다[율법의 제3용도].

둘째, 폐기설의 주창자들은 모세 율법의 복잡성과 다차원 적 성격을 간과하고 그 모든 조항을 싸잡아서 배척한다. 나는 이미 모세의 율법 조항들과 관련하여 의식법, 시민법, 도덕법의 범주를 도입했고, 이런 것들이 그 형식과 정신 면에서 신약 시 대에는 어떤 식으로 적용되어야 할지 살펴보았다. 폐기설을 운 운하는 이들은 이러한 섬세한 노력을 기울이지 않고 그저 십일 조가 구약의 율법 조항이라는 한 가지 이유만으로 그리스도인 과의 연관 가능성을 일축해 버리고 마는데, 이 역시 성경을 적 용하고 신앙생활을 하는 데에 심각한 문제의 소지가 된다.

따라서 나는 폐기설에 동의할 수 없다. 이제 참조설의 내 용을 살펴보자.

참조설과 그리스도인의 헌금 방침

이 이론은 십일조에서 말하는 10분의 1을 우리의 헌금 생활에서 한 가지 참조 사항으로 고려할 수 있다는 입장이다. 참조설은, 확정설에서 주장하듯 십일조가 신약 시대에도 구속력 있는 하나님의 규례라고는 생각하지 않는다. 그러나 지속설과는 어느 정도 상통하는 면도 있는데, 십일조의 형식과 정신을 구별하여 그 형식에서는 아니지만 정신에서만큼은 오늘날에도 유효하다고 생각하는 점이다. 그럼에도 불구하고 십일조의 정신을 구현하는 것이 수입의 10분의 1을 헌납하는 방안으로 나타나야 한다는 지속설의 주장에 대해서는 반기를 든다. 아울러 십일조가 구약의 율법 조항으로서 신약 시대에는 폐기되었기 때문에 오늘날의 그리스도인들에게 아무런 적용점도 갖지 못한다는 폐기설에 대해서도 이의를 제기한다.

내가 참조설을 지지하는 이유는 두 가지다. 첫째는 성경적 이유로서, 새 언약의 질서하에서 구약의 십일조 규례는 그리스도인의 구체적 시행 방안으로 자리 잡을 근거가 전혀 없기 때문이다. 둘째는 실제적인 이유로서, 그럼에도 불구하고 교우들의 헌금 생활에 구체적 지침이 필요할 경우 수입의 10분의 1이라는 방안을 참조하는 것이 좋겠기 때문이다.

내가 참조설을 내세운다고 해서 교회 헌금에 대해 부정적 태도를 지지하는 것은 아니다. 단지 성경의 증거에 의거해 볼 때 십일조 헌납의 근거가 희박하다는 것뿐이지, 헌금의 중요성이나 필요성을 약화시키고 싶은 마음은 추호도 없다. 성경적 근거가 확실하지 않은 헌금 제도를 실용상의 이유 때문에 성경적 방안으로 부각시키는 것은 문제라고 보는 것이다.

따라서 나는 그리스도인들이 자신의 헌금 생활을 시작할 (또 영위할) 때 수입의 10분의 1이라는 헌납 방안을 참조하도록 하는 것이 현명하다고 생각한다. 이와 함께 꼭 수입의 10분의 1만을 헌납하는 데서 그치지 말고, 신앙의 용기와 확신이 있다면 (또 자기 의에 빠지지 않음을 전제할 때) 그 이상의 금액까지도 하나님께 드리도록 힘써야 한다고 생각한다. 왜냐하면 그리스도인들이 헌금 생활을 풍성히 할 때 전임 사역자들에 대한 경제적 지원이 원활하게 이루어지고, 구제 및 선교 사역 등 세상을 향한 교회의 봉사 활동이 활성화될 수 있기 때문이다. 이런 각도에서 본다면, 헌금의 액수는 많으면 많을수록 좋지 않을까 하는 야심 찬 생각도 해 본다.

II

모호함에서 명확함으로

5. 어떻게 하나님의 음성을 들을 수 있는가?

▼

▼

어떤 이들은 성경을 읽으면서 "하나님께서 내게 말씀하셨
다", "하나님의 음성을 들었다"라는 표현을 쓴다. 심지어는 성
경과 아무 상관 없이 독특한 체험을 통해 하나님의 말씀이나
지시를 받았다고 주장하기도 한다. 그뿐만 아니라 기도 제목
을 나누거나 간구의 항목을 이야기할 때에도 '하나님의 음성'
은 빠지지 않고 등장한다. "동남아시아에서의 사역이 정치·인
종적 분쟁 때문에 풍전등화 격으로 곤두박질치고 있는데, 앞
으로 어떻게 해야 할지 하나님의 음성을 잘 들을 수 있게 기도
해 주세요"라는 선교사 부부의 다급한 서신 내용이나 "저희
남편이 중년의 위기를 맞아 몇 달째 방황 중인데, 제가 영적으

로 민감해서 하나님의 음성을 놓치지 않았으면 좋겠어요"라는 안타까운 나눔이 대표적 예이다.

이런 여러 가지 상황에 접할 때 우리의 머릿속은 혼란스럽고 번잡해지기 시작한다. '저 사람은 무슨 뜻으로 하나님의 음성을 듣는다고 하는 것일까?' '왜 내겐 그런 경험이 없지?' '어떻게 하면 나도 하나님께서 말씀하시는 것을 들을 수 있을까?' '저런 말을 함부로 하다니, 그저 과장을 하거나 허풍 떠는 것 아냐?' 등의 질문이 꼬리에 꼬리를 물고 일어난다.

이번 장에서는 하나님의 음성과 관련하여 두 가지 작업을 수행하고자 한다. 먼저 '하나님의 음성'이 무엇인지를 살펴보고, 오늘날 우리가 어떻게 하나님의 음성을 들을 수 있을지에 대해 합당한 방향을 제시하도록 하겠다.

하나님의 음성: 전달의 삼요소

사전의 설명에 의하면, '음성音聲'은 "사람의 발음 기관에서 나오는 구체적이고 물리적인 소리"[1]이다. 만일 이 정의를 표준으로 한다면, 인간 이외의 존재에는 '음성'을 귀속시킬 수 없을 것이다. 그런데 성경의 기술 내용은 그렇지 않다.

물론 성경 역시 음성의 주인공을 주로 인간으로 이야기한다 창 27:22; 삿 18:3; 삼상 26:17; 시 77:1; 욘 2:2; 눅 11:27; 요 3:29; 행 12:14. 그러
나 거기에 그치지 않고 천사의 발언이나 음성을 언급하며 사 6:3,
7; 단 9:21-22; 슥 1:14; 계 5:11, 14:9, 18:1-2, 심지어 하나님의 음성까지도
주저 없이 말한다 창 3:8; 출 19:19; 신 4:12; 욥 37:2; 시 95:7; 겔 1:28, 10:5; 계
1:10, 21:3, 5.

만일 음성의 현상이 인간처럼 신체 기관을 지닌 존재에게
만 가능하다면, '하나님의 음성'은 신인동형설anthropomorphism
의 예로 이해되어야 할 것이다. (아니면 하나님께서 기적적으로 인
간의 육성을 창출하셔서 어떤 대상에게 들려주실 수도 있다.) 다음은
하나님의 음성을 거론하는 대표적 성구들이다.

> 창 3:8 그들이 그날 바람이 불 때 동산에 거니시는 여호와 **하나님의
> 소리** [음성]를 듣고 아담과 그의 아내가 여호와 하나님의 낯을 피
> 하여 동산 나무 사이에 숨은지라.
> 욥 37:2 **하나님의 음성** 곧 그의 **입에서 나오는 소리**를 똑똑히 들으라.
> 시 95:7-8 그는 우리의 하나님이시요 우리는 그가 기르시는 백성
> 이며 그의 손이 돌보시는 양이기 때문이라. 너희가 오늘 **그의 음
> 성**을 듣거든 너희는 므리바에서와 같이 또 광야의 맛사에서 지
> 냈던 날과 같이 너희 마음을 완악하게 하지 말지어다.

이 구절들을 토대로 나는 '하나님의 음성'을 "하나님께서
자신의 생각과 의향을 전달하기 위해 채택하는 소통의 수단"

이라고 정의하고자 한다. 하나님의 음성을 이렇게 정의할 때 전달의 각도에서 보자면 세 가지 요소—하나님의 음성이 전달되는 **계기**, 하나님의 음성이 전달되는 **방도**, 하나님의 음성이 전달하는 **내용**—가 등장한다.

▽ 하나님의 음성이 전달되는 계기

먼저, 하나님의 음성이 전달되는 계기부터 살펴보자. 하나님의 음성은 일상적인 삶이든 종교적인 삶이든 결코 진공 상태에서 전달되는 법이 없다. 어떤 인간이든 그가 뿌리내리고 살아가는 삶의 구체적 정황 가운데 하나님의 음성을 듣게 마련이다. 이러한 '삶의 구체적 정황'을 나는 '계기'라 칭하고자 한다.

우선 성경에 등장하는 계기부터 살펴보자. 가장 흔한 계기로서 **꿈**을 들 수 있다. 하나님께서는 아비멜렉의 꿈에 나타나 자신의 뜻과 의사를 전달하셨다**창 20:3, 6**. 바벨론 왕 느부갓네살이 꾼 꿈**단 2:1**도 하나님께서 장래에 될 일의 내용**단 2:29**을 전달하기 위함이었다. 종종 꿈과 함께 등장하나 구별되는 계기로서 **이상**異像/**환상**幻像, vision이 있다. 아브람은 환상 중에 여호와의 말씀을 들었다**창 15:1**. 바울이 고린도에서 주님의 말씀을 들은 것도 환상 가운데에서였다**행 18:9-10**. 또 어떤 경우에는 기도가 계기로 작용하여 하나님의 말씀/음성을 듣기도 한다. 히스기야는 앗수르 왕 산헤립의 침공을 받고 하나님께 구원의

기도를 드렸는데, 그 기도로 인해 여호와께서 말씀하셨다_{왕하}
19:20-21. 바울은 예루살렘의 성전에서 기도하던 중 그곳을 떠나
라는 주님의 말씀을 들었다_{행 22:17-18, 21}.

　하나님의 음성을 듣게 되는 계기는 다른 인격적 대행자를
통해서도 마련될 수 있다. 어떤 때는 **천사**가 하나님의 말씀을
전달하기도 한다. 스가랴는 천사가 하는 말이 곧 여호와의 말
씀인 줄 깨닫는다_{슥 2:3-5}. 바울은 죄수의 신세가 되어 로마로
호송되던 난파선에서 천사의 말을 들었는데_{행 27:23-24}, 이것을
하나님의 말씀으로 여긴다_{행 27:25}. 물론 가장 흔한 대행자는 **선
지자**이다. 예레미야의 말이 곧 하나님의 말씀_{렘 28:15-16}임은 그
말의 내용대로 결과가 이루어진 것_{렘 28:17}을 보고 알 수 있다<sub>참
고. 신 18:22</sub>. 신약의 선지자 가운데 하나인 아가보_{행 11:27-28} 또한
후에 성취된 자신의 예언을 통해 하나님의 말씀을 전달한 것
이다. 어떤 경우에는 **대수롭지 않거나 평범한 인물**이 대행자 노
릇을 하기도 한다. 기드온이 미디안에 대한 승리를 확신하게
된 것은 미디안 진영 내 어떤 사람의 꿈 이야기에 응수하는 친
구의 말_{삿 7:13-14}을 듣고 나서였는데, 이러한 지시는 여호와께서
미리 내리신 바였다_{삿 7:9-11}. 다메섹에 살던 제자 아나니아는 부
활한 주님을 뵌 사울에 대해 말을 전달하는데_{행 9:17}, 실은 이 내
용이 주께서 아나니아에게 미리 가르쳐 준 바였다_{행 9:10-16}.

　끝으로 한 가지 계기를 더 덧붙이고자 한다. 바울은 "낙원
으로 이끌려 가서 말로 표현할 수 없는 말을 들었다"_{고후 12:4}고

했는데, 이는 매우 특수한 체험이 하나님의 말씀을 듣는 계기로 작용했음을 보여 준다.

이처럼 성경에는 하나님의 음성이 전달되는 계기로서 꿈, 이상/환상, 천사, 선지자, 다른 인물, 특수한 체험 등이 나타나 있다. 그러나 우리는 성경에 나타나지 않은 성경 외적 계기로서 성경을 묵상하다가, 설교를 듣다가, 일상의 삶 가운데에서, 위급한 사태를 만나, 입신入神이나 임사臨死 체험near-death experience을 하며 등등을 언급할 수 있을 것이다. 하나님의 음성은 이토록 다양한 계기 가운데 전달이 된다.

▽ 하나님의 음성이 전달되는 방도

하나님의 음성이 전달되는 방도에는 세 가지가 있다. 첫째, 하나님은 **육성 창출**을 통해 자신의 음성을 들려주신다. 하나님께서는 몸을 가지고 계시지 않기 때문에 인간처럼 '음성'을 발할 수는 없다. 그러나 전능한 하나님이신지라 그분이 필요하다고 여길 경우, 인간의 음성을 만들어 내는 것은 가능하다. 가장 극적인 예로서 발람의 나귀가 입을 열어 말을 하도록 조치한 것민 22:28, 30을 들 수 있다.

하나님께서 인간의 음성을 창출하는 자연스러운 길은 임시로나마 인간의 육신을 입음으로써이다. 창세기 18장에는 아브라함이 손님 셋을 접대하는 장면이 나오는데, 그중 한 분은 여호와 하나님이셨다. 그런데 아브라함이 그 대상을 사람으로 인지했고창 18:2, 또 그가 음식을 먹은 것창 18:8으로 보아 하나님께서 일시적이지만 성육하셨다[인성을 입으셨다]고 말할 수 있다. 성육하신 동안에는 인간의 육성으로 말하는 것18:10, 13-14, 15이 자연스러운 일이다.

그러나 하나님의 음성이 전달되는 다른 대부분의 경우에는 성육하시지 않은 채 인간의 육성만을 기적적으로 창출하셨다. 하나님께서 시내 산에 강림하여 말씀하셨을 때출 19:9, 19, 그는 아무런 형체 없이 음성만을 발하셨다신 4:12. 이는 육성 창출의 전형적 예라 할 수 있다. 구약 성경에는 이런 사례가 적지 않게 등장하는데, 아브라함창 22:1-2, 모세출 19:3-6, 사무엘삼상 3:4, 6, 8, 10, 11-14, 엘리야왕상 19:12 등의 경우가 그렇다.

신약에서도 예수께서 세례받으실 때마 3:17, 제자들이 변화산에서마 17:5; 참고. 벧후 1:17-18, 예수께서 고난 직전에요 12:28 들은 하나님의 음성은 하나님 편에서의 육성 창출 결과로 볼 수 있다.

둘째, 하나님께서는 **직접 소통**의 방도에 의해서도 자신의 음성을 전달하신다. 직접 소통의 방도가 가장 흔하게 채택되는 것은 선지자의 경우라고 할 수 있다. 모세는 하나님께서 자신과 같은 선지자를 일으키고 "내[하나님] 말을 그 입에 두리[니]"신 18:18; 참고. 렘 1:9라고 말한다. 이것은 선지자가 전할 하나님의 메시지를 선지자의 입에 두시겠다는 뜻이다.

그런데 하나님께서는 자신의 메시지를 전달할 때 선지자의 심령/마음은 아랑곳하지 않고 단지 그의 입만을 사용하실

까? 물론 그렇지 않다. 실은 선지자의 심령 전체를 장악하시고 **참고. 렘 20:9**, 심령과 동시에 발성 기관인 입을 사용하신다고 보아야 한다. 오히려 하나님께서 비중을 더 크게 두시는 것은 선지자의 마음이다.

하나님께서 직접 소통의 방도에 의해 자신의 음성을 전달한다고 할 때, 우리는 그 전달 과정을 어떻게 이해할 수 있을까? 인간끼리의 소통[A]에서는 두 대상의 마음과 신체 기관 모두가 동원되어야 원활성이 확보되지만, 하나님과 인간 사이의 소통[B]에서는 그렇지 않다. 하나님께서는 신체 기관이 없으시므로 자신의 영만으로써 자신의 의향과 뜻을 인간의 심령(인간의 신체 기관을 통하지 않고)에 전달하실 수 있다. 이상의 내용을 도식화해 보자.

[A] 인간끼리의 소통

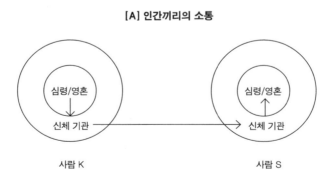

인간끼리의 경우 K의 심령/영혼이 어떤 뜻을 전달하고자 하면 신체 기관(뇌, 신경 조직, 입 등)을 통해 음성을 발하고 그것은 S의 신체 기관(귀, 신경 조직, 뇌 등)을 거쳐 심령/영혼에 이르러 그 의미가 파악된다. 그러면 하나님과 인간 사이의 소통은 어떠한가?

[B] 하나님과 인간 사이의 소통

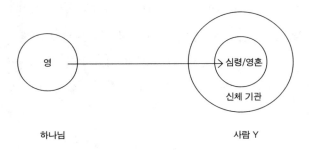

하나님은 자신의 의향과 뜻을 자신의 영에 의해 직접적으로 Y의 심령/영혼에 전달하실 수 있다. 이때 Y의 신체 기관은 개입이 될 필요가 없다. 그래서 '**직접** 소통'이라는 표현을 쓴 것이다.

하나님께서 직접 소통의 방도를 채택하신 것은 앞에서 언급했듯 구약 시대 선지자들에게 자신의 메시지를 전달할 때이다. 그러나 짧은 정보나 통찰 사항을 전달할 때에도 많이 사용되었다. 사무엘의 경우를 보면 사울의 출현과 관련해서든 **삼상**

9:16, 17, 다윗의 지목과 관련해서든**삼상 16:1-3, 7, 12**, 이 방도가 안성맞춤으로 활용되었음을 알 수 있다. 또 다윗 역시 블레셋을 퇴치할 때 하나님으로부터의 직접 소통을 경험**대상 14:10, 14-15**했다.

직접 소통의 방도는 하나님께서 신약의 사도들이나 선지자들에게 자신의 메시지를 전달할 때**엡 3:5**에도 빈번히 채택된 것으로 이해할 수 있다. 또 사도행전에는 성령의 음성을 듣는 일이 몇 군데—빌립**행 8:29**, 베드로**행 10:19-20, 11:12**, 안디옥 교회의 지도자들**행 13:2**, 바울**행 20:23**, 아가보**행 21:11**—묘사되어 있는데, 이 역시 직접 소통의 전형적 예이다.

물론 어떤 때는 부활하신 그리스도께서 직접 소통을 시도한 것으로 여겨지는 곳도 있다. 대표적인 예는 사울(바울)이 다메섹 도상에서 주를 뵈오며 음성을 들은 일이다. 바울은 이때 부활하신 주의 음성을 들었는데**행 9:4, 22:7, 26:14**, 동행하던 이들이 소리만 듣고 말의 내용을 파악하지 못한 것**행 22:9**으로 미루어 직접 소통의 방도가 채택된 것으로 보인다. (만일 육성 창출식이었다면 동행하는 모든 이들이 바울처럼 그 내용을 알아들었어야 한다.) 후에 바울은 예루살렘을 떠나라는 지시**행 22:18, 21**와 관련해서도 직접 소통식의 음성 전달을 경험한다.

셋째, 하나님은 자신의 음성 전달을 할 때 **내주적 교류**라는 방도를 취하기도 하신다. '내주적 교류'는 하나님(성령)께서 그리스도인의 심령에 내주하고 함께 인격적 교제를 나누는 가운데 자신의 음성을 전달하는 방식이다. 앞에 소개한 육성 창출의 방도와 직접 소통의 방도가 대체로 구약 시대(및 신약 시대의 초기)와 연관이 된다면 세 번째인 내주적 교류의 방도는 주로 신약 시대—그것도 신약 계시가 마무리된 이후—에 해당된다.

하나님께서 내주적 교류에 의해 자신의 음성을 전달하려면, 전달받는 그리스도인에게는 두 가지 사항이 마련되어 있어야 한다. 첫째, 그리스도인의 심령과 의식意識, consciousness이 전반적인 하나님의 말씀에 의해 영향을 받고 유지되고 심화되어야 한다. 즉 그리스도인이 성경을 읽고 묵상하고 실천하며 사는 가운데 하나님의 음성을 듣는다는 것이다. 둘째, 그리스도인은 내주하시는 성령과 더불어 전인격적으로 관계를 맺고 교제를 한다. 성령께서는 각 개인의 심령 속에 거주하시는데, 이로써 그리스도인은 성령과 친밀한 관계를 수립하고 정겨운 교제를 할 수 있게 된다. 이러한 교분 가운데에는 하나님의 음성을 듣는 일도 포함이 된다. 이처럼 내주적 교류는 성령께서 내주하면서 그리스도인이 접하는 성경의 메시지를 통해 하나님의 음성을 전달하는 방식이다.

그렇다면 내주적 교류의 방도는 하나님의 말씀을 중심으로 한 성령의 역사로 이루어진다고 할 수 있다. 성령께서는 그리스도인 안에 계시면서 성경의 내용을 통해 그의 심령 가운데 전인격적—지·정·의의 기능을 망라함—영향력을 행사하신다. 이제는 명확해졌다시피 내주적 교류는 하나님의 음성 전달에서 성경의 역할과 성령의 역할을 함께 강조한다. 이 점은 히브리서 기자가 하나님의 음성과 관련하여 어떤 경우에는 성령을, 또 어떤 경우에는 성경을 언급한 것과도 일맥상통한다.

> 히 3:7 그러므로 **성령**이 이르신 바와 같이 오늘 너희가 **그의 음성**을 듣거든
>
> 히 3:15 **성경에** 일렀으되 오늘 너희가 **그의 음성**을 듣거든 격노하시게 하던 것같이 너희 마음을 완고하게 하지 말라 하였으니

내주적 교류의 방도가 육성 창출 및 직접 소통의 방도와 대별되는 면모는 126쪽의 표와 같다.

▽ 하나님의 음성이 전달하는 내용

지금까지 나는 하나님의 음성이 전달되는 세 가지 방도에 대해 설명했다. 이제 마지막으로 하나님 음성의 세 번째 요소인 '전달 내용'에 대해 알아보자. 이것은 하나님의 음성이 인간 대상에게 전달한 말의 내용을 의미한다. 바꾸어 말하면, 하나님의 음성이 소리를 발했을 때 인간 편에서 무엇을 들었는가 하는 것이다. 하나님의 전달 내용은 매우 짧아 호칭 하나로 그치는 경우삼상 3:4도 있고, 대화를 주고받는 식행 9:10-16, 22:81-21으로 전개되는 수도 있으며, 선지자렘 30:1-31:40나 사도계 1:17-3:22가 받은 메시지처럼 상당히 긴 경우도 있다.

어떻게 하나님의 음성을 들을 수 있는가?

방도 항목	육성 창출 및 직접 소통의 방도	내주적 교류의 방도
시기	구약 시대 및 신약 시대 초기	신약 시대(특히 신약 계시의 마무리 이후)
성경의 형성 형편	신구약[전체] 성경 형성 이전 - 구약의 사본들 [부분적으로 성문화成文化 됨] - 단편적인 기록 계시[신약] - 사도·선지자들이 받은 계시	기록된 성경(전체적이고 포괄적인 내용 의 기록 계시)의 형성 완료
음성의 출처	외래적	내면적
음성의 정체	사건이나 사태	인격적 교분에 의한 깨우침
음성의 내용	오류의 발생은 있을 수 없음	오류의 발생이 가능함
음성 내용의 표현	정확한 표현은 하나밖에 없음 (한 가지 문장으로만 표현됨)	표현상 약간의 변이가 허용됨 (2-3가지 문장으로 표현 가능)
음성의 성격	초자연적, 기적적, 비非일상적	자연적, 평상적
논리적 우위	체험 ≧ 성경 (체험이 성경과 같거나 더 우선임)	성경 > 체험 (성경이 체험보다 우선임)

하나님의 음성을 통해 전달받은 내용은 워낙 다양하기 때문에 몇 가지 기준에 의한 분류가 필요하다. 여기서는 세 가지 기준을 소개하고 이에 따른 내용의 분류를 시도해 보자.

첫째, 전달 내용이 수행하는 기능에 따라 분류가 가능하다. 우선 전달 내용이 **정보적 기능**을 보유하는 경우이다. 정보적 기능이란 몰랐던 것을 알게 하거나 부정확하게 알고 있던 것을 확실하게 해 주는 능력이다. 아브람의 자손이 이방 땅에서 400년을 보내고 나서야 가나안 땅으로 돌아온다는 하나님의 음성 내용[창 15:13-16]은 정보적 기능의 대표적 예이다. 신약 초기의 선지자 아가보가 글라우디오 때에 있는 흉년을 예고한 것[행 11:27-28] 역시 정보적 기능에 속한다. 또 전달 내용이 **계몽적 기능**을 나타낼 때도 있다. 계몽적 기능이 발휘되면 의미가 또렷해지고 뜻이 깨우쳐지며 통찰력이 제공된다. 예레미야는 예루살렘 성이 곧 함락을 목전에 둔 상황에서 사촌 하나멜의 땅을 매입하였는데, 그에게 전달된 하나님의 음성[렘 32:26-44]은 그런 매입 행위가 갖는 의미를 깨우쳤다. 베드로는 부정한 짐승을 잡아먹으라는 하나님의 음성[행 10:13-15]을 듣는데, 이것은 이방인과의 교제가 얼마든지 허용된다는 깨달음[행 10:28]을 위한 것이었다.

하나님의 음성은 때로 **상기적**想起的 **기능**을 나타내는 수도 있다. 이는 잊었던 것을 생각나게 하거나 잠재의식에 깔려 있던 것을 의식의 표면으로 떠올리는 일이다. 여호수아가 모세의 지도자 역할을 승계했을 때 하나님은 자신의 음성으로써 여호수아가 맡은 책임과 하나님의 약속을 되새긴다[수 1:1-9]. 성령께서는 에베소 교회가 처음 사랑을 버렸으니 다시금 돌이키라는 성령의 음성을 들려주신다[계 2:4-5, 7]. 끝으로 전달 내용은 **지시적 기능**을 반영하기도 한다. 이는 주로 명령, 금지, 권면

등의 어법을 대동하여 듣는 이의 행동을 촉구한다. 하나님께서는 지치고 주눅 든 엘리야에게 세미한 음성왕상 19:13을 통해 향후의 조치를 명하셨다왕상 19:15-18. 전도자 빌립은 성령의 음성을 듣고행 8:29 간다게 내시의 수레로 달려간다행 8:29-30.

둘째, 전달 내용은 성경 가르침과 부합하는지 여부에 따라서도 나누어 볼 수 있다. 하나님의 어떤 음성은 내용이 성경의 가르침을 그대로 반영하거나 그 가르침과 부합하는데, 이는 **합치형**合致形 **음성**이라 칭할 수 있다. 예를 들어, 어떤 그리스도인이 하나님의 음성을 들었는데 그 내용이 "여호와는 네가 경외할 유일하신 하나님이다"라거나 "양심적으로 생활하라!"거나 혹은 "이 어린아이들을 귀하게 여겨야 할 것이 아니냐?"인 경우, 이것들은 합치형 음성에 해당한다. 반대로 들은 바 음성 내용이 성경의 교훈과 어긋나거나 성경의 정신에 반한다면, 이는 **모순형 음성**이 된다. 만일 어떤 이에게 "예수 그리스도는 최고의 천사장이다"라든가 "너는 마지막 때 한국 교회를 위해 세움 받은 메시아이다"라는 하나님의 음성이 들렸다면, 이는 분명코 모순형 음성의 전형적 사례가 될 것이다. 또 배우자를 찾아 기도하던 청년에게 "네 뒷줄 오른편의 여성과 결혼하여라"라는 음성이 들려 알아보았는데 그 여성이 기혼자라면, 이 또한 모순형 음성의 예가 될 것이다.[3] 사실 모순형 음성은 하나님의 음성 가운데 한 갈래가 아니고 사탄의 음성이거나 자기 착각의 투사 내용이라고 할 수 있다.

그리스도인이 듣는 하나님의 음성 가운데 상당히 많은 경우가 이제 소개하려는 **상황형 음성**의 범주에 포함된다. 상황형 음성은 어떤 성경 말씀이 문맥과 상관없이 그리스도인이 처한 상황이나 형편에 맞게 주어질—그런 말씀을 읽게 되거나 그런 말씀이 떠오를—때, 하나님의 음성으로 인식되는 경우이다. 좀 더 구체적으로 묘사한다면, 주어진 성경 본문을 읽거나 묵상할 때, 그 일부 내용이 (종종 본문의 문맥과 맞지 않으면서도) 개인의 특수한 처지나 위급한 상황에 안성맞춤으로 여겨지는 수가 있는데, 이때 이 구절의 내용을 가리켜 상황형 하나님의 음성이라고 말할 수 있다. 예를 들어, 어떤 무슬림 지역의 선교사가 척박한 사역 여건 때문에 훈련 센터를 옮길까 말까 고민하다가 "이 동네에서 너희를 박해하거든 저 동네로 피하라"라는 마태복음 10장 23절의 내용을 접한 경우가 이에 해당된다. 실제로 본회퍼(Dietrich Bonhoeffer, 1906-1945)는 1939년 미국에 초빙 교수로 있으면서 나치 치하의 독일로 돌아가야 하는지 번민하던 중 당일 읽은 성경 말씀, "너는 겨울 전에 어서 오라"딤후 4:21라는 말씀에 사로잡혀 귀국을 결심한다.[4]

상황형 음성은 타당성 판정을 도매금식으로 내릴 수가 없다. 오히려 각 음성의 경우마다 경험자의 신앙적 성숙도와 성품, 평소 하나님의 말씀에 대해 보여 온 친숙성과 경건의 태도, 연관된 사태의 심각성과 개인적 처지 등에 의해 사례별로 평가해야 한다.

셋째, 하나님의 음성을 통해 전달받은 내용은 그것이 제시하는 행동 방침의 범위에 따라서도 분류해 볼 수 있다. 이것은 매우 좁게는 순전히 개인에게만 국한되는 행동 방침부터 시작하여 전 세계적 사태와도 연관이 되는 매우 넓은 범위의 행동 방침에 이르기까지 다양하기 이를 데 없다. 만일 어떤 이가 "너의 성적性的 습관을 뜯어고쳐야 한다"라는 하나님의 음성을 들었다면, 이것은 **개인적 차원**의 행동 방침을 요구한다. 그러나 "너의 가정의 돈 씀씀이가 그렇게 헤픈데 어찌 다른 비그리스도인들에게 모범이 되겠느냐?"라는 음성을 들은 경우에는 **가족적 차원**의 행동 방침을 거론하지 않을 수 없다.

한 걸음 더 나아가 어떤 그리스도인이 "너희 교회 지도자들이 이단 문제에 연루되어 있다"라는 하나님의 음성을 들었다면, 그에 대한 응수는 마땅히 **개교회적 차원**의 조치로 격상되어야 한다. 더욱 심각하게도 하나님의 음성이 "한국 교회가 배도의 길을 걷고 있다"라는 내용으로 주어졌다면, 그 파급 효과는 한층 범위가 넓어져 **한국 교회적 차원**의 반응에 의해서만 해결책이 모색될 수 있을 것이다. 아니, 우리는 여기에서 한 걸음 더 나아갈 수도 있다. 만일 어떤 그리스도인이 "예수 그리스도께서 2025년 10월 31일에 재림하신다"라는 하나님의 음성을 들었다고 주장할 경우, 이것은 **전 지구적 차원**의 경각심과 충격을 일으킬 것이다.[5]

우리는 이런 음성들을 어떻게 평가할 수 있을까? 한 가지 길은 개인적 차원 쪽에 가까운 하나님 음성[가족적 차원 → 개인적 차원]일수록 쉽게 수용이나 인정을 할 수 있고, 전 지구적 차원 쪽의 하나님 음성[개교회적 차원 → 한국 교회적 차원 → 전 지구적 차원]일수록 함부로 받아들일 수가 없다는 것이다. 후자의 차원들이 사실로 밝혀지려면 그런 하나님의 음성을 한 명만이 들어서는 안 되고 연관된 당사자들 모두가 동일한—아니면 최소한 비슷한—하나님의 음성을 들어야만 하기 때문이다.

오늘날 하나님의 음성 듣기

그렇다면 오늘날 우리는 어떤 방도에 의해 하나님의 음성을 들을 수 있을까? 앞에서 밝혔다시피 육성 창출의 방도와 직접 소통의 방도는 성경 전체의 내용이 기록되기 이전에 채택된 방도들이었다. 특히 육성 창출의 방도는 구약 시대라 할지라도 흔하지 않은, 매우 희귀하고 기적적인 옵션이었다. 따라서 오늘날 하나님의 음성을 듣는 표준적인 방도로 인정받기는 힘들다.

이것은 직접 소통의 방도에도 어느 정도 해당되는 말이다. 직접 소통의 방도 역시 그 기본 관념에서는 기적적 성격을 간직하고 있다. 성령께서 그리스도인의 영에 직접적으로 음성을 들려준다는 것이 오늘날에도 불가능하지는 않지만 표준적이거나 통상적인 현상은 아니다. 기적을 무시하거나 배척하지는 말아야 하지만 동시에 우리의 일상적 삶을 침식하거나 단절시킬 정도로 용인하는 것도 문제가 된다. 이것은 하나님의 음성을 듣는 일에서도 마찬가지이다. 이와 연관한 어느 신학자의 설명은 평범하지만 통찰력이 넘친다.

나는 기적을 믿지만 너무 많은 기적은 좋지 않다고 본다. 기적이 너무 많으면 우리는 약해지며, 자연법칙에 순응하기보다 기적을 의존하게 되기 때문이다. 기적은 그분이 계시다는 것을 알게 해 줄 정도면 충분하며 너무 많을 필요가 없다. 그래야 우리의 성장을 위해 하나님의 정해 두신 질서와 자신의 주도권을 의지해야 할 때 엉뚱하게 기적에 의지하지 않을 수 있다.[6]

따라서 오늘날과 같이 성경 전체의 내용에 쉽사리 접근할 수 있는 그리스도인들로서는, 하나님의 음성을 듣는 데에 '내주적 교류의 방도'가 가장 합당하고 센스 있는 길이라 하겠다. 사실 성경에 나타난 예들을 들먹이며 오늘날에도 여전히 직접 소통의 방도를 고집하는 이들은, 성경이 기록될 때의 상황과 오늘날의 상황 사이에 얼마나 큰 차이가 있는지 모르거나 깊이 생각하지 않았음에 틀림이 없다. 그러면 무엇이 그런 차이인가? 이 점을 명확히 하기 위해 성령의 음성행 8:29을 들은 초대교회의 일꾼 빌립과 오늘날 그리스도를 따르는 그리스도인 아무개의 경우를 서로 비교해 보자.

인물 항목	1세기 일꾼 빌립	오늘날의 그리스도인
교회와 기독교의 파급	교회의 터(엡 2:20)가 완전히 수립되지 않음 기독교가 널리 파급되지 않음	교회가 대부분의 지역에 설립됨 기독교가 전 세계에 퍼져 있음
계시와 정경	신약 계시의 미완성 정경 확정 이전	신약 계시의 완성 이후 정경이 오래전에 확정됨
인쇄술과 성경	인쇄술 발명 훨씬 이전 성경의 내용이 부분적으로만 존재	인쇄술이 눈부시게 발전함 성경 전체의 내용에 언제든지 접근할 수 있음

만일 어떤 그리스도인이 이와 같은 차이점이 있음을 보면서도 여전히 직접 소통의 방도에 집착한다면 그는 자신과 소속 공동체의 구성원들에게 해악을 끼치는 셈이 된다. 이것은 직접 소통의 방도가 오늘날의 입장에서 볼 때 세 가지 약점을 가지고 있기 때문이다. 첫째, 직접 소통의 방도를 내세우고 그 방도에 입각해 하나님의 음성을 듣고자 할 경우, 그 당사자는 조만간 성경의 권위를 실추하는 데 기여하게 된다. 이는 직접 소통의 방도가 지극히 체험 위주로 진행되기 때문이다. 그리하여 자기도 모르는 사이에 성경보다 체험을 앞세우게 된다.

둘째, 직접 소통의 방도를 강조하다 보면 하나님의 음성을 자기 멋대로 지어내는 경향에 빠지기 십상이다. 이때 교묘한 형태의 자기기만이나 자기도취가 작용하는데, 이런 일은 이미 구약 시대의 거짓 선지자들에게서 발견된다렘 23:16. 셋째, 직접 소통의 주창자는 자칫 잘못하면 사탄의 농락거리가 될 수 있다. 거짓과 위선의 현장은 종종 사탄의 궤계가 판치는 악의 온상으로 전락하는데, 이것은 하나님의 음성을 듣는 일과 관련해서도 마찬가지이다. 사실 구약 시대 거짓 선지자들의 예언 활동은 어떤 경우 귀신들의 농간으로 말미암은 것이었다왕상 22:6, 10-12, 19-23.

이러한 약점에도 불구하고, 한국의 그리스도인들은 직접 소통의 방도에 더 관심이 있는 듯 보인다. 왜 그럴까? 최소 두 가지 이유를 댈 수 있겠다.

첫째, 한국의 그리스도인들은 무교巫敎, shamanism에 영향을 입어서 체험 위주의 종교 생활을 탈피하지 못하고 있다. 무교에는 경전이 없어 지적 전통을 수립하지 못했고 이웃을 중히 여기는 윤리 의식이 계발되지 않아 도덕 생활에 대한 비전이 전무하다. 형편이 이런지라 자연히 종교의 본질을 체험, 신비 현상, 연기performance식 제의祭儀, 황홀경 등에서 찾았다. 이런 영향하에서는 직접 소통의 방도가 하나님의 음성을 듣는 데에도 훨씬 매력적이었다.

둘째, 한국의 그리스도인들은 신앙을 일상적이 아닌 특이

한 그 무엇에서 찾는다. (이는 첫째 이유와도 무관하지 않을 것이다.) 즉 기독교 신앙의 핵심을 하나님 사랑과 이웃 사랑마 22:37-40보다는 입신, 방언, 기적적 치유, 환상, 꿈, 소생이나 천국 경험 등 비상한 사태나 현상과 긴밀히 연관시킨다. 영성의 핵심 또한 일상적[지적·윤리적]인 것보다는 특이한 것, 비상식적인 것, 기적적인 것의 추구에서 찾는다. 이러한 경향이 습성화되어 있기 때문에 하나님의 음성을 듣는 데에도 직접 소통의 방도를 선호하게 된 것이다.

이처럼 직접 소통식의 하나님 음성 듣기가 약점과 문제점을 가지고 있다면, 오늘날의 그리스도인들은 마땅히 내주적 교류의 방도를 취해야 한다. 패커(J. I. Packer, 1926-2020)는 다음과 같이 이 방도를 추천한다.

하나님께서 하시는 바는 우리를—일정한 시간에 걸쳐 추론하는 식으로든 아니면 통찰력이 작용하여 갑작스레 번쩍하고 빛을 발하는 식으로든(실제로는 둘 다 일어난다)—인도하셔서, 성경의 진리가 우리 자신 및 다른 이들 삶의 이런저런 측면에 어떻게 연관되는지 살피도록 하는 것이다. **신약은 그리스도인들이 다른 어떤 비합리적이고 뜬금없는 조명**illustrations**으로부터보다는,** —특히 바울은 자신의 신앙을 "그가 본 것visions"골 2:18 참조에 의지하는 사람에 대해서는 매우 엄하게 대하는데—**우리의 구약 성경이 뒷받침하는 사도들의 가르침으로부터(결국 우리가 가진 성경으로부터) 믿음과 삶**

에 대한 인도를 받으라고 지시한다. 우리는 하나님께서 성경과 별도로 사물을 계시하지 않도록 막을 수도 없고 다른 어떤 일을 하지 않도록 막을 수도 없지만—결국 그분은 하나님이시다!—**신약이 20세기 그리스도인들에게 기대하는 바인즉, 성경 안에서 주신 바를 그들 자신에게 주의 깊게 적용하는 방도에만 착념하고 그 외의 어떤 것에 의해서도 하나님의 말씀을 받고자 하지 않는 것이라고 주장할 수 있을 것이다.**[7] [강조는 인용자의 것]

물론 나는 오늘날 하나님께서 자신의 음성을 들려주실 때 직접 소통식으로는 하실 수 없다고 주장하는 것은 아니다. 하나님께서는 필요에 따라 얼마든지 그럴 수 있고 또 그래야 할 경우도 있을 것이다. 다만 나는 현재 한국 교회를 염두에 두고 하나님의 음성 듣기에 대한 방도를 논한 것이다. 그러나 이 지구상에는 한국 교회의 실정과 다른 곳도 꽤 많이 있다. 기독교의 영향력이 거의 미치지 못하는 지역이나 환경 또한 존재한다는 말이다. 이들 지역의 사람들은 아직도 성경의 내용에 접근할 수가 없다. 자국어로 성경이 번역되지 않았든지, 번역된 성경이 있어도 문맹률이 높아 읽을 수 없는 처지에 놓여 있는 것이다. 대체로 이런 곳에는 아직껏 교회가 설립되지 않았든지 혹시 있어도 그 영향력이 미미한 경우가 대부분이다. 이런 환경에서는 하나님의 지혜와 주권적 의지에 따라 하나님께서 얼마든지 직접 소통식으로 음성을 들려주실 수 있다. 또 심지어 한국이라 하더라도 어떤 특별한 경우에 하나님께서 예외적으로 그렇게 하실 수 있다.

그러나 비기독교화된 지역의 경우든 한국의 경우든, 그것이 정상적이거나 표준적인 것은 아니다. 비기독교화된 지역에도 성경이 번역되고 교회가 설립되면, 자연히 하나님의 음성은 내주적 교류식으로의 전환이 이루어지고 또 그렇게 되어야 마땅하다. 한국의 실정에서 경험한 직접 소통식의 음성 듣기 또한 일시적이고 예외적인 사태이므로 항구적인 표준으로 여길 수는 없다. 오히려 얼마 후에는 다시금 내주적 교류식의 방도로 되돌아가야 할 것이다. 왜냐하면 그런 정상적이고 표준적인 음성 듣기의 방도를 위해 성령께서 그리스도인들 가운데 내주하는 것이고, 또 완성된 신구약 66권의 성경 내용에 언제라도 접근할 수 있게 하신 것이기 때문이다. 그러므로 한국 교회는 하나님의 음성을 듣는 일과 관련하여 내주적 교류식의 방도를 부지런히 실행하고 가르치고 소개해야 할 것이다.

6. 세상의 소금과 빛이 된다는 것은 무엇인가?

▼

▼

그리스도인들이 입에 자주 올리고 반복하는 표현 중에 '빛과 소금'이라는 어구가 있다. (원래 마태복음 5장에는 '소금'이 먼저 나오지만 어떤 연고에서인지 한국의 그리스도인들은 '빛'을 앞세우고 있다.) '빛과 소금'은 교회나 학교의 이름, 상호와 잡지명에 이르기까지 편만하게 사용되고 있다. 또 공예배의 대표 기도 시간에는 "그리스도인들이 세상에서 빛과 소금이 되게 해 주소서"라는 간구가 심심찮게 등장한다.

그런데 이 어구가 명목상의 캐치프레이즈로만 그치지 않고 실제로 얼마나 그리스도인의 신앙 의식을 강렬히 사로잡고 있느냐 하는 문제로 가면, 우리는 답답하고 실망스러운 상황에 봉착한다. 그것은 세상의 빛과 소금이라는 어구를 빈번히 사용하는 것과 달리 그리스도인들이 이 사안을 심각히 받아들이지 않는다는 증거가 확연하기 때문이다. 세상 속에서 빛과 소금의 사명을 실제로 감당하는 모습은 차치하고라도, 우선 어떻게 하는 것이 자기 삶의 영역에서 빛과 소금이 되는 것인지조차 마음속에 정리가 안 되어 있다는 인상을 받곤 한다.

이 사안과 관련하여 나는 세 항목의 발전 단계를 머리에 그려 본다. 다시 말해서, 그리스도인이 참으로 세상의 소금과 빛이 되려면 하단에 묘사한 세 단계의 과정을 거쳐야만 하는 것이다.

우선은 세상의 소금과 빛이라는 어구의 의미가 무엇인지를 정확히 파악해야 하고(A), 자기가 속한 삶의 영역에서 어떻게 하는 것이 소금과 빛의 역할을 하는 것인지 구체적인 실행 방안을 마련하도록 하며(B), 그 방안에 따라 세상 속에서 참으로 소금과 빛의 삶을 구현하고자 최선을 다해야 한다(C). 이 장에서는 세 단계 가운데 주로 맨 처음 항목(A)에 대해 논하고

자 한다.

"세상의 소금"과 "세상의 빛"이 동시에 언급된 것은 우리
가 잘 알고 있듯 산상수훈의 한 부분에서이다.

마 5:13-16 [13]너희는 **세상의 소금**이니 소금이 만일 그 맛을 잃으면
무엇으로 짜게 하리요? 후에는 아무 쓸 데 없어 다만 밖에 버려져
사람에게 밟힐 뿐이니라. [14]너희는 **세상의 빛**이라. 산 위에 있는
동네가 숨겨지지 못할 것이요 [15]사람이 등불을 켜서 말 아래에 두
지 아니하고 등경 위에 두나니 이러므로 집 안 모든 사람에게 비
치느니라. [16]이같이 너희 빛이 사람 앞에 비치게 하여 그들로 너
희 착한 행실을 보고 하늘에 계신 너희 아버지께 영광을 돌리게
하라.

세상의 소금[1]

▽ **소금에 대한 배경적 지식**

'소금'은 염화나트륨sodium chloride이라는 화학명을 가진 흰
색 결정체로서, 짠맛을 전달하는 광물질이다. 소금은 그것이
보유한 짠맛 때문에 인류의 삶에 필수 불가결한 품목으로 취
급을 받아 왔다. 특히 날씨가 건조하고 더우며 바람이 심한 근

동 지역에서는, 발한 작용에 의해 몸의 염분이 쉽사리 빠져나가므로 탈수를 예방하기 위해 소금 섭취는 필수 조치였다.[2] 그런데 유대인들은 다행스럽게도 사해의 해변과 사해 남서쪽에 있는 예벨 우스둠Jebel Usdum이라는 소금 산으로부터 엄청난 양의 소금을 구할 수 있었다.[3]

▽ 소금의 용도

소금이 사용되는 방면은 소금의 기능과 긴밀한 연관을 맺는다. 가장 주된 기능은 부패putrefaction 방지와 지연 작용이다.[4] 향을 만들 때 소금을 쳐서 성결하게 한 것출 30:35이나 번제물겔 43:24에 소금을 치는 것 역시 부패를 막기 위한 조치이다.[5] 또 짐승의 사료에 소금을 조금 섞으면사 30:24 난외주 방부[6] 효과가 있다고 한다.[7] 소금의 둘째 용도는 조미調味, seasoning 기능의 향상과 맛flavor을 돋우는 일이다. 소금이 빠지면 음식의 맛이 싱겁기 때문에욥 6:6, 맛을 내는 데 소금의 역할은 필수적이다. 소제물레 2:13이나 번제물겔 43:24에 들어가는 소금과 관련해서도 이런 용도를 생각할 수 있을 것이다.[8]

바로 여기에서 우리는 "언약의 소금"레 2:13이라는 표현이 의미하는 바를 좀 더 명료히 이해할 수 있을 것이다. 하나님께서는 이스라엘과 언약을 맺으시고 그들의 하나님이 되기로 약속하셨다. 그분은 자신의 성실함에 기초해 변치 않고 언약을 지키시는 분이다. 이 경우 하나님의 성실한 모습은 언약의 항구성에 의해 드러난다. 그런데 하나님과 이스라엘 백성 사이의 이러한 언약 관계는 그것이 속죄든 헌신이든 감사든 각종 제물의 헌납을 통해 표현되기 마련이었다.[9] 그러므로 하나님께서는 제물의 헌납과 연관해서도 언약의 항구성이 표명되기를 원하셨는데, 이러한 의미를 상징하기에 제일 좋은 물질이 바로 소금이었다. 소금은 이미 부패 방지를 통해 음식물이 고유의 상태를 유지하도록 항구적으로 돕는 작용을 하고 있던 터라 더욱 안성맞춤이었다. 이러한 항구성은 "소금 언약"이란 표현을 빌려 거제물에 대한 방침에 확장되기도 하고민 18:19, 다윗의 왕권에도 적용되었다대하 13:5.[10]

어떤 이는 신생아가 태어났을 때 '소금을 뿌리는 것'겔 16:4을 거론하며, 상기한 두 가지 중요한 용처用處 이외에 소금의 의료적 기능까지도 언급한다.[11] 그러나 근동 지방의 기후로 보아 피부를 소금으로 비비는 것이 의료적으로 효과가 있기는커녕 오히려 해가 된다고 주장하는 이도 있다.[12] 굳이 이유를 찾자면 상징적인 것—소금과 언약 사이의 관계 때문이든, 소금의 보존적 기능이 장수長壽를 연상시키기 때문이든, 아니면 신생아를 과거의 부정한 상태로부터 결별토록 한다는 의미 때문이든—이 핵심이라고 생각한다.[13]

그렇다면 소금의 주된 기능은 첫째, 부패 현상의 방지요, 둘째, 조미 효과의 향상이라고 할 수 있을 것이다. 소금은 이처럼 인간의 삶에 긍정적으로 기여하기 때문에 그것이 상징하는 바는 대체로 가치 있고 건전한 내용과 연관이 된다.[14] 소금을 먹는다는 것스 4:14은 그 시여자施興者로부터 후한 대접을 받고 있으며 두 대상 사이에 충성과 우의가 존재한다는 뜻이다.[15] 소금과 언약 사이의 연관성레 2:13; 민 18:19; 대하 13:5도 하나님과 인간 사이의 공고한 유대 관계를 상징하는 것으로 해석할 수 있다.[16]

▽   맛 잃은 소금

만일 그리스도인들이 세상에서 그런 역할을 감당하지 못하면—즉 제맛을 잃는다면—어떻게 될 것인가? 성경에 나와 있듯 최종 사태는 "사람에게 밟힐 뿐"마 5:13이다. 그런데 과연 소금이 그 맛을 잃을 수가 있는가? 사실 소금은 매우 안정된 화합물이기 때문에 스스로 무슨 화학 작용을 일으켜 다른 물질로 바뀌지는 않는다. 따라서 정상적인 소금이라면 결코 맛을 잃을 수가 없다고 보아야 한다. 그래서 이 구절에 대해서는 여러 가지 해석이 분분했다.

첫째 해석은 이 어구에 등장하는 "만일"의 가정적 성격을 곧이곧대로 받아들이는 입장이다.[17] 이것은 반가능적反可能的 논변counter-possible argument—어떤 사태가 실제로는 발생할 수 없는데 단지 일어난다는 가정하에 그 결과를 상상해 보는 논증 방식—에 기초한 해석 방식이다.

그러나 대부분의 주석가들은 소금이 제맛을 잃는 경우가 실제로 목도된다고 설명한다. 물론 이때의 '소금'은 다른 불순물과 섞여 있는 소금을 의미한다. 사해 주변의 소택지나 바위로부터 추출되는 소금은 순수한 소금 성분 이외에 석고 가루 같은 불순물을 함유한 경우가 많았다. 이런 혼합물을 그대로 방치하면 소금은 먼저 녹아 없어지고 그 후 소금처럼 보이는 백색의 잔여물만 남게 된다. 이것은 결코 순수한 소금이 아니지만 외형상으로는 꼭 소금인 듯 보였고, 바로 이런 물질을 두고서 '맛 잃은 소금'이라는 표현을 쓴 것이다.[18]

그런데 이렇게 맛 잃은 소금은 결국 사람들에게 밟히고야 말아, 어떤 경우에는 성전의 포장도로에 버려져 제사장들이 미끄러지지 않도록 사용되기도 했고,[19] 성분의 유해성 때문에 아무짝에도 쓰이지 못하고 문자 그대로 길에 버려지기도 했다고 한다.[20] 또 현대 이스라엘에서는 누수 방지를 위해 맛 잃은 소금을 가옥의 평평한 지붕에 깔아 놓는데, 이곳은 어른들의 회집會集 장소도 되고 어린이들이 노는 장소도 되기 때문에 '맛 잃은 소금'이 문자 그대로 발에 밟히는 형국이라고 한다.[21]

이와 똑같이 제자들도 세상에서의 역할을 제대로 감당하지 못하면 맛 잃은 소금처럼 버림을 받게 될 것이다.

▽ "세상의 소금"이 주는 의미

예수께서는 산상수훈에 "세상의 소금"을 언급함으로써 제자들이(또 오늘날 우리가) 세상 속에서 어떻게 살아야 할지 매우 중요한 힌트를 주셨다. 그 힌트는 지금까지 살핀 것처럼 소금

의 특징적인 두 가지 역할—부패 방지와 조미 효과—에 나타
나 있다. 이제 소금의 이 두 가지 역할에 기초하여 그리스도인
의 세상 속 사명에 대한 윤곽을 그려 보고자 한다.

첫째, 부패 현상의 방지부터 생각해 보자. 그리스도인이 세
상의 소금으로 작용한다는 것은 먼저 그 세상이 부패해 있음을
전제한다.[22] 만일 이 세상이 부패나 오염으로 물들지 않고 건
강한 상태를 유지하고 있다면, 구태여 방부 작용의 필요성을
언급할 이유가 없을 것이다. 그러나 실상은 정반대이다. 세상
은 도덕적·영적 타락 가운데 심히 왜곡되고 뒤틀리고 추악한
모습을 띠고 있다. 19세기 주석가 데이비드 브라운(David
Brown, 1803-1897)은 세상이 타락한 상태에 처하게 된 원인을
인간 본성의 부패에서 찾으며 다음과 같이 말했다.

성경에서는 인류가 그들 자신의 악한 본성이 통제되지 않은 가운
데 작동하는 것을 가리켜 전적으로 부패해 있다고 표현한다. 그
리하여 홍수 이전이든창 6:11, 12 홍수 이후든창 8:21, 다윗의 시대
든시 14:2, 3 이사야의 시대든사 1:5, 6 아니면 바울의 시대든엡 2:1-3;
또 욥 14:4, 15:15, 16; 요 3:6도 보라; 그리고 롬 8:8; 딛 3:2, 3과 비교하라 상황은
마찬가지이다.[23]

물론 세상이 부패해 있다고 해서 최악의 상태만이 지속되
고 있다는 식으로 극도의 비관적 시각을 견지할 필요는 없다.

하나님께서는 자신의 일반 은총으로써 때때로 인간의 악성과 부패 성향이 그 세력을 발휘하지 못하도록 역사하시기 때문이다 창 20:6; 31:7; 왕하 19:27, 28; 롬 13:1-4. 존 스토트는 이 점을 그리스도인이 세상의 소금 되는 일과 연계해서 다음과 같이 설명했다.

> 물론 하나님께서는 공동체 (사회) 내에 다른 억제 수단을 마련해 두셨다. 그분은 자신의 일반 은총 가운데 어떤 제도들을 수립하심으로 말미암아 인간의 이기적 경향에 제동을 거시고 사회가 무질서로 빠져드는 것을 미연에 방지하신다. 이런 제도들 가운데 주된 것으로 정부(법을 제정하고 시행할 권위가 있다)와 가정(결혼 및 가족 관계를 포함한다)이 있다. 이런 제도들도 사회 내에서 건전한 영향력을 행사한다. **그러나 하나님의 의도는 다른 어떤 억제책보다도 자신의 백성 — 속량을 받고 중생했으며 의롭게 된 이들 — 이 죄악된 사회 속에서 가장 강력한 억제의 수단으로 부각되는 것이다.** 태스커R. V. G. Tasker의 표현을 빌리자면, 제자들은 "도덕적 수준이 낮거나 항시 변화하거나 존재하지 않는 세상 속에서 도덕적 살균제가 되어야" 하는 것이다.[24] [강조는 인용자의 것]

이처럼 세상에 만연한 부패와 죄악을 그대로 방치하지 않고 예방하고 맞서 싸우고 필요한 조치를 취하는 것이 바로 세상의 소금이 되는 일이다.

둘째, 조미 효과의 향상에 대해 알아보자. 그리스도인들이 세상에서 소금의 역할을 감당해야 한다는 주장은 세상이 부패해 있다는 것뿐 아니라 동시에 세상이 무미건조하고 죽을 맛이라는 것 또한 전제한다. 이런 세상의 삶에 활기, 의미, 참된 가치와 의욕을 불어넣어 주는 것이 바로 소금 된 그리스도인들의 역할이다.

어떤 이는 이 세상이 무미건조하다는 말에 고개를 갸우뚱할지도 모르겠다. 이 시대만큼 재미있고 즐겁고 놀거리로 가득 찬 때가 어디 있었느냐고 반문을 던지면서 말이다. 물론 한편으로 이런 주장에는 일리가 있다. 지금 우리는 모든 종류의 오락과 미디어와 여흥 프로그램을 즐기는 중이다. 못 누리는 성적 쾌락이 없고 맛보지 못한 음식이 없으며 예능의 울타리 안으로 끌어들이지 못한 게임 프로젝트가 없다. 그러나 그런 것들이 우리에게 진정한 만족과 보람과 행복을 가져다주었는가? 오히려 허탈함, 무력감, 중독 증상, 인성 파괴, 관계 단절 등을 더욱 심하게 야기하지 않았는가? 그러므로 내가 말하는 '삶의 맛'은 그런 것들이 아니다.

그러면 과연 세상의 삶을 '맛깔스레' 만드는 것은 무엇인가? 어떻게 함으로써 그리스도인들은 '조미 효과의 향상'이라는 면에서도 세상의 소금이 될 수 있겠는가? 그것은 근본적으로, 우리가 세상 속에서 세상 사람들로 하여금 양질의 삶을 누리도록 함으로써 이루어진다. 한편으로는 이 세상 사람들의 삶에서 목격되는 결여·핍절·불행·고통을 경감 및 완화하기 위해 힘쓸 때 그들 가운데 삶의 질이 향상된다. 가난한 사람들, 덜 누리는 이들, 소외와 주변화의 희생자들에게 관심을 쏟고 돌보고 품어 줌으로써 우리는 세상살이의 암울한 색조에 신바람을 불어넣을 수 있다.

또 한편으로는 고결하고 가치 있고 뿌듯하게 여겨지는 사안들과 활동들에 더욱 박차를 가함으로써 세상 사는 맛을 더 높은 수준으로 끌어올린다. 그리하여 그리스도인들이 이 세상 속에서 진·선·미를 순수한 마음으로 추구하고, 자연·인간·문화·사회와 관련하여 하나님께서 가치를 두시는 것만큼 우리도 가치를 부여한다면, 그때 세상은 훨씬 더 살맛 나게 될 것이다. 사람들로 하여금 인생에서 의미, 보람, 긍지를 찾거나 발견하도록 돕고, 그들이 준법정신과 책임감과 타인의 권리를 중시하도록 자극할 때, 세상의 삶에는 우리가 노력한 만큼 조미의 효과가 더해진다고 하겠다. 또 개인의 재능을 발전시키고 공동체 안에서 행복을 추구하며 다른 이들과의 관계에서 신뢰·존경·화해·용서·단합·유대감을 촉진한다면, 우리가 세상 가운데 영위하는 삶의 질은 훨씬 더 '맛깔나게' 바뀔 것이다.

이렇게 우리는 각양의 인간관계와 건전한 사회 활동을 통하여 세상에서의 삶에 조미 효과를 상승시킬 수 있다. 그러므로 세상살이에 맛을 더하는 일은 그리스도인으로서 소금의 역할을 감당한다는 것이 무엇인지를 밝히는 또 다른 중요한 방면인 것이다.

세상의 빛

∇ 물리적 현상으로서의 빛

'빛'은 우선 물리적 성격의 빛physical light과 상징적 수단으로서의 빛symbolic light으로 대별된다. 전자는 물리적 차원에서 감지하고 확인이 되는, 문자 그대로의 '빛'이다. 후자는 물리적 빛의 특성에 기초하여 어떤 다른 대상이나 특질을 빛이라고 상징적으로 언급할 때 등장한다.

물리적 현상으로서의 빛에서는 네 가지 특성이 발견된다. (1) 빛은 비실체적으로 여겨지지만 실재한다. (2) 빛은 어떤 광원으로부터 방사放射되는 것이다. (3) 빛은 어둠을 밝힘으로써 사람들로 하여금 볼 수 있게 해 준다. (4) 빛은 생명의 원천이다.[25] 그런데 물리적 빛의 종류를 그 산출 경위에 따라 정리하면 세 가지로 분류가 된다.

첫째, **자연적 빛**natural light이 있다. 이것은 자연 상태에서 발견되는 빛으로서 지구에서는 보통 태양을 그 광원으로 한다 전 11:7; 렘 31:35; 참고. 시 74:16. 인간의 삶은 자연적 빛을 향유하는 것과 연관이 되므로전 11:7-8, 생명의 유지는 자연적 빛이 공급되는 것욥 33:28으로, 죽음의 상태는 빛을 감지하지 못하는 것욥 3:16; 시 49:19, 58:8; 전 6:4-5으로 설명을 한다.

둘째, **인공적 빛**artificial light이 있다. 이 빛 역시 물리적 속성에서는 자연적 빛과 같은 것이지만 인간이 광원을 형성한다는 점마 5:15에서 차이가 있다. 과거에 기름을 태워 등불을 마련하는 것, 오늘날처럼 전력을 활용한 조명 장치가 인공적 빛을 산출하는 것이 그 예이다. 성경 시대에 등불을 인위적으로 준비해야 했던 이유는 주로 야음夜陰을 밝히기 위한 목적 때문이었다 잠 31:18; 마 25:4, 7; 행 20:7-8; 벧후 1:19; 계 22:5. 또 성소 안에 저녁부터 아침까지 등불을 켜 놓도록 한 것출 27:21; 레 24:3; 참고. 삼상 3:3도 부분적으로는[26] 어둠을 밝히기 위함이었다. 그러나 꼭 밤이 아니어도 빛이 충분히 공급되지 않아 인간의 활동에 지장이 있을 경우[27]에는 등불을 준비하지 않을 수 없었다 눅 15:8; 참고. 마 5:15; 막 4:21; 눅 8:16, 11:33.

셋째, 그 외에 **기적적 빛**miraculous light이 있다. 기적적 빛이란 발광發光의 원인을 자연 영역에서는 찾을 수 없고 오직 초자연적 개입으로만 설명할 수 있는 비상한 현상을 말한다. 이 경우 빛은 분명 다른 물리적 성격의 빛과 동일하지만 그 빛이 발생한 원인만큼은 하나님에게서 찾아야 한다는 것이다. 어떤 학자는 기적적 빛이 나타난 예로서 여섯 가지 경우—고센 땅의 광명출 10:23, 떨기나무 불꽃출 3:2, 불기둥출 13:21, 그리스도의 탄생을 알릴 때 수반된 광채눅 2:9, 다메섹 도상에 비추어진 빛행 9:3, 22:6, 26:13, 변화산상에서의 빛마 17:2—를 열거하고 있다.[28]

∇ 상징적 수단으로서의 빛

상징적 수단으로서의 빛은 어떤 대상이나 사물이 가진 특징 혹은 면모를 물리적 빛의 기능이나 속성에 빗대어 은유적으로 묘사할 때 등장한다.

첫째, 빛의 상징적 성격이 명확한 적용 대상을 갖는 경우부터 살펴보자. 이런 적용 대상은 대개 세 가지 부류로 나누어진다.

(1) 하나님을 빛이라 칭한 경우가 있다사 60:19; 요일 1:5; 참고. 시 4:6; 약 1:17. 이것은 그분 안에 능력, 지식, 불변성, 단순성simplicity, 의, 거룩 등이 최고로 완벽히 존재하고 있기 때문이다.[29] 그리하여 어떤 경우에는 하나님의 속성이나 행위가 빛의 역할을 하는 것으로 언급하기도 한다시 94:1; 사 10:17, 51:4; 호 6:5.

(2) 메시아이신 예수 그리스도를 가리켜서도 빛이라 했다. 이는 구약 시절부터 예언된 바인데사 9:2, 42:6, 49:6, 예수 그리스도의 오심과 더불어 실현되었다마 4:16; 눅 2:32. 요한은 자신의 복음서 첫 부분에서 예수께서 빛 되심을 여러 번 언급했다요 1:4, 5, 7, 8, 9. 공생애 시절에 주님은 자신이 빛이라는 것을 직·간접적으로 언명하셨다요 8:12, 9:5, 12:46; 참고. 요 11:9, 12:35, 36.

(3) 하나님과 연관을 맺은 공동체나 개인을 빛으로 지칭하는 경우 또한 적잖이 발견된다. 우선, 구약에서 이스라엘 백성을 가리켜 빛이라고 불렀다사 42:6,[30] 49:6, 60:3. 신약으로 넘어오면, 세례 요한요 5:35, 바울과 바나바행 13:47 등의 개인이 '빛'

으로 불렀다. 물론 좀 더 빈번한 것은 집합적 의미에서 제자들/그리스도인들을 가리켜 빛이라 지칭한 예들이다마 5:14, 16; 눅 16:8; 요 12:36; 엡 5:8; 빌 2:15; 살전 5:5.

둘째, 상당히 많은 경우, 빛은 어떤 특정 대상을 염두에 두거나 지칭하지 않은 채 그저 '빛'의 상징적 성격만이 부각되기도 한다. 이때 빛이 무엇을 상징하는지는 단어가 등장하는 문맥과 언급 내용을 검토함으로써 얼마든지 추정적 해석이 가능하다. 여기에는 세 가지 서로 다른 항목이 존재한다.

(1) 빛은 인간이 누리는 바람직한 상태와 조건을 묘사하는 데 사용된다. 빛은 우선 일반적 안녕/복지well-being를 상징한다욥 18:6, 22:28, 30:26; 시 97:11; 잠 4:18, 13:9. 빛이 등장할 때 생명도 함께 언급됨욥 3:20, 33:28, 30; 시 27:1, 36:9, 56:13; 요 1:4, 8:12은 빛이 은연중에 생명을 나타낸다는 뜻이다. 또 하나님께서 베푸시는 호의/은혜와 복을 받아 누릴 때 빛이 언급된다욥 29:3, 33:30; 시 89:15, 112:4; 사 58:8, 59:9, 60:1; 애 3:2; 단 9:17; 미 7:8; 참고. 민 6:25; 시 67:1. 특히 빛은 하나님의 구원을 상징하는 수가 많다시 27:1, 80:3; 사 9:2=마 4:16; 사 49:6=행 13:47; 요 8:12; 행 26:18; 고후 4:6; 벧전 2:9.

(2) 빛은 또 진리나 지혜를 상징하기도 하고, 하나님의 계시와 말씀에 의한 깨달음을 묘사하기도 한다. "주의 빛"과 "주의 진리"가 병행적으로 언급되는가시 43:3 하면, 빛이 지혜를 암시하는 수도 있다전 2:13. 하나님의 말씀은 빛과 같이 깨달음을 허락하고시 19:8,[31] 119:130; 벧후 1:19, 그리하여 우리가 걸어야 할 길

을 보여 준다시 119:105. 우리의 영적 이해력이 산출되는 것도 계시의 빛 때문이다시 36:9; 단 2:22; 고후 4:6. 이런 빛이 환하게 비칠 때 영적 분별력 또한 갖추어지는 것이다눅 11:34-36.

(3) 그뿐만 아니라 빛은 의, 거룩, 선, 사랑 등 신앙적 미덕 및 도덕적 탁월성을 상징하기도 한다. 먼저, 빛은 의/공의시 37:6; 사 62:1를 나타내는 수도 있고 거룩을 묘사하기도 한다사 10:17; 참고. 요일 1:7. 또 빛은 착함·의로움·진실함을 산출하는 것엡 5:8-9으로 언급되고, 형제 사랑을 강조하는 맥락에서 소개되기도 한다요일 2:9-10. 빛이 악한 마음 상태마 6:22-23[32]나 악한 행위요 3:19-21, 악한 생활 방식롬 13:12; 고후 6:14; 빌 2:15과 대조되어 등장하는 것도 이런 이유 때문이다.

▽ "세상의 빛"이 의미하는 내용

그리스도인이 세상의 빛 됨에서 가장 의미심장하게 기억해야 할 바는 결코 우리 자신이 근원적 발광체가 아니라는 사실이다. 하나님만이 빛이시고요일 1:5 빛의 근원이시며시 36:9 빛들의 아버지이시다약 1:17. 물론 그리스도께서도 빛이시고요 1:4, 이 세상에 빛으로 오셨다요 8:12, 9:5, 12:46. 그러므로 우리는 먼저 빛의 수용자요 빛의 수혜자가 되어야 한다. 먼저 빛이신 그리스도를 받아들이고 이 빛으로부터 구원의 은택을 경험하지 않으면, 세상에 대해서 빛이 될 수 없다요 8:12, 12:46.

이런 의미에서 그리스도인은 이차적 의미에서derivatively 빛이라고 할 수 있다. 주께서는 이 점을 강조하여 "나는 세상의 빛이니 나를 따르는 자는 어둠에 다니지 아니하고 생명의 빛을 얻으리라"요 8:12라고 말씀하셨다. 바울은 우리가 "주 안에 서"—주님과 연합된 상태에서—빛이라고엡 5:8 말했다. 그러므로 주님께서 우리를 가리켜 "세상의 빛"이라고 하신 것마 5:14 은 사실상 그분이 먼저 "세상의 빛"이시기 때문이다요 8:12, 9:5, 12:46.

그렇다면 그리스도인은 어떤 방면에서 "세상의 빛"이 되어야 하겠는가?

첫째, 그리스도인들은 어둠을 노출하고 무력화하고 축출함으로써 세상의 빛 노릇을 한다. 세상의 빛이 된다는 것은 세상이 도덕적이고 영적인 의미에서 어둠과 흑암에 놓여 있다는 사실을 전제한다.[33] 빛과 어둠의 반립 관계는 상식적인 일이기도 하지만 성경에서도 충분히 예시되고 있는 내용이다. 우선 성경에서는 빛과 어둠을 나란히 열거함으로써 이 둘이 서로 대조된다는 것을 예시하고 있다욥 10:22, 30:26; 전 2:13; 사 5:20, 59:9; 애 3:2; 암 5:18; 고후 6:14; 살전 5:5; 요일 1:5. 또 도덕적·영적 변화를 어둠이 빛에 의해 영향을 받는 것으로, 아니면 어둠에서 빛으로의 전환이 일어나는 것으로 설명한다사 9:2=마 4:16; 사 42:16, 58:10; 요 8:12, 12:35-36, 46; 행 26:18; 롬 13:12; 엡 5:8.

따라서 우리는 "어둠"이 무엇인지를 파악함으로써 동시에 빛의 역할에 대한 교훈을 얻게 된다.[34] 어둠의 파악과 노출에서는 두 가지 맞물린 사항을 고려하는 것이 필요하다. 우선, 이 세상의 전체적 상황이 어둡다는 것을 드러내야 한다. 바울은 그리스도인들이 세상에서 빛들로 드러나기를 바라면서 이 세대[세상]가 "어그러지고 거스르는"**빌 2:15** 것임을 역설했다. "어그러지고crooked"는 휘어지고, 구부러지고, 비뚤어진 상태를 의미한다. 또 "거스르는depraved" 역시 이와 비슷하게 왜곡되고, 타락한 성질을 표현한다. 다시 말해서 우리가 사는 현 세상은 진리를 왜곡하고 도덕적으로 타락한 상태라는 것이다.

또, 이 세상 사람들의 악한 행위를 조목조목 드러내야 한다. 예수께서는 세상 사람들이 빛으로 나아오지 않는 이유로서 그들의 행위가 악함을 지적하셨다**요 3:19-20**. 그러면 무엇이 그런 악한 행위들인가? 한 가지는, 영적 무지와 오류로 인한 어리석음**참고. 엡 4:18**을 예로 들 수 있다. 이는 성경에 나타난 "지식과 진리의 모본"**롬 2:20**이 결여되어 있기 때문에 생긴다.[35] 그 이외에, 상당히 많은 경우의 악행은 도덕적인 문제들이다. 바울은 그런 행위로서 '방탕', '술 취함', '음란', '호색', '다툼', '시기'를 말하기도 하고**롬 13:13**, '음행', '더러움', '탐함'**엡 5:5; 참고. 엡 5:3**을 열거하기도 한다. 또 다른 곳**살전 5:7**에서는 '자고[도덕적 해이 상태]', '취하는[방탕함]' 것으로 표현하기도 한다.

이렇듯 이 세상의 어두운 상태와 세상 사람들의 악한 행위—영적 무지와 도덕적 타락—를 드러내고 지적하고 밝히는 것이, 세상에서 빛으로서의 역할을 감당하는 일이다.

둘째, 그리스도인들은 세상 사람들에게 참된 것, 선한 것, 바람직한 것을 소개하고 예시함으로써 세상에서의 빛이라는 역할을 감당한다. 세상에서 빛의 역할을 수행하는 것은 소극적이고 부정적 성격의 활동만으로는 충분하지 않다. 악과 무지와 부패를 드러내고 고발할 뿐만 아니라 한 걸음 더 나아가 이 세상의 사람들이 지향해야 할 진리와 선의 내용을 적극적으로 드러내 보여 주고 안내하는 역할까지도 감당해야 한다.

이러한 역할을 효과적으로 감당하기 위해서는 두 가지 사항을 염두에 두어야 할 것이다. 우선, 세상의 빛이 되기 위해서는 이 세상 사람들이 우리의 "착한 행실"마 5:16을 볼 수 있도록 해야 한다. 우리의 선한 생각과 의도를 알리고 선한 말을 들려주는 것만으로는 충분하지 않다. 이런 것들과 더불어 궁극적으로 '선한 행실'의 구현이 있어야 한다. 만일 우리가 이 세상 사람들이 인식하고 인정할 수 있게끔 선한 행실을 현시하지 않는다면참고. 벧전 2:12, 15, 우리는 결코 세상의 빛 역할을 제대로 감당하는 것이 아니다.

또 한 가지 고려해야 할 사항은 우리가 '세상'에 대한 빛이라는 사실이다. 바클레이(William Barclay, 1907-1978)는 이 점을 선명히 지적하고 있다.

이 기독교는 교회 안에서만 보이는 것이 되어서는 안 된다. 그 영향력이 교회의 문턱에서 끝나는 기독교는 누구에게도 별 도움이 되지 않는다. 오히려 세상의 일상적 활동에서 더욱 현시될 수 있어야 한다. 우리의 기독교는 계산대 건너편의 점원을 어떻게 대하는지에서, 식당에서 음식 주문을 할 때[의 태도]에서, 우리의 종업원을 어떻게 대하고 고용주를 어떻게 섬기는지에서, 게임을 어떻게 하고 오토바이를 어떻게 몰고 어떻게 세우는지에서, 매일의 언어 사용과 매일의 읽을거리에 대한 취사선택에서 드러나야 한다. 그리스도인은 교회에서뿐이 아니고 공장, 일터, 조선소, 광산, 강의실, 수술실, 부엌, 골프 코스, 야외 경기장 등에 있을 때에도 그리스도인이어야 한다. 예수께서는 "너희는 **교회**의 빛이다"라고 말씀하시지 않고 "너희는 **세상**의 빛이다"라고 하셨다.[36]

그러므로 그리스도인은 세상 한가운데 선한 행실을 더욱 줄기차게, 더 많이 구현하도록 힘써야 한다. 가정생활, 학문 활동, 문화 창달 등 자연적 삶 가운데 가능하면 웃음, 즐거움, 행복감이 더 신장되도록 해야 한다. 그리스도인의 세상 참여로 인해서 지식과 지혜가 더 풍성해지고, 사람들의 분별력·깨달음·이해력에 더 큰 진보의 결과가 목도될 수 있어야 한다. 빛의 열매가 착함, 의로움, 진실함인 바 엡 5:9, 그리스도인이 세상 사람들 가운데 존재함으로 인해서 의·거룩·사랑·선이 더욱 심원하고 더욱 빈번히 실현되어야 한다.

이처럼 그리스도인이 세상의 삶 가운데 '선행'—일반적 '안녕', 진리의 파급, 도덕적 향상—을 도모할 때, 세상의 빛이라는 사명은 더욱 적실하고 효과적으로 수행된다고 할 수 있을 것이다.

세상의 소금과 빛: 결론적 정리

▽ 그리스도인의 세상 속 사명

세상의 필요는 무엇이고 세상에서 수행해야 할 우리의 사명은 무엇인가? 이것은 앞에서 여러 차례 밝힌 것처럼 두 가지 사항으로 정리가 된다. 첫째, 세상은 부패해 있고 어둡기 때문에 누군가 이것을 밝히고 드러내고 정화하고 미연에 방지해야 한다. 세상에 만연한 '어둠'이 무엇인지, 어떤 영적 무지와 도덕적 부패가 사람들을 잠식하고 있는지 깨우치고 계몽함으로써, 그것의 원인을 규명하고 제거하도록 힘써야 한다. 둘째, 세상이 필요로 하는 바 풍성하고 인간다운 삶의 환경 및 삶의 질이 향유되기 위해서는 단지 부패의 제거뿐이 아니고 참되고 아름다운 가치의 실현 또한 요구된다. 누군가 그에 대해 실상을 밝히고 가이드라인을 제시해야 하며, 궁극적으로 그런 가치가 세상의 삶 가운데 실현되도록 최선의 노력을 아끼지 말아야 한다.

바로 이러한 사명의 성취를 위해서는 세상 속에 소금이

필요하다. 소금은 무엇보다도 부패를 방지하고 지연시킨다. 세상에 만연되어 있고 세상 속에 침투해 들어가 있는 악과 오염을 그대로 방치하지 않고, 오히려 그것과 싸우고 제동을 걸고 척결에 힘을 쏟는다. 물론 소금의 역할은 이것뿐이 아니다. 부패 방지와 제거에도 관심을 쏟고 노심초사하지만, 한 걸음 더 나아가 인간관계와 세상살이에 살맛이 더해지도록 만전을 기한다. 결핍과 고통을 완화시키고 인생에서 의미와 보람을 찾고 누리는 일이 활성화되게끔 한층 더 박차를 가한다.

또 이런 사역의 성취를 위해서는 세상 속에 빛이 필요하다. 빛은 어둠을 뚫고 들어가 그 부패의 실상과 악의 실재를 생생히 노출한다. 인간의 악한 상태와 악한 행위를 낱낱이 드러내고 고발한다. 물론 이것만이 빛이 수행하는 역할의 전부는 아니다. 더 중요한 것은 그다음의 활동이다. 빛은 인간의 행복이 무엇인지, 어떻게 진·선·미를 추구할 수 있는지, 어떻게 착함·선함·거룩함의 열매를 맺을 수 있는지 밝혀 주고 가르쳐 주고 길을 안내해 준다.

이렇게 본다면 세상의 소금이든 세상의 빛이든 결국 이 두 가지 항목, 즉 세상의 악/부패에 대한 인식과 척결, 세상에서 추구할 선한 가치에 대한 깨우침과 구체적 실현을 그 과제로 삼고 있다고 할 수 있다. 다만 차이가 있다면, '세상의 빛'은 좀 더 계몽적/이론적 측면을 강조하고 '세상의 소금'은 좀 더 실제적/실천적 측면에 초점을 맞추는 것이라고 볼 수 있다. 빛은 비추고 조명함으로써 무언가를 보고 깨닫게 하고 안내를 하는가 하면, 소금은 부패한 상태에 침투해 들어가 그것을 개선하고 맛을 돋우기 때문이다. 어쨌든 이 두 가지 측면을 함께 통합함으로써 세상의 악/부패/어둠에 대한 조치가 마련되고, 또 세상을 좀 더 풍요롭게 하는 일에 가속도가 붙을 것이다.

그렇다면 결국 그리스도인의 세상 속 사명―세상의 소금과 세상의 빛으로 표현되는―은 다음과 같이 정리가 된다. "그리스도인은 세상 속의 악/부패/어둠을 드러내고 방지할 뿐만 아니라 세상 속에 긍정적이고 바람직한 가치들이 실현되도록 힘씀으로써 맡은 바 소임을 다하는 것이다."

ⅴ 자기 삶의 영역에 필요한 실행 방안의 구축

우리 각자는 서로 다른 삶의 영역에서 세상을 살아가고 있다. 모두가 세상 속에서 소금과 빛이 되어야 하지만, 구체적인 실천의 문제로 가면 자신이 속한 삶의 영역에 따라 실행 방안이 달라진다. 그러므로 우리는 자신이 처한 삶의 영역에서 어떻게 소금과 빛으로 살아갈 수 있을지 실행 방안을 마련해야 한다. 만일 자신이 전자제품 회사의 신입사원이라면, 신입사원으로서 실행할 사항들이 있을 것이다. 이것은 내과 병동의 수간호사와 관련해서도, 고등학교 3학년 자녀를 둔 강남 지역의 어머니와 관련해서도, 또 마케팅 분야의 매장 책임자와 관련해서도, 그리고 수많은 직종과 생활 분야와 관련해서도 마찬가지이다.

　만일 이렇게 구체적인 지침 내용이 명시적으로 개발되지 않으면, 결코 그 영역에서 소금과 빛으로 살겠다는 주장은 결실을 보지 못할 것이다. 그 영역의 악/부패/불의가 무엇인지 알지도 못하고 관심도 없으면서, 또 그 영역에서 어떤 긍정적이고 적극적인 가치가 실현되어야 할지 아이디어가 전혀 없으면서, 어떻게 소금과 빛이 될 수 있을까? 따라서 그리스도인 개인과 교회와 단체는 그리스도인이 연루되어 있는 세상의 각 활동 영역과 직업 분야에서 세상의 소금과 빛이 되기 위한 구체적 지침 내용을 작성하고 이를 실행해야 한다.

7. 왜 나에게 고난이 닥치는가?

▼

▼

고난에 대해서는 대체로 두 가지 유형의 접근이 발견된다. 일반적으로 서양인들은—그리스도인들을 포함하여—'고난' 하면 가장 다루기 힘든 지적·실존적 난제로 여긴다. 까닭인즉 그들은 고난을 악 evil의 한 가지로 간주하고, 결국 고난은 '악의 문제'로 귀착이 된다고 보기 때문이다. 악의 문제란 다음과 같은 세 가지 명제가 한꺼번에 '참'일 수 없다는 생각이다.

(1) 하나님은 전능하시다.

(2) 하나님은 선하시다.

(3) 세상에는 악이 있다.

서양인들이 고난에 대해서 위의 방식으로 문제점을 드러내는 이유는 주로 신관神觀 때문이다. 하나님을 전능하고 선하신 인격신으로 상정할 때 이것이 악의 실재와 모순을 일으킨다는 것이다. 그렇다면 이러한 악의 실재에도 불구하고 하나님께서 의롭다는 것을 설명해야 하는데, 바로 여기에서 이른바 '신정론神正論, theodicy'이라는 큰 주제/분야가 생겨난다.

하지만 동양인들은 본래 인격적 신관을 견지하고 있지 않기 때문에 악이나 고난과 관련하여 무슨 합리적 설명이 요구된다고 생각하지 않았다. 단지 악이나 고난을 화, 재난, 재앙 등으로 부르면서 여러 가지 주술적이거나 제의적인 수단에 의거해 그것들을 피하고자 했을 따름이다. 또 어떤 이들은 카르마karma의 원리를 내세워 우리가 현세에서 당하는 불행과 고통은 전생에서의 업業 때문이라고 운명론적으로 수용하기도 했다.

한국의 그리스도인들 역시 이러한 동양적 세계관에 깊이 침잠하여 살아왔다는 것은 고난에 관한 입장과 관련해서도 뚜렷이 드러난다. 한편, 그리스도인들은 하나님께 복을 받은 존재이므로 고난[화, 재난, 재앙 등]으로부터 보호받고 있다고 (또 보호받아야 한다고) 생각한다. 이것은 기독 신앙의 핵심을 기복피화祈福避禍의 관점에서 파악하는 일이다. 다른 한편으로 이러한 정신 자세는 매우 엄밀한 형태의 인과응보 사상을 배태했으니, 만일 어떤 이에게 고난[화, 재난, 재앙 등]이 발견되면 그는 분명코 숨은 죄를 지었기 때문이라고 판단하는 것이 바로 이런 원리의 구체적 적용 예이다.

성경은 고난의 문제에 대해 합리 일변도[서양식]로나 응보론 위주[동양식]로 접근하지 않는다. 물론 두 가지 접근 방식 모두 조금씩 발견되기는 하지만, 어느 한 가지 방식과 완전히 동일시할 수가 없다. 따라서 나는 이 장에서 성경적 고난관이라 명명할 수 있는 하나의 해석 체계를 제시하고자 한다.

우선 고난은 "인간이 겪는 신체적·정신적 괴로움으로서 자연이나 인간관계를 매개로 한 모든 것을 총망라한다"라고 묘사하고자 한다. 이 묘사에는 고난의 성격과 고난의 원천이 포괄적으로 들어 있다. 고난은 그 성격에 따라 신체적 괴로움(주로 '고통pain'으로 언급됨)과 정신적 괴로움(주로 고뇌anguish라고 불림), 이 두 종류로 나누어질 뿐 아니라, 그 근원에서도 '재해disaster/natural evil'(자연으로 말미암은 재난)와 '행악malefaction/moral evil'(인간이 일으키는 해악)을 언급할 수 있을 것이다.

물론 실제 개인이 겪는 괴로움에는 이런 고난들이 혼재해 나타난다. 예를 들어, 고통이 신체적인 괴로움이지만 곧 정신적 고뇌로 발전할 수 있고, 무리한 댐 건설로 산사태가 초래되었다면 이는 '재해'와 '행악'이 혼합된 형태의 고난이라고 해야 할 것이다. 하지만 개념상으로는 '고통', '고뇌', '재해', '행악'을 구별할 수 있기 때문에 위와 같은 분류를 시도한 것이다. 이 글에서는 고난이 이런 모든 현상을 총망라하는 것으로 보고 논의를 진행하겠다. 또 고난의 문제를 다루면서 개역개정판 한글 성경에 나타나는 다른 용어들, '환난', '핍박', '괴로움', '고통', '곤란', '곤고', '능욕', '해', '재난' 등도 고난을 뜻하는 유사 개념으로 뭉뚱그려 다루고자 한다.

고난의 구속사

▽ 창조

고난은 창조와 더불어 시작되지 않았다. 하나님께서는 빛^{창 1:3}, 식물^{창 1:12}, 광명체와 별들^{창 1:16}, 해양 생물 및 조류^{창 1:21}, 짐승과 육상 생물^{창 1:25}을 창조하시고, 이런 피조물들과 창조의 현상이 '보시기에 좋다'고 하셨다^{창 1:4, 10, 12, 18, 21, 25}. 특히 해양 생물과 조류, 그리고 인간에 대해서는 생육과 번성의 복^{창 1:22, 28}을 빌어 주셨다. 이처럼 다양한 피조물의 창조 및 그들의 생육과 번성이 창조 시의 모습이었다. 그러고는 이 모든 피조계를 보시면서 "심히 좋다"라는 말로 최종 판정을 내리셨다.

> ^{창 1:31} 하나님이 지으신 그 모든 것을 보시니 **보시기에 심히 좋았더라**. 저녁이 되고 아침이 되니 이는 여섯째 날이니라.

▽ 타락

창조계의 복된 상태가 얼마나 지속되었는지는 확실하지 않지만, 어쨌든 뱀을 통한 사탄의 시험은 인류의 타락을 재촉하고야 말았다. 사탄은 전에 하나님께서 아담에게 주신 계명을 발판으로 하여 하와에게 접근했다.

창 2:16-17, 3:4-5 $^{2:16}$여호와 하나님이 그 사람에게 명하여 이르시되, "동산 각종 나무의 열매는 네가 임의로 먹되 ^{17}선악을 알게 하는 나무의 열매는 먹지 말라. **네가 먹는 날에는 반드시 죽으리라**" 하시니라. … $^{3:4}$뱀이 여자에게 이르되, "너희가 **결코 죽지 아니하리라.** ^{5}너희가 그것을 먹는 날에는 너희 눈이 밝아져 하나님과 같이 되어 선악을 알 줄 하나님이 아심이니라."

아담과 하와는 이 꼬임에 넘어갔고 피조계는 타락했으며 그들은 하나님의 심판을 받았다.

창 3:16-19 ^{16}또 여자에게 이르시되, "내가 네게 임신하는 **고통**을 크게 더하리니 네가 수고하고 자식을 낳을 것이며 너는 남편을 **원하고** 남편은 너를 **다스릴 것**이니라" 하시고 ^{17}아담에게 이르시되, "네가 네 아내의 말을 듣고 내가 네게 먹지 말라 한 나무의 열매를 먹었은즉 땅은 너로 말미암아 **저주**를 받고 너는 네 평생에 **수고**하여야 그 소산을 먹으리라. ^{18}땅이 네게 가시덤불과 엉겅퀴를 낼 것이라. 네가 먹을 것은 밭의 채소인즉 [19] 네가 **흙으로 돌아갈 때**까지 얼굴에 땀을 흘려야 먹을 것을 먹으리니 네가 그것에서 취함을 입었음이라. 너는 흙이니 흙으로 돌아갈 것이니라" 하시니라.

위의 본문은 타락 때문에 인간을 필두로 하여 온 피조계가 겪는 고난의 양태를 몇 가지로 소개하고 있다.

첫째, 자연계가 저주를 받았다. 본문에서는 '땅'과 '식물'에 대해서만 저주를 이야기하지만 사실상 이것은 인간 이하의 피조계, 이른바 '자연'이라고 불리는 영역 전체를 지칭한다고 보아도 무방하다. 자연계는 때때로 재해를 통해 인간의 다스림에 역행하는 방향으로 작용하곤 한다.

둘째, 인간 개개인과 연관해 고통, 수고, 죽음이 언급되고 있다. 처음에 나오는 두 가지 고난—고통과 수고—은 출산 및 작물 재배와 연관해 등장하지만, 이들 역시 인간의 신체적·문화적 활동에까지 확대해서 생각할 수 있을 것이다. 자녀 잉태의 고통은 자녀의 양육과 가족 관계의 복잡함까지, 작물 재배에 따르는 수고는 노동, 생계유지, 직업 등 경제 및 문화 활동에서의 고뇌까지 포함하는 것이다. 그리고 궁극적으로는 죽음을 피할 수 없게 된다. 인간의 죽음(신체적 죽음·영적 죽음·영원한 죽음)이 원래부터 자연스러운 것이 아니었음은 다음에 나타나는 바울의 증언으로 보아 명확하다.

롬 5:12 그러므로 한 사람으로 말미암아 **죄**가 세상에 들어오고 **죄**로 말미암아 **사망**이 들어왔나니 이와 같이 모든 사람이 **죄**를 지었으므로 **사망**이 모든 사람에게 이르렀느니라.

셋째, 인간관계가 상호 간에 행악으로 가득 차게 되었다. 이것은 여자가 남편을 원하고 남편은 여자를 다스릴 것이라는 언급에 포함되어 있다. 다음의 설명을 참조하라.

마찬가지로, 아담과 하와가 하나님에 대해 저지른 원초적 반역죄의 지속적 결과는 그들의 관계에 대해서도 비참한 결과를 초래할 것이었다. (1) 하와는 아담에 맞서고자 하는 죄된 '욕구', 즉 아담에 대해 리더십을 행사하고자 하는 죄된 '욕구'를 갖게 될 것인데, 이는 결혼 관계에서 아담의 리더십에 대한 하나님의 계획을 역전시키는 일이다. (2) 그리고 아담 역시 타락 전에 하나님께 부여받은 바 자기 아내를 인도하고 지키며 보살피는 역할을 버리고 대신 하와 위에 '군림하고자' 하는 자기 식의 죄악적이고 왜곡된 욕망을 갖게 될 것이다.[1]

인간관계에서의 행악은 부부 사이에서만 발견되는 것이 아니다. "사회적 관계의 맥락에서 보자면 이러한 '원함'과 '다스림'은 압제, 착취, 군림, 조종, 지나친 가부장적 태도 등의 형태로 나타난다."[2]

▽ 구속

그리스도의 십자가는 고난―고통, 고뇌, 재해, 행악―과 관련해 새로운 전기를 마련해 주었다. 무엇보다도 그리스도께서는 십자가 사건을 통해 타락 이후 만물이 물려받은 하나님과의 원수 관계를 청산할 수 있게 하셨다.

> **골 1:20** 그의 **십자가의 피**로 화평을 이루사 **만물** 곧 땅에 있는 것들이나 하늘에 있는 것들이 그로 말미암아 **자기**[하나님]**와 화목하게 되기**를 기뻐하심이라.

우선 자연계는 십자가에서 시작된 그리스도의 구속 사역이 그의 재림을 통해 완성되기를 고대하고 있다.

> **롬 8:19-22** [19]피조물이 고대하는 바는 하나님의 아들들이 나타나는 것이니 [20]피조물이 허무한 데 굴복하는 것은 자기 뜻이 아니요 오직 굴복하게 하시는 이로 말미암음이라. [21]그 바라는 것은 **피조물도 썩어짐의 종노릇 한 데서 해방되어 하나님의 자녀들의 영광의 자유에 이르는 것이니라.** [22]**피조물이 다** 이제까지 함께 탄식하며 **함께 고통을 겪고 있는 것**을 우리가 아느니라.

그런데 완성된 자연계의 모습에서는 재해의 현상이 완전히 사라진다.

사 65:25 이리와 어린 양이 함께 먹을 것이며 사자가 소처럼 짚을 먹을 것이며 뱀은 흙을 양식으로 삼을 것이니 **나의 성산에서는 해함도 없겠고 상함도 없으리라**. 여호와께서 말씀하시니라.

또 하나님의 자녀들도 더 이상 고난에 의해 시달림을 받지 않게 될 것이다.

계 21:3-4 [3]내가 들으니 보좌에서 큰 음성이 나서 이르되, "보라! 하나님의 장막이 사람들과 함께 있으매 하나님이 그들과 함께 계시리니 그들은 하나님의 백성이 되고 하나님은 친히 그들과 함께 계셔서 [4]**모든 눈물을 그 눈에서 닦아 주시니 다시는 사망이 없고 애통하는 것이나 곡하는 것이나 아픈 것이 다시 있지 아니하리니** 처음 것들이 다 지나갔음이러라.

하지만 그리스도인들은 현재 초림과 재림 사이에 처한 존재이다. 한편으로 '이미' 구원의 은택을 맛보았지만 '아직' 구원의 완성을 누리는 것은 아니다. 타락으로 인해 등장한 고난의 문제를 그리스도께서 근본적으로 십자가에서 다루어 주셨지만, 그것의 철저한 근절은 오직 재림과 더불어서만 이루어질 것이다. 우리는 그 사이에 고난을 겪고 고난과 더불어 살지 않을 수 없다.

왜 고난이 발생하는가?

***

▽ "왜"에 대한 두 가지 답변

(1) 인과관계를 염두에 둔 "왜"

"왜 고난이 발생하는가?"라는 질문은 간단한 답변으로 해결할 수 없는, 보기보다 상당히 복잡한 이론 체계를 요구한다. "왜?"라는 물음은 사물의 인과관계를 겨냥한 질문일 수 있는데, 이때의 "왜"는 **원인**cause에 관한 질문으로 해석할 수 있다. 따라서 "왜 소돔과 고모라가 멸망했는가?"라는 질문은 소돔과 고모라의 멸망을 초래한 원인이 무엇인지를 묻는 것이다. 성경은 이에 대해 다음과 같이 답한다.

> **창 19:24-25** [24]**여호와께서** 하늘 곧 여호와께로부터 **유황과 불**을 **소돔과 고모라에 비같이 내리사** [25]그 성들과 온 들과 성에 거주하는 모든 백성과 땅에 난 것을 다 엎어 **멸하셨더라.**

소돔과 고모라의 멸망 원인으로는 두 가지를 지목할 수 있다. 물리적 차원에서 이야기하자면 소돔과 고모라는 유황과 불때문에 멸망했다고 할 수 있다. 하지만 더 근원적으로 거슬러 올라가 보면 하나님께서 소돔과 고모라를 멸망시키기로 작정한 것이 궁극적 원인이고, 그러한 멸망 의지를 실현하기 위해 유황과 불을 수단으로 사용하셨다고 말할 수 있다. 그렇다면 소돔과 고모라의 멸망에서 **궁극적 원인**ultimate cause은 '하나님의 작정적 의지'[3]요 **도구적 원인**instrumental cause은 '유황과 불'이다.

(2) 근거가 무엇인지를 묻는 "왜"

그런데 이렇게 원인을 밝히는 것만으로 "왜"라는 질문에 대한 답변이 완결된 것은 아니다. "왜"라는 질문은 사물의 인과 관계 이외에 근거의 제시에 초점을 맞춘 것일 수도 있다. 이때 "왜"는 **이유**reason를 묻는 것이다. "왜 소돔과 고모라가 멸망했는가?"라는 질문은 소돔과 고모라가 무슨 연고로 멸망을 당했는지 묻는 것이다. 이에 대한 성경의 답변은 다음과 같다.

> **창 18:20** 여호와께서 또 이르시되, "소돔과 고모라에 대한 부르짖음이 크고 **그 죄악이 심히 무거우니**"
> **겔 16:49-50** [49]네 아우 **소돔의 죄악**은 이러하니 그와 그의 딸들에게 교만함과 음식물의 풍족함과 태평함이 있음이며 또 그가 가난하고 궁핍한 자를 도와주지 아니하며 [50]거만하여 가증한 일을 내 앞에서 행하였음이라. 그러므로 **내가** 보고 곧 **그들을 없이 하였느니라.**

그렇다면 소돔과 고모라가 멸망당한 이유는 그들의 죄 때문이라고 할 수 있다.

이렇듯 고난의 이유란 하나님께서 고난을 일으키셔야 했

던 합리적 근거를 지칭하는 것인데, 고난의 이유 역시 크게 두 가지로 대별된다. 하나는 고난의 **총괄적 이유**grand reason로서 고난이 자연 세계에 처음 도입되었을 때를 염두에 두고 하는 말이다. 그렇다면 고난의 총괄적 이유는 아담의 범죄 행위에 대한 하나님의 징벌에서 찾을 수 있다.

하지만 고난의 이유는 또 다른 각도로 고찰할 수 있다. 이것은 아담의 범죄와 징벌의 경우처럼 고난의 문제를 자연계 전체의 규모로 조망할 때 나타나는 것이 아니고, 자연 세계에서 발생하는 특정한 고난의 사태를 사례별로 규명함으로써 드러나는 것이다. 따라서 이 경우의 이유를 **특정적 이유**particular reason라 부를 수 있을 것이다. 예를 들어, 가인이 아벨을 살해하고 나서 땅으로부터 저주를 받은 일창 4:11에 대해 생각해 보자. 이 경우 가인이 '저주'라는 고난을 당한 이유는 그의 '행악'이 하나님의 심판을 받았기 때문이다.

이상의 내용에 기초할 때 고난과 관련하여 "왜?"에 대한 답변은 다음과 같이 정리된다.

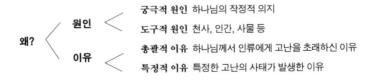

그런데 나는 이 글에서 고난의 원인보다는 고난의 '이유'를 밝히는 데 주력하고자 한다. 고난이 어떤 대상으로 인해 발생했느냐[고난의 원인]에 대한 답변은 비교적 간단하지만, 고난이 주어지는 근거[고난의 이유]의 규명은 훨씬 더 복잡하기 때문에 이 방면에 우리의 탐구 노력을 집중하고자 한다.

또 고난의 이유 가운데 '총괄적인 이유'와 '특정적 이유' 중에서도 후자에 초점을 맞추어 논변을 발전시키고자 한다. '총괄적 이유'에 대해서는 단지 한 가지 사항—아담의 타락—만 언급하면 논의가 끝나지만, '특정적 이유'의 경우에는 사안이 복잡하게 얽혀 있어 상당한 깊이의 성찰과 해명이 요구되기 때문이다. 따라서 이후의 설명은 특정적 이유 위주로 내용을 전개하겠다.

▽ 고난의 특정적 이유

(1) 자신의 죄 때문에 고난을 받는 경우

우리는 자기 자신이 저지른 과실/잘못/범죄로 인해 고난을 겪는 수가 많다. 다음의 성구는 그런 예를 보여 준다.

> **창 42:21** 그들이 서로 말하되, **"우리가** 아우의 일로 말미암아 **범죄하였도다.** 그가 우리에게 애걸할 때에 그 마음의 괴로움을 보고도 듣지 아니하였으므로 **이 괴로움이 우리에게 임하도다."**
>
> **애 1:5** 그의 대적들이 머리가 되고 그의 원수들이 형통함은 **그의 죄**

가 많으므로 여호와께서 그를 곤고하게 하셨음이라. 어린 자녀들이
대적에게 사로잡혔도다.

습 1:17 내가 사람들에게 고난을 내려 맹인같이 행하게 하리니 이는
그들이 나 여호와께 범죄하였음이라. 또 그들의 피는 쏟아져서 티끌
같이 되며 그들의 살은 분토같이 될지라.

롬 2:9 악을 행하는 각 사람의 영에는 환난과 곤고가 있으리니 먼저는
유대인에게요 그리고 헬라인에게며

고전 11:29-30 [29]주의 몸을 분별하지 못하고 먹고 마시는 자는 **자기
의 죄를 먹고 마시는 것이니라.** [30]그러므로 **너희 중에 약한 자와 병
든 자가 많고 잠자는 자도 적지 아니하니**

계 2:22 볼지어다! 내가 그를 침상에 던질 터이요 또 **그와 더불어 간
음하는 자들도** 만일 그의 행위를 회개하지 아니하면 **큰 환난 가운
데에 던지고**

(2) 타인의 죄 때문에 고난을 받는 경우

하지만 고난의 특정적 이유가 꼭 자신의 죄에서만 발견되
는 것은 아니다. 어떤 경우에는 오히려 다른 이의 죄악 때문에
고난을 받기도 한다.

수 7:24-25 [24]여호수아가 이스라엘 모든 사람과 더불어 세라의 아
들 아간을 잡고 그 은과 그 외투와 그 금덩이와 **그의 아들들과 그
의 딸들과** 그의 소들과 그의 나귀들과 그의 양들과 그의 장막과

그에게 속한 모든 것을 이끌고 아골 골짜기로 가서 ²⁵여호수아가 이르되, "네가 어찌하여 우리를 괴롭게 하였느냐? 여호와께서 오늘 너를 괴롭게 하시리라" 하니 온 이스라엘이 그를 돌로 치고 **물건들**⁴ **도 돌로 치고 불사르고**

이 사건에서 은과 외투와 금덩이를 훔침으로써 범죄한 것은 아간 개인이었는데 수 7:20-21, 돌에 맞고 불사름을 당한 것은 범죄의 당사자뿐 아니라 그의 자녀 모두—아들들과 딸들—를 포함하는 것으로 되어 있다. 그렇다면 아간의 아들들과 딸들의 관점에서 보자면, 그들은 다른 이의 죄악 때문에 고난을 겪은 예라고 하겠다. 다윗의 경우에도 비슷한 사태가 벌어진다.

삼하 12:13-14 ¹³다윗이 나단에게 이르되, "내가 여호와께 죄를 범하였노라" 하매 나단이 다윗에게 말하되, "여호와께서도 당신의 죄를 사하셨나니 당신이 죽지 아니하려니와 ¹⁴이 일로 말미암아 여호와의 원수가 크게 비방할 거리를 얻게 하였으니 **당신이 낳은 아이가 반드시 죽으리이다**" 하고

다윗이 밧세바와 저지른 범죄 행위의 결과로 태어난 아이는 난 지 이레 만에 죽고 만다 삼하 12:18. 그 아이의 관점에서 본다면 죽음이라는 고난의 사태 역시 다른 이(다윗과 밧세바)의 죄 때문에 겪게 된 것이다. 이런 예는 신약에서도 찾아볼 수 있다.

마 2:16 이에 헤롯이 박사들에게 속은 줄 알고 심히 노하여 사람을 보내어 **베들레헴과 그 모든 지경 안에 있는 사내아이를** 박사들에게 자세히 알아본 그때를 기준하여 **두 살부터 그 아래로 다 죽이니**

베들레헴과 근방에 살던 두 살 이하의 사내아이들은 안타 깝게도 헤롯의 잔인한 본성과 빗나간 분노 때문에 모두 죽임을 당한다. 이 역시 타인의 범죄 때문에 고난을 겪은 대표적인 예라고 할 수 있다. 예수께서도 비슷한 맥락에서 그 당시 일어난 특정한 사건 한 가지를 거론하신다.

눅 13:4 또 **실로암에서 망대가 무너져 치어 죽은 열여덟 사람**이 예루 살렘에 거한 다른 모든 사람보다 죄가 더 있는 줄 아느냐?

실로암에서 망대가 무너져 18명이 횡사橫死했을 때, 그들이 꼭 그렇게 죽어야 할 특정한 이유가 있었던 것은 아니다. 물론 그들도 죄인이기 때문에 궁극적으로는 지옥의 형벌을 받아야 했겠지만(혹시 그들 중에 믿는 이들이 있었다면 장차 있을 지옥 형벌로부터는 구원을 받을 수 있었을 것이다), 다른 이들과 비교해 꼭 망대에 치어 죽어야 할—재해의 대표적인 예—이유가 있지는 않았던 것이다. 그렇다면 이 사건은 망대와 연관한 어떤 이의 실수—망대를 허술하게 지었든지, 관리를 제대로 하지 않았든지 등등—때문에 다른 이들이 고난을 당한 것이라고 하겠다.

　이상의 예에서 볼 수 있듯이 고난의 이유는 당사자의 죄 때문이 아닌 경우도 꽤 많이 존재한다.

　(3) 의인으로서 고난을 받는 경우

　이것은 고난의 당사자가 고난을 겪는 특정한 이유를 찾을 수 없는 경우이다. 물론 그가 겪는 고난의 원인—궁극적 원인과 도구적 원인—을 규명하지 못한다는 말은 아니다. 의인의 고난에서도 궁극적 원인은 하나님의 작정적 의지이고, 도구적 원인은 사탄, 인간, 혹은 상황이라고 할 수 있다. 하지만 의인이 겪는 고난의 특정적 이유는 제시할 수가 없다는 말이다. 왜냐하면 그 고난은 죄로부터 연유한 것이 아닌 고로 특정적 이유를 말할 수 없기 때문이다. 나는 이런 고난을 가리켜 '의로운 고난righteous suffering'이라 부르는데, 이런 고난을 겪은 가장 대표적 인물이 욥이다.

　욥 1:12-19, 2:6-7 $^{1:12}$여호와께서 사탄에게 이르시되, "내가 그의 소유물을 다 네 손에 맡기노라. 다만 그의 몸에는 네 손을 대지 말지니라." **사탄**이 곧 여호와 앞에서 물러가니라. ^{13}하루는 욥의 자녀들이 그 맏아들의 집에서 음식을 먹으며 포도주를 마실 때에 ^{14}사환이 욥에게 와서 아뢰되, "소는 밭을 갈고 **나귀**는 그 곁에서 풀을 먹는데 ^{15}**스바 사람이 갑자기 이르러 그것들을 빼앗고 칼로 종**

들을 죽였나이다. 나만 홀로 피하였으므로 주인께 아뢰러 왔나이다." [16]그가 아직 말하는 동안에 또 한 사람이 와서 아뢰되, "**하나님의 불이 하늘에서 떨어져서 양과 종들을 살라 버렸나이다. 나만 홀**로 피하였으므로 주인께 아뢰러 왔나이다." [17]그가 아직 말하는 동안에 또 한 사람이 와서 아뢰되, "**갈대아 사람이 세 무리를 지어 갑자기 낙타에게 달려들어 그것을 빼앗으며 칼로 종들을 죽였나이다. 나만 홀로 피하였으므로 주인께 아뢰러 왔나이다.**" [18]그가 아직 말하는 동안에 또 한 사람이 와서 아뢰되, "**주인의 자녀들**이 그들의 맏아들의 집에서 음식을 먹으며 포도주를 마시는데 [19]**거친 들에서 큰 바람이 와서 집 네 모퉁이를 치매 그 청년들 위에 무너지므로 그들이 죽었나이다.** 나만 홀로 피하였으므로 주인께 아뢰러 왔나이다" 한지라. … [2:6]여호와께서 사탄에게 이르시되, "내가 그를 네 손에 맡기노라. 다만 그의 생명은 해하지 말지니라." [7]**사탄이** 이에 여호와 앞에서 물러가서 **욥을 쳐서 그의 발바닥에서 정수리까지 종기가 나게 한지라.**

욥은 의로운 고난을 당한 전형적 예이다. 그는 소, 나귀, 낙타를 한꺼번에 탈취당했고1:14-15, 17, 번갯불에 양 떼가 몰살을 당했으며16절, 몇 명을 제외한 대다수의 종들을 잃었는가 하면15-17절, 자녀들이 한날한시에 떼죽음을 당했다18-19절. 또 얼마 후에는 온몸에 악창이 생겼다2:7. 욥이 당한 고난에 원인이 없는 것은 아니다. 그의 고난의 궁극적 원인은 하나님의 작정

적 의지이다. 또 도구적 원인은 스바 사람1:15, 하늘로부터의
불1:16, 갈대아 사람1:17, 큰 바람1:19, 병원체2:7 등이다.

하지만 욥이 고난받은 이유는 말할 수가 없다. 왜냐하면
그는 범죄하지 않았기 때문이다. 그는 "온전하고 정직하여 하
나님을 경외하며 악에서 떠난 자"였고욥 1:1, 이것은 하나님께
서도 인정하는 바였다1:8. 욥의 세 친구들은 욥에게 무언가 숨
은 죄가 있어 고난을 겪는 것이라고 그를 정죄했지만, 하나님
께서는 욥이 그렇지 않다는 것을 마침내 인정해 주셨다.

> **욥 42:7** 여호와께서 욥에게 이 말씀을 하신 후에 여호와께서 데만
> 사람 엘리바스에게 이르시되, "내가 너와 네 두 친구에게 노하나
> 니 **이는 너희가 나를 가리켜 말한 것이 내 종 욥의 말같이 옳지 못함이**
> **니라.**"

이렇듯 욥의 고난은 특정적 이유를 제시할 수 없는 고난
으로서,[5] 위에서 거론했듯 '의로운 고난'의 전형적 예라고 할
수 있다.

의로운 고난의 또 다른 예는 예수께서 병을 고쳐 주신 맹
인의 경우이다.

> **요 9:1-3** [1] 예수께서 길을 가실 때에 날 때부터 맹인 된 사람을 보신
> 지라. [2] 제자들이 물어 이르되, "랍비여! **이 사람이 맹인으로 난 것이**

누구의 죄로 인함이니이까? 자기니이까? 그의 부모니이까?"[3] 예수께서 대답하시되 "이 사람이나 그 부모의 죄로 인한 것이 아니라. 그에게서 하나님이 하시는 일을 나타내고자 하심이라."

이 인물이 신체적 결함을 지니고 태어난 것은 분명 고난의 사례라고 할 수 있다. 하지만 고난의 이유는 어디에서도 발견할 수 없었다. 왜냐하면 제자들의 기대와 달리 예수께서는 이러한 고난이 맹인 개인의 범죄 때문도 아니요 그 부모의 범죄 때문도 아니라고 말씀하셨기 때문이다.[6] 따라서 이 맹인의 불행은 '의로운 고난'의 예로 볼 수 있다.

고난은 어떤 면에서 유익한가?

▽ **고난의 목적**

고난의 문제는 고난에 대한 원인과 이유의 규명만으로 끝나는 것이 아니다. 고난의 문제는 반드시 고난의 목적을 고려하는 것으로 나아가야 한다. 이것은 "그리스도인이 고난을 겪으면서 어떤 신앙적 유익을 기대해야 하는가?"라는 질문으로 표현될 수 있다.

(1) 자신의 죄로 인한 고난과 고난의 목적

어떤 이는 이 시점에서 의문을 표할 수도 있다. 그리스도 인이 과거에 지은 어떤 죄 때문에 고난을 받고 있는 것이라면, 이것은 분명 징벌적 고난punitive suffering에 해당되는데, 하나님께 징벌을 받으면서 무슨 신앙적 유익을 기대할 수 있겠느냐는 질문이다.

그러나 나는 이 질문자가 전제하고 있는 바, '자신의 죄로 인한 고난의 경우, 고난의 이유만 규명하면 되지 꼭 고난의 목적까지 언급할 필요는 없다는 생각'에 도전하고자 한다. 우리가 고난을 받을 때 그 이유를 규명하게 되었다고 해도, 그리하여 어떤 특정한 범죄 때문에 징벌을 받게 되었음을 파악한 것으로 고난의 문제를 마감해서는 안 된다. 오히려 고난의 이유 규명은 고난의 목적을 생각하는 것, 다시 말해 고난이 주는 신앙적 유익을 추구하는 것으로 이어져야 한다. 비록 출발은 자신의 범죄로부터 시작되었다 할지라도, 고난의 특정적 이유만 살피지 말고 거기서 한 걸음 더 나아가 그런 경험이 고난의 목적을 이룰 수 있게 해야 한다는 말이다.

그러면 도대체 그리스도인이 징벌적 고난을 겪으며 기대할 수 있는 신앙적 유익은 무엇인가? 그 경우에 무엇을 고난의 목적이라 할 수 있는가? 꼭 징벌적 고난의 경우에만 해당되는 내용은 아니겠지만 우리에게 큰 도움을 주는 교훈은 다음과 같다.

히 12:7-11 ⁷너희가 참음은 징계를 받기 위함이라. 하나님이 아들과 같이 너희를 대우하시나니 어찌 아버지가 징계하지 않는 아들이 있으리요? ⁸징계는 다 받는 것이거늘 너희에게 없으면 사생자요 친아들이 아니니라. ⁹또 우리 육신의 아버지가 우리를 징계하여도 공경하였거든 하물며 모든 영의 아버지께 더욱 복종하며 살려 하지 않겠느냐? ¹⁰그들은 잠시 자기의 뜻대로 우리를 징계하였거니와 **오직 하나님은 우리의 유익을 위하여 그의 거룩하심에 참여하게 하시느니라.** ¹¹무릇 징계가 당시에는 즐거워 보이지 않고 슬퍼 보이나 후에 **그로 말미암아 연단받은 자들은 의와 평강의 열매를 맺느니라.**

히브리서 기자의 교훈은 다음과 같이 요약할 수 있다. 첫째, 모든 하나님의 자녀들은 징계discipline를 받는다. 여기에는 자신의 특정한 죄로 인해 징벌을 받는 경우도 해당이 된다. 둘째, 징계는 목적이 있고 이것은 우리의 유익을 위해서 베풀어진다. 셋째, 징계의 목적—동시에 하나님의 자녀가 누리는 유익—은 거룩해지는 것, 혹은 의와 평강의 열매를 맺는 것이다.

그러므로 우리가 때로 자신의 죄 때문에 고난을 받는 경우라 할지라도, 우리는 이 기회를 통하여 고난의 목적이 이루어지도록, 곧 성화의 결실을 누리도록 해야 할 것이다.

(2) 의로운 고난과 고난의 목적

징벌적 고난이 고난의 목적을 달성할 수 있다면 하물며 의로운 고난의 경우는 어떻겠는가? 그리스도인이 의로운 고난을 겪은 목적과 그런 고난을 통해 경험하는 유익은 세 가지 항목으로 정리할 수 있다.

첫째, 그리스도와의 신비스러운 교제를 누리도록 하기 위함이다. 바울에게 가장 큰 열망은 그리스도를 아는 것이었다.

빌 3:10 내가 **그리스도와 그 부활의 권능**과 그 **고난에 참여함**을 알고자 **하여** 그의 죽으심을 본받아

바울이 알고자 했던 것은 세 가지—그리스도, 그의 부활의 권능, 그의 고난에 참여함—로 나타나 있다. 그 가운데 한 가지는 '그리스도의 고난에 참여함'이었다. 그런데 이렇게 그리스도의 고난에 참여하려면 그 자신이 그리스도인으로서 의로운 고난을 겪을 때 가능했다.

고후 4:8-10 [8]우리가 사방으로 **우겨쌈**을 당하여도 싸이지 아니하며 **답답한 일**을 당하여도 낙심하지 아니하며 [9]**박해**를 받아도 버린 바 되지 아니하며 **거꾸러뜨림**을 당하여도 망하지 아니하고 [10]우리가 항상 **예수의 죽음을 몸에 짊어짐**은 예수의 생명이 또한 우리 몸에 나타나게 하려 함이라.

이 구절에서 바울은 "우겨쌈," "답답한 일," "박해," "거꾸러뜨림" 등의 고난을 겪으며, 그것이 예수의 죽음을 몸에 짊어지는 일이라고 표현한다. 이처럼 그리스도인은 의로운 고난을 겪으면서 그리스도의 고난에 참여하는 신비스러운 유익을 누릴 수 있다.

둘째, 고난을 통해 하나님의 영광을 드러내기 위함이다. 그리스도인이 의로운 고난을 겪을 때 하나님께서는 때때로 그것을 통해 자신의 뜻한 바를 이루심으로써 영광을 드러내신다. 예수께서 길을 가실 때에 만난 맹인의 경우를 살펴보자.

> **요 9:3** 예수께서 대답하시되 이 사람[맹인]이나 그 부모의 죄로 인한 것이 아니라 **그에게서 하나님이 하시는 일을 나타내고자 하심**이라.

맹인이 신체적 결함 가운데 태어난 것은 분명 불행한 일이고 고난이지만, 예수께서는 그를 고치심으로써 자신이 하나님께로부터 오신 것과 자신이 하는 일이 하나님께로부터 말미암은 것임을 입증하셨다 요 9:33. 이것은 그가 맹인으로 태어나지 않았더라면 결코 드러낼 수 없는 바였다. 비슷한 예를 나사로에게서도 발견한다.

> **요 11:3-4** [3]이에 그 누이들이 예수께 사람을 보내어 이르되, "주여! 보시옵소서! 사랑하시는 자[나사로]가 병들었나이다" 하니 [4]예수

께서 들으시고 이르시되, "이 병은 죽을병이 아니라 **하나님의 영광을 위함이요 하나님의 아들이 이로 말미암아 영광을 받게 하려 함이**라" 하시더라.

나사로가 병에 걸린 것은 무슨 특정한 죄를 범했기 때문이 아니었다. 그런 의미에서 그가 겪은 질병의 고통은 '의로운 고난'으로 분류할 수 있다. 그런데 하나님께서 나사로에게 그러한 고난을 허락하신 목적은 예수께서 부활이요 생명이심요 11:25을 나타내 보이시기 위한 것이었다. 또 그리하여 주위 사람들로 하여금 하나님의 영광을 목도하도록요 11:40 하기 위함이었다.

셋째, 하나님의 일꾼으로서 사명을 완수하도록 하기 위함이다. 그리스도인이 겪는 의로운 고난은 하나님의 일꾼으로서 그리스도의 몸을 세우는 데 기여하도록 유익을 끼친다. 바울은 '일꾼 됨'과 '고난' 사이에 긴밀한 관계가 있음을 간파하고 있었다.

골 1:23-25 ²³만일 너희가 믿음에 거하고 터 위에 굳게 서서 너희들은 바 복음의 소망에서 흔들리지 아니하면 그리하리라. 이 복음은 천하 만민에게 전파된 바요 나 바울은 이 **복음의 일꾼**이 되었노라. ²⁴나는 이제 **너희를 위하여 받는 괴로움**을 기뻐하고 그**리스도의 남은 고난을 그의 몸 된 교회를 위하여 내 육체에 채우노라.**

²⁵내가 **교회의 일꾼** 된 것은 하나님이 너희를 위하여 내게 주신 직분을 따라 하나님의 말씀을 이루려 함이니라.

바울은 여기서 자기 자신을 일꾼—복음의 일꾼, 교회의 일꾼—이라고 밝히는데, 이렇게 일꾼 됨을 밝히는 내용 사이에 "괴로움", "고난" 등의 단어가 샌드위치의 가운데 부분처럼 끼어 있다. 복음과 교회를 위하여 일하는 일꾼은 그리스도의 몸을 위하여 마땅히 고난을 감수해야만 한다는 뜻이다. 여기에서 "그리스도의 남은 고난"은 그리스도께서 구속적 고난 redemptive suffering⁷을 다 겪지 않으셨다든지, 오늘날 우리가 고난을 통해 그의 고난을 보충한다든지 하는 것은 아니다. 그리스도의 구속적 고난은 십자가상에서 끝났다. 그러나 오순절을 필두로 하여 형성된 그의 몸이 "그리스도의 장성한 분량이 충만한 데"엡 4:13까지 이르려면, 누군가는 고난과 괴로움을 감수해야 한다. 바울은 이러한 고난을 감수하면서, 그리스도의 남은 고난을 자기 육체에 채운다골 1:24고 말한 것이다.

이처럼 그리스도인들은 의로운 고난을 겪음으로써 사명자의 길을 걸을 수 있고 그리스도의 교회를 세워 갈 수 있다. 그러니 의로운 고난의 목표는 얼마나 고상하며, 의로운 고난의 유익은 얼마나 귀중한가?

▽ 고난의 이유로부터 고난의 목적까지

고난의 문제는 고난의 이유를 규명하는 것으로 출발하지만 고난의 목적을 고려하는 데서 완성을 본다. 고난의 이유가 주로 과거의 잘못/범죄에 대한 규명에 초점을 맞춘다면, 고난의 목적은 대개 그리스도인이 앞으로 누리게 될 신앙적 유익

사항 \ 항목	고난의 이유 reason	고난의 목적 purpose
시간적 관점	과거 조망적 retrospective	미래 지향적 prospective
핵심적 활동	고난의 사태에 대한 책임의 규명	고난의 사태로 말미암은 유익의 경험

에 관심을 쏟는다. 이 두 가지를 대조해 보면 다음과 같다.

이를 토대로 고난의 이유와 목적 사이에 존재하는 상관관계를 다음과 189쪽의 그림과 같이 정리할 수 있다.

나는 이 장에서 고난의 이유와 목적이라는 주제하에 성경적 고난관의 요체를 정리하고자 애썼다. 하지만 이러한 노력으로써 성경에 나타난 고난의 진면목이 다 드러난 것은 아니다. 고난에는 언제나 우리가 이해할 수 없는 차원이 있다. 그렇기 때문에 고난의 의미는 종종 고난의 이유와 고난의 목적에 대한 설명을 벗어나곤 한다. 그럼에도 불구하고 우리는 고난

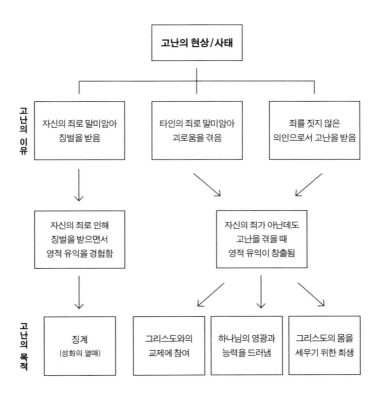

고난의 현상/사태

고난의 이유

| 자신의 죄로 말미암아 징벌을 받음 | 타인의 죄로 말미암아 괴로움을 겪음 | 죄를 짓지 않은 의인으로서 고난을 받음 |

자신의 죄로 인해 징벌을 받으면서 영적 유익을 경험함

자신의 죄가 아닌데도 고난을 겪을 때 영적 유익이 창출됨

고난의 목적

| 징계 (성화의 열매) | 그리스도와의 교제에 참여 | 하나님의 영광과 능력을 드러냄 | 그리스도의 몸을 세우기 위한 희생 |

의 이유에서 출발하여 고난의 목적이라는 완성점을 지향할 때
만, 고난의 문제를 제대로 다룰 수 있다.

8. 모든 거짓말은 잘못된 것인가?

▼

▼

　우리 가운데 적지 않은 그리스도인들은 '거짓말'이라는 사안에 대해 무관심하거나 별 문제가 아니라는 듯이 외면하고 산다. 어쩌면 거짓말을 밥 먹듯이 하는 이 세상 풍조에 찌들어서 자기도 모르는 사이에 양심이 둔화되었는지도 모른다. 혹은 직장 생활이나 삶의 처절한 경쟁 상황이 자신을 수많은 윤리적 딜레마 속으로 몰아넣는 것에 지쳐 기독 신앙으로부터 멀어졌을 수도 있다.

　하지만 '거짓말'의 문제가 꼭 신앙의 열심을 보이지 않는 이들과만 연관된 것은 아니다. 신앙의 연조가 오래되고 심지가 굳은 이들조차도 이 사안으로부터 자유롭지 못한 까닭은,

그들이 '거짓말'과 관련하여 묘한 이중성을 보이기 때문이다. 그들은 "거짓 증거하지 말라"출 20:16라는 성경의 교훈을 들먹이며 무해한 농담이나 체면치레의 표현들—"예뻐졌네요"—조차도 죄악시하는가 하면, 종교적 자유가 없는 나라에서 성경을 일반 서적이라고 말한다든지 선교사가 신분을 위장하여 자신을 회사원이라고 밝히는 것에 대해서는 지혜나 용기 있는 행동으로 여긴다. 물론 이러한 이중성이 의도적 결과가 아니고 우발적 현상인 것은 사실이지만, 어쨌든 거짓말에 대한 평가와 관련하여 일관성이 결여되어 있다는 점에서는 여전히 문제가 된다.

그렇다고 하여 당면한 사안에 대해 포괄적인 윤리 체계를 구성하거나, 자세한 행동 지침을 마련하는 데 이 글의 목표가 있는 것은 아니다. 그것은 지면의 제약으로 보나 글 쓰는 이의 제한된 능력으로 보나 가당찮은 일이다. 이러한 태도는 겸손해서가 아니라 사안의 실상을 냉철히 고려하는 데서 나온 것이다. '거짓말'을 제대로 다루려면 첫째, 그와 연관된 여러 주제/사안, 즉 거짓falsehood, 속임수cheating, 기만deception, 은폐concealment/non-disclosure, 핑계excuse, 과장exaggeration, 진실의 언급truth-telling 등을 건드리지 않을 수 없기 때문이다. 둘째, 이 주제와 관련해 성경상의 데이터가 엄청나게 많고 다양하기 때문이다. 셋째, '거짓말'에 대한 평가는 전문적인 윤리 이론의 제시를 요구하기 때문이다. '의무론적 윤리deontological ethics를 견지

모든 거짓말은 정죄된 것인가?

하느냐, 목적론적/결과론적 윤리teleological/consequentialist ethics를 원칙으로 삼느냐?'는 말할 것도 없고, '도덕적 딜레마moral dilemma가 존재하는 것인가? 만일 존재한다면 어떻게 반응해야 하는가?' 등의 질문이 우리에게 도전장을 던진다. 이런 이유로 인해 거짓말에 대한 모든 문제점과 그에 연관된 근본적 이슈들을 이 글에서 전체적으로 담아내기란 매우 어려운 일이다.

따라서 여기서는 '거짓말'과 관련하여 그저 한 가지 일관성 있는 방안을 제시하는 데 역점을 두고자 한다. 우선 '거짓말'은 '화자가 자신이 알고 있는 바와 다른 내용으로 사태를 진술하거나 자신의 심중에 의도하는 바와 다른 내용으로 발언을 시도하는 행위'라는 정의로부터 출발할 것이다. 그렇다면 거짓말은 다음의 두 경우, (1) 화자가 어떤 목적을 위하여 사태를 의도적으로 다르게 묘사하거나 진술하는 행위, (2) 화자가 상대방으로부터 어떤 반응을 유도하기 위하여 자신의 진정한 의도와 다른 내용을 진술하는 행위를 포함하는 것이 된다.

이러한 정의를 바탕으로 '모든 종류의 거짓말이 다 죄인가?'라는 질문에 초점을 맞추어 성경의 내용을 살펴보고자 한다. 필요한 경우 거짓말과 관련된 일상생활의 예 또한 언급할 것이다.

거짓말에 대한 성경의 교훈

성경은 거짓말을 악하고 죄 된 것으로 평가한다. 이러한 평가는 다음과 같은 세 가지 사항으로부터 도출된 것이다.

첫째, 거짓말은 하나님의 본성이나 성품과 반대된다.

> **민 23:19 하나님은** 사람이 아니시니 **거짓말을 하지 않으시고** 인생이 아니시니 후회가 없으시도다. 어찌 그 말씀하신 바를 행하지 않으시며 하신 말씀을 실행하지 않으시랴?
>
> **딛 1:2** 영생의 소망을 위함이라. 이 영생은 **거짓이 없으신 하나님**이 영원 전부터 약속하신 것인데
>
> **히 6:18** 이는 **하나님이 거짓말을 하실 수 없는** 이 두 가지 변하지 못할 사실로 말미암아 앞에 있는 소망을 얻으려고 피난처를 찾은 우리에게 큰 안위를 받게 하려 하심이라.

그래서 요한은 어떤 이가 극도로 잘못된 행동을 할 때, 그것이 하나님을 거짓말하는 이로 만드는 것이라고 밝힌다. 이것은 하나님께서 거짓말을 하실 수 없기 때문에 그런 행동을 하는 이들이 크게 잘못되었음을 지적하려는 것이다.

> **요일 1:10** 만일 우리가 범죄하지 아니하였다 하면 **하나님을 거짓말**

하는 이로 만드는 것이니 또한 그의 말씀이 우리 속에 있지 아니하
니라.

요일 5:10 하나님의 아들을 믿는 자는 자기 안에 증거가 있고 하나
님을 믿지 아니하는 자는 **하나님을 거짓말하는 자로 만드나니** 이는
하나님께서 그 아들에 대하여 증언하신 증거를 믿지 아니하였음
이라.

둘째, 하나님께서는 우리에게 거짓말을 하지 말라고 명하
신다.

출 20:16 네 이웃에 대하여 **거짓 증거하지 말라**.

레 19:11 너희는 도둑질하지 말며 속이지 말며 서로 **거짓말하지 말며**

엡 4:25 그런즉 **거짓을 버리고** 각각 그 이웃과 더불어 참된 것을 말
하라. 이는 우리가 서로 지체가 됨이라.

골 3:9 너희가 서로 **거짓말을 하지 말라**.

셋째, 하나님께서는 거짓말을 악의 한 가지로, 거짓말하는
이를 악한 자로 취급하신다.

시 12:2 그들이 이웃에게 각기 **거짓을 말함이여**! 아첨하는 입술과
두 마음으로 말하는도다.

사 32:7 악한 자는 그 그릇이 악하여 악한 계획을 세워 **거짓말로** 가

런한 자를 멸하며 가난한 자가 말을 바르게 할지라도 그리함이거니와

딤전 1:10 음행하는 자와 남색하는 자와 인신 매매를 하는 자와 **거짓말하는 자**와 거짓 맹세하는 자와 기타 바른 교훈을 거스르는 자를 위함이니

계 21:8 그러나 두려워하는 자들과 믿지 아니하는 자들과 흉악한 자들과 살인자들과 음행하는 자들과 점술가들과 우상 숭배자들과 **거짓말하는 모든 자들**은 불과 유황으로 타는 못에 던져지리니 이것이 둘째 사망이라.

이러한 세 가지 이유만 봐도 거짓말은 분명 죄이다.

성경에 나타나는 거짓말의 사례들

하지만 문제는 그렇게 간단하지 않다. 성경의 교훈적 본문 didactic passages에서는 거짓말을 죄악된 것으로 규정하고 있지만, 사건 묘사적 본문 narrative passages에서는 그렇게 일률적으로 말하고 있지 않다. 따라서 거짓말의 사례와 관련하여 세 종류를 구별하고자 한다.

▽ 거짓말을 악하다고 판정한 사례들

성경 최초의 거짓말은 사탄으로부터 연유한다. 하나님께서는 아담에게 다음과 같은 금령을 내리셨다.

창 2:17 선악을 알게 하는 나무의 열매는 먹지 말라. **네가 먹는 날에는 반드시 죽으리라** 하시니라.

그러나 얼마 후 사탄은 여자에게 접근하여 전혀 반대되는 메시지를 전달한다.

창 3:4 뱀이 여자에게 이르되, "**너희가 결코 죽지 아니하리라.**"

사탄은 뱀을 통해 말하는 가운데 거짓말의 전형적 패턴을 연출하고 있다. 하나님께서는 선악수善惡樹의 열매를 따 먹으면 "반드시 죽으리라"라고 하셨는데, 사탄은 그것을 따 먹어도 "결코 죽지 아니하리라"라고 말하기 때문이다.

이러한 거짓말이 잘못되었다는 것은 예수 그리스도에 의해 밝혀지고 있다.

요 8:44 너희는 너희 아비 마귀에게서 났으니 너희 아비의 욕심대로 너희도 행하고자 하느니라. 그는 처음부터 살인한 자요 진리가 그 속에 없으므로 진리에 서지 못하고 **거짓을 말할 때마다 제 것**

으로 말하나니 이는 그가 거짓말쟁이요 거짓의 아비가 되었음이라.

인간으로서 최초의 거짓말쟁이는 가인이다.

창 4:8-9 [8]가인이 그의 아우 아벨에게 말하고 그들이 들에 있을 때에 가인이 그의 아우 아벨을 쳐죽이니라. [9]여호와께서 가인에게 이르시되, "네 아우 아벨이 어디 있느냐?" 그가 이르되, "**내가 알지 못하나이다.** 내가 내 아우를 지키는 자니이까?"

가인은 아벨을 쳐죽인 뒤 그 시체를 처리했을 것이기 때문에 아우의 행방을 모를 리 없다. 그런데도 "내가 알지 못하나이다"라고 한 것은 살인을 은폐하기 위한 사악한 거짓말이다.

신약 시대로 넘어오면, 베드로는 스승과의 연고를 부인하는 과정에서 3회에 걸쳐 거짓말을 한다.

마 26:69-75 [69]베드로가 바깥 뜰에 앉았더니 한 여종이 나아와 이르되, "너도 갈릴리 사람 예수와 함께 있었도다" 하거늘 [70]베드로가 모든 사람 앞에서 부인하여 이르되, "**나는 네가 무슨 말을 하는지 알지 못하겠노라**" 하며 [71]앞문까지 나아가니 다른 여종이 그를 보고 거기 있는 사람들에게 말하되, "이 사람은 나사렛 예수와 함께 있었도다" 하매 [72]베드로가 맹세하고 또 부인하여 이르되, "**나는 그 사람을 알지 못하노라**" 하더라. [73]조금 후에 곁에 섰던 사람들이 나아와 베드로에게 이르되, "너도 진실로 그 도당이라. 네 말소리가 너를 표명한다" 하거늘 [74] 그가 저주하며 맹세하여 이르되, "**나는 그 사람을 알지 못하노라**" 하니 곧 닭이 울더라. [75] 이에 베드로가 예수의 말씀에 "닭 울기 전에 네가 세 번 나를 부인하리라" 하심이 생각나서 밖에 나가서 심히 통곡하니라.

베드로가 예수님을 부인하면서 진술한 내용은 예수 그리스도를 모른다는 거짓말이 그 핵심 요소를 구성하고 있다. 따라서 이 거짓말은 죄악된 것이다.

아나니아와 그의 아내 삽비라는 땅 판 돈과 관련하여 거짓말을 했다.

행 5:4, 7-9 [4] 땅이 그대로 있을 때에는 네[아나니아] 땅이 아니며 판 후에도 네 마음대로 할 수가 없더냐? 어찌하여 이 일을 네 마음에 두었느냐? 사람에게 **거짓말한 것이** 아니요 하나님께로다. … [7] 세 시간쯤 지나 그의 아내가 그 일어난 일을 알지 못하고 들어오니 [8] 베드로가 이르되, "그 땅 판 값이 이것뿐이냐? 내게 말하라" 하니 이르되, "**예, 이것뿐이라**" 하더라. [9] 베드로가 이르되, "너희가 어찌 함께 꾀하여 주의 영을 시험하려 하느냐? 보라! 네 남편을 장사하고 오는 사람들의 발이 문 앞에 이르렀으니 또 너를 메어 내가리라" 하니

아나니아와 삽비라의 거짓말은 '사람이 아니라 하나님께 대한' 것이었고 또 "주의 영을 시험하는" 일이었기 때문에 즉 각적인 심판을 받았다. 이는 이들의 거짓말이 사악한 것임을 보여 준다.

▽ 거짓말을 인정하는 (듯한) 사례들

거짓말의 문제를 복잡하게 만드는 것은, 성경에 등장하는 인물들이 분명 거짓말을 채택했는데도 불구하고 하나님께서 그들의 행위를 긍정적으로 용인하는 것처럼 보이기 때문이다. 그 대표적인 예를 소개하면 다음과 같다.

출 1:15-20 [15]애굽 왕이 히브리 산파 십브라라 하는 사람과 부아라 하는 사람에게 말하여 [16]이르되, "너희는 히브리 여인을 위하여 해산을 도울 때에 그 자리를 살펴서 아들이거든 그를 죽이고 딸 이거든 살려 두라." [17]그러나 산파들이 하나님을 두려워하여 애굽 왕의 명령을 어기고 남자 아기들을 살린지라. [18]애굽 왕이 산파를 불러 그들에게 이르되, "너희가 어찌하여 이같이 남자 아기들을 살렸느냐?" [19]산파가 바로에게 대답하되, "**히브리 여인은 애굽 여인과 같지 아니하고 건장하여 산파가 그들에게 이르기 전에 해산 하였더이다**" 하매 [20]**하나님이 그 산파들에게 은혜를 베푸시니** 그 백성은 번성하고 매우 강해지니라.

히브리 산파들의 답변에는 분명 사실과 거짓이 함께 담겨 있었다. 히브리 여인의 아기들이라고 하나같이 그런 식으로 태어나지는 않았을 것이기 때문이다. 그러나 어쨌든 하나님께 서는 그들에게 은혜를 베푸셨다. 이것은 하나님께서 바로 왕 에 대한 산파들의 답변—이에는 거짓말도 들어 있는데—을 긍정적으로 보셨다는 뜻이다.[1]

또한 여리고 성의 기생 라합 역시 거짓말을 시도했다.

수 2:3-6 [3]여리고 왕이 라합에게 사람을 보내어 이르되, "네게로 와 서 네 집에 들어간 그 사람들을 끌어내라. 그들은 이 온 땅을 정 탐하러 왔느니라." [4]그 여인이 그 두 사람을 이미 숨긴지라. 이르 되, "**과연 그 사람들이 내게 왔으나 그들이 어디에서 왔는지 나는 알 지 못하였고** [5]**그 사람들이 어두워 성문을 닫을 때쯤 되어 나갔으니 어 디로 갔는지 내가 알지 못하나 급히 따라가라. 그리하면 그들을 따라 잡으리라**" 하였으나 [6]**그가 이미 그들을 이끌고 지붕에 올라가서 그 지붕에 벌여 놓은 삼대에 숨겼더라.**

라합의 보고가 거짓말인 것은 명명백백하다. 라합은 정탐 꾼 둘을 지붕에 이미 숨겨 놓았는데도 불구하고 그들이 성문 밖으로 나갔다고 이야기했기 때문이다. 그런데 라합의 행위가 긍정적으로 받아들여졌다는 것은 신약 성경의 증거에 의해 알 수 있다.

히 11:31 믿음으로 기생 라합은 정탐꾼을 평안히 영접하였으므로 순종하지 아니한 자와 함께 멸망하지 아니하였도다.

약 2:25 또 이와 같이 기생 라합이 사자들을 접대하여 다른 길로 나가게 할 때에 행함으로 의롭다 하심을 받은 것이 아니냐?

라합이 정탐꾼에 대해 취한 조치를 가리켜 신약 성경의 저자들은 '행함으로 온전하게 된 믿음'이라고 평가한다. 그런데 이 조치 가운데에는 거짓말이 들어 있었고, 만일 라합이 이런 거짓말을 하지 않았다면 정탐꾼을 살려 보내는 일은 불가능했을 것이다.[2]

심지어 선지자 사무엘의 경우에는 하나님께서 임기응변의 대책—거기에는 진실의 은폐가 들어 있는데—을 가르쳐 주신 것으로 되어 있다.

삼상 16:1-5 [1]여호와께서 사무엘에게 이르시되, "내가 이미 사울을 버려 이스라엘 왕이 되지 못하게 하였거늘 네가 그를 위하여 언제까지 슬퍼하겠느냐? 너는 뿔에 기름을 채워 가지고 가라. 내가 너를 베들레헴 사람 이새에게로 보내리니 이는 내가 그의 아들 중에서 한 왕을 보았느니라" 하시는지라. [2]사무엘이 이르되, "내가 어찌 갈 수 있으리이까? 사울이 들으면 나를 죽이리이다" 하니 여호와께서 이르시되, "너는 암송아지를 끌고 가서 말하기를, '내가 여호와께 제사를 드리러 왔다' 하고 [3]이새를 제사에 청하라. 내가 네게 행할 일을 가르치리니 **내가 네게 알게 하는 자에게 나를 위하여 기름을 부을지니라.**" [4] 사무엘이 여호와의 말씀대로 행하여 베들레헴에 이르매 성읍 장로들이 떨며 그를 영접하여 이르되, "평강을 위하여 오시나이까?" [5] 이르되, "평강을 위함이니라. **내가 여호와께 제사하러 왔으니 스스로 성결하게 하고 와서 나와 함께 제사하자**" 하고 이새와 그의 아들들을 성결하게 하고 제사에 청하니라.

사울의 실각을 정하신 하나님께서는 곧 이새의 아들 다윗에게 기름 부을 것을 명하신다. 그러나 까딱 잘못해 그런 계획이 사울에게 발각이라도 되는 날이면, 사무엘은 죽을 수도 있는 실정이었다. 그런 고민을 하나님께 아뢰자 하나님께서는 하나의 묘책을 제시하시는데, 베들레헴에 암송아지를 끌고 가서 제사도 드리고 지정한 자에게 기름도 부으면 된다는 것이었다.

베들레헴의 장로들이 무슨 일로 오느냐고 물었을 때 사무엘은 "여호와께 제사하러 왔다"라고 답변했다. 이 대답이 결코 거짓말인 것은 아니다. 왜냐하면 제사도 드릴 것이기 때문이다. 하지만 이 답변은 베들레헴을 방문한 목적 전체를 말하지 않는다. 실상 제사를 드리는 것은 더 중요한 목적, 즉 이새의 아들 가운데 하나를 택해 기름을 부으려는 것을 교묘히 가장하기 위한 수단에 지나지 않기 때문이다. [3] 만일 사무엘이 진실을 송두리째 밝히고자 했다면, "이새의 아들 가운데 한 명에게 기름을 부어야 하는데 사울 왕이 알면 큰일 나니까 그것을 감추기 위해 단지 제사를 지내기 위해서인 것처럼 하고 왔소"라고 했어야 한다.

또 발언 내용과 화자의 의도 사이에 고의적 불일치intentional discrepancy를 시도하였음에도 불구하고 하나님의 지혜로 평가받은 것이 솔로몬의 경우이다. 그 당시 창기 둘이 있었는데, 어느 날 밤 그들이 각각 자기의 아이를 데리고 자던 중 하나가 실수로 자기 아이를 죽이고는 상대방의 아이와 바꿔치기를 한 사건이 발생했다. 그리하여 그 산 아이를 놓고 서로 자기 아이라고 싸우다가 솔로몬에게로 나아온 것이었다. 그때 솔로몬은 이렇게 말한다.

> **왕상 3:23-28** [23][솔로몬] 왕이 이르되, "이 여자는 말하기를 '산 것은 내 아들이요 죽은 것은 네 아들이라' 하고 저 여자는 말하기를 '아니라. 죽은 것이 네 아들이요 산 것이 내 아들이라' 하는도다" 하고 [24]또 이르되, "칼을 내게로 가져오라" 하니 칼을 왕 앞으로 가져온지라. [25]왕이 이르되, **"산 아이를 둘로 나누어 반은 이 여자에게 주고 반은 저 여자에게 주라!"** [26]그 산 아들의 어머니 되는 여자가 그 아들을 위하여 마음이 불붙는 것 같아서 왕께 아뢰어, "청하건대 내 주여! 산 아이를 그에게 주시고 아무쪼록 죽이지 마옵소서!" 하되 다른 여자는 말하기를, "내 것도 되게 말고 네 것도 되게 말고 나누게 하라" 하는지라. [27]왕이 대답하여 이르되, "산 아이를 저 여자에게 주고 **결코 죽이지 말라.** 저가 그의 어머니이니

라" 하매 [28] 온 이스라엘이 왕이 심리하여 판결함을 듣고 왕을 두려워하였으니 이는 **하나님의 지혜가 그의 속에 있어** 판결함을 봄이더라.

위의 구절에서 우리가 분명히 알 수 있는 것은, 솔로몬이 겉으로는 "산 아이를 둘로 나누어 반은 이 여자에게 주고 반은 저 여자에게 주라"[25절]라고 발언했지만 그것이 결코 그의 진의는 아니었다는 사실이다. 그의 발언 목적은 그 발언 내용이 그대로 실현되기를 바라는 데 있지 않고, 오히려 왕의 말을 곧이곧대로 받아들인 여자들이 각각 어떻게 반응하는지를 알고자 함이었다. 나의 정의에 의하면, 이 또한 거짓말로 분류가 된다. 그런데 놀랍게도 성경에서는 이러한 전략적 '속임수'를 가리켜 솔로몬의 내면에 하나님의 지혜가 담긴 증거라고 밝히고 있다. 그렇다면 이 역시 거짓말을 긍정적으로 받아들이는 예라고 할 수 있다.[4]

거짓말을 악하게 판정한 사례들과 거짓말을 인정하는 [듯한] 사례들에 포함된 여덟 가지 사례를 종합적으로 정리해 보면 대략 오른쪽 표와 같다.

표에서 알 수 있듯 거짓말에 대한 윤리적 판정에 가장 영향을 주는 것은, 주로 '선행先行 범죄 유무' 및 '거짓말을 하는 목적/의도'이다. 다시 말해, 악한 판정을 받은 거짓말들은 그 거짓말 이전에 어떤 범행이 선행되었고, 거짓말을 통해 성취

항목 / 당사자	선행先行 범죄 유무	거짓말 내용	심리적 요인	목적/의도	전반적 평가
사탄 창 3:4	유 (하와에 대한 혼란스러운 질문)	"따 먹어도 결코 죽지 않는다."	인간에 대한 악의	범죄에의 유혹	부정적
가인 창 4:9	유 (살인)	"아우가 어디 있는지 모른다."	아우에 대한 미움	범죄의 은폐	부정적
베드로 마 26:69-74	유 (주님을 버림)	"예수라는 인물을 알지 못한다."	발각에 따른 두려움	자신의 안전	부정적
아나니아와 삽비라 행 5:4, 8	유 (땅값 일부를 감춤)	"이것이 땅값의 전부이다."	신앙적 위선	범죄의 은폐	부정적
히브리 산파들 출 1:17-19	무	"히브리 산모들은 우리가 도착하기 전에 출산했다."	하나님 경외	왕의 명을 어긴 데 대한 핑계 마련	긍정적
라합 수 2:4-6	무	"정탐꾼들이 왔다가 성 밖으로 나갔다."	하나님에 대한 믿음	정탐꾼의 신변 보호	긍정적
사무엘 삼상 16:1-5	무	"여호와께 제사 지내러 왔다."	사울에 대한 두려움	사울 몰래 이새의 아들에게 기름을 붓고자 함	긍정적
솔로몬 왕상 3:24-28	무	"이 칼로 아이를 반으로 나누라."	궁구하는 정신	참 어머니와 거짓 어머니의 판명	긍정적

하고자 하는 목적이나 의도가 악하거나 그릇되었다는 것이다.
반면에 긍정적인 판정을 받은―적극적으로 추천이 되었든지
아니면 최소한 용납이 된―거짓말들은 선행하는 범죄가 없고
거짓말의 목적이나 의도가 주로 하나님께서 자신에게 부여하
신 사명의 성취와 연관이 된다는 것이다. 히브리 산파들은 아
이들을 살렸고, 라합은 정탐꾼들을 숨겼으며, 사무엘은 이새의

아들에게 기름을 붓고자 했는가 하면, 솔로몬은 재판을 하는 데에 탁월한 해결사 노릇을 했다는 말이다.

▽ 거짓말에 대해 아무런 평가가 없는 사례들

성경에 등장하는 또 한 부류의 거짓말은, 사례는 기록되어 있지만 그에 대한 윤리적 판정은 유보된 채로 남아 있는 것들이다.

창 12:11-13 [11]그가 애굽에 가까이 이르렀을 때에 그의 아내 사래에게 말하되, "내가 알기에 그대는 아리따운 여인이라. [12]애굽 사람이 그대를 볼 때에 이르기를, '이는 그의 아내라' 하여 나는 죽이고 그대는 살리리니 [13]원하건대 **그대는 나의 누이라 하라**. 그러면 내가 그대로 말미암아 안전하고 내 목숨이 그대로 말미암아 보존되리라" 하니라.[5]

창 27:18-19, 24 [18]야곱이 아버지에게 나아가서 "내 아버지여!" 하고 부르니 이르되, "내가 여기 있노라. 내 아들아! 네가 누구냐?" [19]야곱이 아버지에게 대답하되, "**나는 아버지의 맏아들 에서로소이다. 아버지께서 내게 명하신 대로 내가 하였사오니** 원하건대 일어나 앉아서 **내가 사냥한 고기**를 잡수시고 아버지 마음껏 내게 축복하소서 … [24]이삭이 이르되, "네가 참 내 아들 에서냐?" 그가 대답하되 "**그러하니이다**."

삼상 20:5-6 [5]다윗이 요나단에게 이르되, "내일은 초하루인즉 내가

206

마땅히 왕을 모시고 앉아 식사를 하여야 할 것이나 **나를 보내어 셋째 날 저녁까지 들에 숨게 하고** [6]네 아버지께서 만일 나에 대하여 자세히 묻거든 그때에 너는 말하기를, '**다윗이 자기 성읍 베들레헴으로 급히 가기를 내게 허락하라 간청하였사오니 이는 온 가족을 위하여 거기서 매년제를 드릴 때가 됨이니이다**' 하라."

삼상 21:1-2 [1]다윗이 놉에 가서 제사장 아히멜렉에게 이르니 아히멜렉이 떨며 다윗을 영접하여 그에게 이르되, "어찌하여 네가 홀로 있고 함께 하는 자가 아무도 없느냐?" 하니 [2]다윗이 제사장 아히멜렉에게 이르되, "**왕이 내게 일을 명령하고 이르시기를, '내가 너를 보내는 것과 네게 명령한 일은 아무것도 사람에게 알리지 말라' 하시기로 내가 나의 소년들을 이러이러한 곳으로 오라고 말하였나이다.**"

이제 이상의 사례를 표로 정리해 보자.

당사자 \ 항목	선행 범죄 유무	거짓말 내용	심리적 요인	목적/의도	전반적 평가
아브람 창 12:11-13	무	"사래가 나의 누이다."	두려움	일신의 안전	부정적
야곱 창 27:18-19, 24	유 (리브가와의 공모)	"내가 에서다."	탐욕	인위적 수단에 의한 축복 획득	부정적
다윗 삼상 20:5-6	무	"베들레헴에 매년제 드리러 갔다."	궁구하는 정신	사울의 진의 파악	긍정적
다윗 삼상 21:1-2	무	"왕의 비밀 업무 수행 중이다."	선의	아히멜렉이 모르고 다윗을 도와준 것이 되도록 하기 위함	긍정적

아브람(아브라함)의 경우 비록 선행 범죄는 없었지만 거짓말의 목적/의도가 너무나 자기중심적이다. 아브람은 자기 자신의 안전만 생각했지, 사래가 어떻게 될 것인지에 대해 전혀 고려하지 않았다. 따라서 이 거짓말은 잘못된 것으로 판정해야 한다. 야곱의 경우는 좀 더 문제가 된다. 그는 어머니 리브가와의 공모에 합세함으로써 선행 범죄를 저질렀다. 하나님께서 그에게 복을 주시기까지 참을성 있게 기다리기보다는 인위적 수단—그 가운데에는 매우 뻔뻔스러운 거짓말이 포함되는데—에 의해 그것을 획득하고자 했다. 이로 보건대 야곱의 거짓말은 사특한 것이라 할 수 있다.

그렇다면 다윗의 경우는 어떤가? 요나단과의 거짓말 전략은 선행 범죄가 없는 데서 꾸며졌고, 사울 왕이 자신에 대해 어떤 생각을 품고 있는지 알려는 목적하에 마련되었다는 점에서, 위에 나타난 아브람의 경우나 야곱의 사례와 차별이 된다. 이 경우 다윗의 거짓말 행위가 크게 장려할 바는 못 되지만 그럼에도 불구하고 어느 정도 긍정적인 사례로 받아들일 수 있을 것이다.

다윗이 제사장 아히멜렉에 대해 시도한 거짓말은 실상 아히멜렉을 위한 것이었다. 아히멜렉이 다윗의 처지를 알고 도와주었으면 후환이 두려울 것이었겠지만, 아무것도 모른 채 도와주었다면 죄책에서 벗어날 수가 있었을 것이기 때문이다. 다윗의 거짓말은 이런 목적/의도에서 마련된 것이다. 따라서 이러한 거짓말에 대해서는 좀 더 긍정적인 판정을 할 수 있을 것이다.

종합적 결론

나는 지금까지 성경에 나타난 거짓말의 사례에 기초하여 모든 거짓말을 일률적으로 죄악된 것이라 판정할 수 없다는 견해를 주장했다. 또 긍정적인 경우의 거짓말이라 할지라도 사안에 따라 그 윤리적 타당성의 정도가 다르고, 부정적인 거짓말 또한 악성의 정도가 각각 다르다는 것을 밝혔다. 그런데 어떤 이들은 이러한 식의 거짓말 이해에 대해 불편하고 불안한 느낌을 가질 것이다. 그들이 그렇게 반응하는 가장 큰 이유는 아마도 "그렇지 않아도 요즈음 사람들은, 그리스도인이든 아니든 정직하지 못하고 거짓말에 능숙해서 문제인데, 이런 거짓말 이론을 내놓을 경우 사태는 훨씬 더 악화될 것이 아니 겠는가?" 하는 것이리라. 나 역시 이런 우려에 일말의 진리조차 없다고 생각하지는 않는다. 그러나 거짓말의 예방이나 억제를 목적한답시고 성경적으로 타당해 보이지 않는 거짓말 이론을 채택할 수는 없는 노릇이다.

이제 이러한 우려와 부담 혹은 난점을 염두에 두고서 결론적으로 몇 가지 사항을 언급하고자 한다.

첫째, 우리는 그리스도인으로서 더욱더 진리의 사람들이 되어야 한다. 이것은 무엇보다도 하나님께서 진리이신 까닭이다(성부 요 17:3, 성자 요 14:6, 성령 요일 5:6). 하나님께서 진리이시기 때문에 그분의 자녀인 우리는 진실된 사람들이 되어야 하고, 이 진실은 우리의 말·행위·태도에 반영되어야 한다. 만일 우리가 먼저 진리의 사람들로 세워져 있지 않으면, 내가 제시하는 거짓말 이론은 한갓 자신의 거짓말을 합리화하고 자기 이익을 챙기기 위한 도구로 전락하게 될 것이다.

둘째, 어떤 종류의 '거짓말'은 윤리적 타당성 여부를 논할 필요가 없다. 무해한 농담이나 예의상 하는 인사치레의 말들("오늘 젊어 보여요"), 체면 유지상 둘러대는 가벼운 핑계들(부부 싸움 때문에 교회당에 못 오고도 "오늘 집사람이 몸이 좀 좋지 않아서…"라고 하는 것), 일종의 과장법들("세상천지에 그렇게 뛰어난 사람은 없을 거야"), 운동 경기에서의 페인트 모션과 연관된 말들(반대쪽을 바라보며 "여기야!"라는 고함과 함께 실제로는 공을 앞으로 차는 것)에 대해서조차 부정적 판정을 가하는 것은 불필요하고 부당한 처사다.

셋째, 상대방이 비정상적이거나 바람직하지 않은 상태에 처해 있는 경우 '거짓말'은 타당한 것이 될 수 있다. 정신적 충격을 이기기 힘든 노모가 자식의 근황을 물을 때, 자녀의 암 진단이나 파산 소식을 은폐하지 않고 그대로 알리는 것은 어리석으며 잔인한 일이다. 중독성 약품에 찌들어 증세가 악화 일로를 걷는 환자에게 소금물을 투여하면서, 그가 두통을 호소하자 약의 종류를 바꿨다고 말하는 것은 비록 거짓이지만 항시 잘못된 것은 아니다. 지나치게 안하무인 격이 된 자녀에게 "너 한 번만 더 그따위로 행동하면 집에서 내쫓을 거야"라고 호통을 쳤지만 마음속으로는 추호도 그럴 생각이 없었다고 해서 거짓말로 분류할 수는 없다. 이것은 창기 두 명을 현명하게 다루었던 솔로몬의 경우와 비슷한 이치이다.

넷째, 적대적이거나 경쟁적 상황에 처한 경우 어떤 종류의 거짓말은 도덕적 의무의 일환이기도 하다. 적성 국가와의 첩보전에서 어쩔 수 없이 거짓 정보를 흘린다든지, 신제품 개발 기술을 국가 차원에서 보호하기 위해 해외에서 연수를 온 기술자들에게 제품 생산의 일부 과정을 그럴듯한 핑계를 대어 공개하지 않는다든지, 군사 기밀의 내용을 뻔히 알면서도 모른다고 한다든지 하는 일은 우리의 의무라고까지 해야 할 것이다. 예를 들어, 죄질이 나쁜 테러리스트들에게 자국민이 억류되어 있고 이들에 대한 구출 작전을 위해 특공대가 모처에서 훈련을 받고 있다고 하자. 당신이 외교부 장관일 경우, 신문 기자가 "지금 특공대가 훈련을 받고 있다는데 그것이 사실입니까?" 물었을 때 어떻게 답변할 것인가? 그때 당신은 거짓말이 잘못된 일이라고 생각하여 "그렇습니다"라고 해야 할 것인가? 아니다. 오히려 당신은 시치미를 뚝 떼고서 "그런 일은 소문에 불과합니다"라고 해야 마땅하다. 만일 당신이 전자의 답변을 택한다면 당신은 억류되어 있는 인질들을 위기에 처하도록 만드는 매우 무책임한 지도자가 될 것이다.

다섯째, 거짓말의 윤리적 판정에서 매우 중요한 표준은 화자의 동기/목적이다. 만일 그가 자신의 욕심, 허영, 위선을 위해서거나 고난과 불편함을 피하기 위한 수단으로 거짓말을 한다면, 이는 분명 윤리적으로 악한 거짓말이 될 것이다. 하지만 적대적 상황에서 자신의 사명을 다하기 위해 위험을 무릅쓰고라도 채택하는 '거짓말'은 상당히 많은 경우 정당화될 수 있다. 한 걸음 더 나아가 '거짓말'을 통해 성경이 인정하는 자기 희생과 이웃 사랑을 실현할 수 있다면, 이 '거짓말'은 그야말로 매우 고상한 행동이라고까지 말해야 할 것이다.[6]

III

창세전에서 영원 후까지

9. 예정과 구원은 어떻게 연관되는가?

▼

▼

　'예정'은 1970-80년대만큼 그리스도인 사이에 자주 거론 되는 주제는 아니다. 그럼에도 불구하고 우리는 '예정'이 언급 된 성경 구절의 해석이나 적용, 전도의 책임, 또 교파 간의 차 이—특히 장로교와 감리교 사이—와 관련하여 이 주제를 간 과할 수 없다. 특히 성경을 어느 정도 깊이 있게 살피는 이들, 교리 공부를 통해 궁금증을 갖게 된 이들, 그리고 인과론因果論, causation/causality이나 인간의 자유의지 등 철학적 주제에 흥미를 느끼는 이들로서는 더욱 그렇다.

　물론 구원에 관한 하나님의 예정과 인간의 책임이라는 주 제는 다른 대부분의 신학적 이슈가 그렇듯이 궁극적으로는 인간의 합리적 이해나 설명을 벗어나는 사안이다. 그러나 이 주제와 관련해 자신(및 반대편)의 입장이 무엇인지, 왜 그런 주장을 하는지, 자기주장의 한계는 무엇인지에 대해 정확히 파악해 보는 시도는 유용하다. 다시 말해, 우리는 성경의 증거와 신학적 추론에 의해 어디까지(혹은 무엇을) 진술할 수 있고, 어디부터는 논리적 작업의 경계를 벗어나는 것으로 판정해야 하는지 정리해 볼 필요가 있다. 이 장에서는 바로 그 점에 초점을 맞추어 논의를 진행하고자 한다.

지금까지 다루었던 거의 모든 주제에서 그랬듯 이 글에도 한계가 있다. 세 가지 사항만 언급하도록 하자. 첫째, 지면이 제한되어 있기 때문에 연관이 있는 모든 성구를 자세히 검토할 수가 없다. 둘째, '예정'의 주제를 밝히는 데에 긴밀히 연관되는 다른 교리적·신학적 사안들, 즉 인간의 전적 타락/부패 total depravity, 선행적 은혜prevenient grace, 중생regeneration과 회심 conversion 등을 포괄적으로 다룰 수가 없다. 셋째, 예정과 연관된 설명 과정 가운데 필연적으로 등장하는 철학적 개념인 인과론, 결정론determinism, 자유의지 등을 파헤칠 수가 없다.

이런 이유로 이 장에서는 '예정predestination'을 구원에 국한해 생각해 보려고 한다.[1] 또 구원으로의 예정만을 다루기 때문에 '예정'과 '선택election'의 치환적 사용이 가능한 것으로 간주하겠다.[2] 그렇다면 결국 하나님께서 창세전에 일부 인간을 구원하시기로 예정하신 것—'선택'[3]—이 바로 이 글의 핵심 사안이 되겠다.

무조건적 선택론: 중심 개념과 성경적 근거

▽ 구원과 예정/선택

우리의 구원이 창세전 하나님의 예정/선택에 의한 것임을 무엇으로 설명할 수 있을까? 대표적으로 인용되는 구절로 바울 서신의 내용이 있다.

엡 1:4-5, 11 [4] 곧 **창세전에** 그리스도 안에서 **우리를 택하사** 우리로 사랑 안에서 그 앞에 거룩하고 흠이 없게 하시려고 [5] 그 기쁘신 뜻대로 **우리를 예정하사** 예수 그리스도로 말미암아 자기의 아들들이 되게 하셨으니 … [11] 모든 일을 그의 뜻의 결정대로 일하시는 이의 계획을 따라 **우리가 예정을 입어** 그 안에서 기업이 되었으니

살후 2:13 주께서 사랑하시는 형제들아! 우리가 항상 너희에 관하여 마땅히 하나님께 감사할 것은 **하나님이 처음**[창세전]**부터 너희를 택하사** 성령의 거룩하게 하심과 진리를 믿음으로 **구원을 받게 하심**이니

위의 내용에 의하면, 우리가 복음을 듣고 믿음으로 구원을 받는 것은 하나님의 창세전 예정과 선택 때문인 것을 알 수 있다.

Ⅴ 두 가지 예정/선택론

하지만 예정/선택에 관한 설명이 이로써 끝난 것은 아니다. 오히려 이것은 시작에 불과하다. 정작 중요한 사안은, 하나님께서 우리를 예정/선택한 **근거**가 무엇이냐 하는 것이다. 바로 여기에서 기독교 신학 체계의 양대 갈래인 칼뱅주의 Calvinism[4]와 아르미니우스주의Arminianism[5]가 등장한다. 전자는 예정/선택의 근거가 하나님의 기쁘신 뜻 자체에 있고 인간의 어떤 조건에 달려 있지 않다고 본 데 비해, 후자는 예정/선택의 근거가 복음에 대한 인간의 긍정적인 반응에 있다고 생각했다. 칼뱅주의에서는 예정/선택이 그저 하나님의 기쁘신 뜻에 달려 있고 인간에 관한 어떤 조건과는 무관하다고 보았기 때문에 이른바 **무조건적 선택**unconditional election을 주장하게 되었다. 이에 비해 아르미니우스주의에서는 인간이 복음을 들으면서 자신의 자유에 따라 긍정적으로 반응하는 것(또 그런 미래의 사태를 하나님께서 창세전부터 예지하신 것)을 예정/선택의 근거로 삼았기 때문에 **예지 예정**predestination/election based on God's foreknowledge이라는 용어가 생기게 되었다.

이 두 가지 입장을 다시 한번 정리하면 다음과 같다. **무조건적 선택론**은 하나님께서 인류 가운데 일부를 (그가 가진 어떤 자격 조건이나 미래에 나타낼 반응 때문이 아니라 무조건적으로) 구원하기로 창세전에 작정하셨기 때문에, 그 작정된 대상이 복음을 들을 때 필히 긍정적으로 반응할 수 있도록 그들에 한하여

서만 불가항력적 은혜를 베푸신다는 입장이다.

예지 예정론은 인간은 외부의 어떤 간섭도 없이(심지어 하나님의 개입조차 배제됨) 자신의 자유의지만으로 복음에 대해 긍정적으로나 부정적으로 반응할 수 있고, 하나님께서는 인류 가운데 어떤 인간이 복음에 대해 긍정적으로 반응할지를 창세 전부터 아셨기 때문에, 이렇게 긍정적으로 반응할 이들을 창세전에 예정/선택의 대상으로 작정하셨다는 것이다.

▽ 무조건적 선택론의 성경적 근거

그렇다면 칼뱅주의자들은 무슨 연고로 무조건적 선택론을 주장하는가? 역시 그들은 바울 서신에서 해답을 찾는다.

롬 9:10-11, 15-16 [10]그뿐 아니라 또한 리브가가 우리 조상 이삭 한 사람으로 말미암아 임신하였는데 [11]그 자식들이 아직 나지도 아니하고 무슨 선이나 악을 행하지 아니한 때에 **택하심을 따라 되는 하나님의 뜻이 행위로 말미암지 않고 오직 부르시는 이로 말미암아 서게 하려 하사** … [15]모세에게 이르시되, "내가 긍휼히 여길 자를 긍휼히 여기고 불쌍히 여길 자를 불쌍히 여기리라" 하셨으니 [16]그런즉 **원하는 자로 말미암음도 아니요 달음박질하는 자로 말미암음도 아니요 오직 긍휼히 여기시는 하나님으로 말미암음이니라.**

"택하심을 따라 되는 하나님의 뜻"11절을 풀어서 설명하면

'선택에 나타난 하나님의 구원 의도'라고 할 수 있다. 그런데 이러한 구원 의도는 무엇을 원인으로 갖는가? 11절에는 두 가지 사항이 후보로 거론되어 있다. 하나는 '행위' 곧 '인간의 어떤 행위'이다. 이는 선택에 나타난 하나님의 구원 의도가 근거를 둘 만한 인간의 어떤 행위를 가리키는 표현이다. 그러나 바울은 "행위로 말미암지 않고"라고 함으로써 이런 근거의 가능성을 부인한다. 또 한 가지 후보 사항은 '하나님 자신'이다. 이는 "오직 부르시는 이로 말미암아"라는 어구에 제시되어 있다. 이것은 선택에 나타난 하나님의 구원 의도가 하나님 자신—좀 더 흔한 표현을 빌리자면 '하나님의 기쁘신 뜻'—에 기초한 것임을 표명한다.

이 같은 설명은 15절에도 비슷하게 반복되어 있다. 하나님의 선택과 그에 나타난 구원 의지는 인간의 바람["원하는 자"]이나 노력["달음박질하는 자"]에 근거한 것이 아니고, 오직 하나님의 기쁘신 뜻["하나님"]에 기초한 것이다. 무조건적 선택론의 성경적 근거로서 로마서 9장 11절과 16절보다 더 명료한 성구는 찾을 수 없을 것이다.

일단, 로마서 9장 11절과 16절의 지지 기반을 확보하고 나면, 다음 구절들도 그 의미가 한층 더 명료히 살아난다.

엡 1:5 그 기쁘신 뜻대로 우리를 예정하사 예수 그리스도로 말미암아 자기의 아들들이 되게 하셨으니

엡 1:11 모든 일을 그의 뜻의 결정대로 일하시는 이의 계획을 따라 우리가 예정을 입어 그 안에서 기업이 되었으니

이 구절들은 우리가 구원으로의 예정을 입은 것이 하나님의 기쁘신 뜻으로 말미암았음을 밝히고 있다.

이렇게 무조건적 선택이 역사 선상에서 실현되는 모습을 누가는 다음과 같이 그리고 있다.

행 13:48 이방인들이 듣고 기뻐하여 하나님의 말씀을 찬송하며 **영생을 주시기로 작정된 자는 다 믿더라.**

비록 이 구절에 '선택'이라는 단어는 나오지 않지만, "영생을 주시기로 작정됨"이 곧 구원으로의 선택을 표현하는 것이므로 하나님의 창세전 선택이 역사적으로 실현되는 것이라고 할 수 있다.

예지 예정론: 주장 근거와 비판적 검토

▽ 예지 예정론의 주장 내용

지금까지 하나님의 예정/선택과 관련하여 무조건적 선택

론의 내용과 그 성경적 근거를 소개했다. 하지만 이로써 무조건적 선택론의 성경적 합당성이 충분히 입증된 것은 아니다. 왜냐하면 예지 예정론의 주창자 역시 성경적 근거에 기초하여 자신들의 합당성을 주장하기 때문이다. 그렇다면 이제부터는 예지 예정론의 성경적 근거를 검토함으로써 그 문제점—만약에 문제점이 있다면 그것이 무엇인지—을 밝혀야 한다.

우선 예지 예정론에 대한 오해가 많기 때문에 이 입장의 정확한 주장을 다시 한번 더 천명하고자 한다. 예지 예정론이란 인간은 외부의 어떤 간섭도 없이(심지어 하나님의 개입조차 배제됨) 자신의 자유의지만으로 복음에 대해 긍정적으로나 부정적으로 반응할 수 있고, 하나님께서는 인류 가운데 어떤 인간이 복음에 대해 긍정적으로 반응할지를 창세전부터 아셨기 때문에, 이렇게 긍정적으로 반응할 이들을 창세전에 예정/선택의 대상으로 작정하셨다는 것이다. 언뜻 보기에 상당히 복잡해 보이지만 꼭 그렇지만도 않은 것은, 결국 예지 예정론은 세 요소 —(1) 인간의 자유로운 반응, (2) 하나님의 예지, (3) 하나님의 예정/선택—의 질서정연한 열거이기 때문이다. 단지 이 세 요소들 사이의 우위성(우선순위) 파악이 이 이론 이해의 관건이 된다는 것을 알아야 한다. 다시 말해 비록 (1)이 시간적으로는 (2), (3)보다 나중에 발생할 사태이지만, 논리적 우위성의 관점에서 본다면 오히려 (1) → (2) → (3)의 순서가 된다는 사실이다.

그리고 바로 여기에서 예지 예정론의 두 가지 필수불가결한 명제가 등장한다. 첫째, 하나님의 예정/선택은 자신의 예지에 기초한다[(2)와 (3) 사이의 논리적 관계]. 둘째, 복음에 대한 반응 촉구는 인간에게, 하나님의 간섭에 의해서조차 영향을 받지 않는 온전한 선택의 자유가 있음을 보여 준다[(1)과 (3) 사이의 논리적 관계]. 이제 이 두 가지 명제를 하나씩 검토함으로써 아르미니우스주의자들이 제시하는 예지 예정론의 타당성 여부를 살펴보도록 하자.

∇ 첫째 주장에 대한 비판

(1) **첫째 주장**: 하나님의 예정/선택은 자신의 예지에 기초한다.

아르미니우스주의자들은 이러한 주장의 근거를 다음과 같은 성구 내용에서 찾는다.

롬 8:29 하나님이 미리 아신 자들을 또한 그 아들의 형상을 본받게 하기 위하여 **미리 정하셨으니** 이는 그로 많은 형제 중에서 맏아들이 되게 하려 하심이니라.

벧전 1:2 곧 **하나님 아버지의 미리 아심을 따라** 성령이 거룩하게 하심으로 순종함과 예수 그리스도의 피 뿌림을 얻기 위하여 **택하심을 받은 자들**에게 편지하노니 은혜와 평강이 너희에게 더욱 많을지어다!

로마서 8장 29절에서는 "하나님이 미리 아신 자들을 미리 정하셨다"고 했고, 베드로전서 1장 2절에서는 "하나님 아버지의 미리 아심을 따라 택하심을 받은 자들"이라고 했으니, 이것이야말로 하나님께서 자신의 예정을 예지에 기초한 증거가 아니겠느냐고 말한다.

(2) 첫째 주장에 대한 비판

하지만 이 구절들은 처음 인상과 달리 예지 예정론을 지지해 주지 못한다. 그 이유는 다음과 같다. 로마서 8장 29절의 "미리 앎"은 예지 예정론에서 주장하는 예지/미리 앎과 다른 것이다. 이것은 어떤 인간의 미래 행위에 대해 안다는 뜻(**명제적 앎**propositional knowledge)이 아니고 어떤 대상을 인격적으로 안다는 뜻(**인격적 앎**personal knowledge)이다. 만일 전자의 의미에서 "미리 앎"을 이야기한다면, 하나님께서는 모든 인간에 대해서 미리 아는 것이므로(왜냐하면 그분은 전지하신 분이니까) 어떤 특정 대상에 대해서만 "미리 안다"라고 이야기하는 것은 아무런 의미를 갖지 못한다. 따라서 이것은 어떤 대상의 미래에 대해 미리부터 알고 있다는 식의 명제적 앎이 아니고 실상은 인격적 앎을 나타내는—그 대상에게만 구원을 베풀고 그와 사귀겠다는 의도가 담긴—표현이다.[6] 좀 더 정확히 말해서, 이는 "하나님과 그가 구원을 베풀고자 하는 대상 사이의 예정된 교제, 또 그러한 교제가 실현되기 이전부터 그 교제를 시작하려는 하나님의 자기 결정self-determination을 가리킨다."[7]

　　이것은 베드로전서 1장 2절의 경우에도 마찬가지이다. 만일 베드로전서 1장 2절이 '곧 너희가 복음을 듣고 믿음으로 반응할 줄로 아시는 하나님 아버지의 미리 아심을 따라'라는 긴 어구의 생략적 표현이라면 모르지만, 그 점이 입증되지 않는 한 이 경우도 명제적 앎이 아니라 인격적 앎을 나타내는 것으로 설명할 수 있기 때문이다. 이처럼 로마서 8장 29절과 베드로전서 1장 2절의 "미리 앎"은 어떤 대상에 대한 하나님의 인격적 앎인 것이다.

　　그런데 예지 예정에서 요구되는 예지는 인격적 앎이 아니라 명제적 앎으로서, '어떤 이가 복음을 듣고서 긍정적으로 반응하리라는 것을 미리 아는 일'을 그 내용으로 한다. 하지만 이러한 요구가 채워질 수 없는 것은 로마서 8장 29절과 베드로전서 1장 2절에서의 예지가 인격적 앎에 대한 것이기 때문이다. 이렇듯 로마서 8장 29절이나 베드로전서 1장 2절은 예지 예정론에서 필요로 하는 하나님의 명제적 앎을 나타내고 있지 않기 때문에, 이 구절들을 내세워 예지 예정론의 성경적 기초로 삼을 수는 없다.

▽　**둘째 주장에 대한 비판**

　(1) **둘째 주장:** 복음에 대한 반응 촉구는 인간에게 하나님의 간섭에 의해서조차 영향을 받지 않는 온전한 선택의 자유[8]

가 있음을 보여 준다.

아르미니우스주의자들은 이런 명제가 다음과 같은 복음 전도자의 권유 내용으로부터 도출된다고 주장한다.

> **막 16:15-16** [15]또 이르시되, "너희는 온 천하에 다니며 만민에게 복음을 전파하라. [16]**믿고 세례를 받는 사람**은 구원을 얻을 것이요 **믿지 않는 사람**은 정죄를 받으리라."
>
> **행 16:30-31** [30]그들을 데리고 나가 이르되, "선생들이여! 내가 어떻게 하여야 구원을 받으리이까?" 하거늘 [31]이르되, "**주 예수를 믿으라!** 그리하면 너와 네 집이 구원을 받으리라" 하고

위의 내용에 의하면, 복음 전도자는 분명 복음을 듣는 이들에게 "믿으라!"라고 명령하고 있다. 그런데 명령은 그 명령을 듣는 대상에게 그것을 행할 능력이 주어져 있을 때에만 명령의 소임을 다하는 것이 된다. 그렇다면 하나님께서 복음 전도자들을 통하여 인간에게 "믿으라!"라고 명령을 내리시는 것은, 어느 인간에게나 믿음으로 반응할 수 있는 능력이 주어져 있음을 전제한다. 그러므로 모든 인간에게는 복음의 초청에 대해 긍정적으로나 부정적으로 반응할 능력이 있는 것이고, 구원과 멸망 가운데 어느 쪽이든 선택할 수 있는 자유가 주어져 있는 셈이다.

만일 인간에게 이런 능력, 임의적 선택의 자유가 제약을

받고 있든지 결여되어 있다면(심지어 하나님의 주권적 의지조차 인간의 반응 능력과 임의적 선택의 자유에 부정적으로나 긍정적으로나 영향을 미칠 수 없다), 마가복음 16장 16절이나 사도행전 16장 31절 같은 식의 반응 촉구는 없었으리라는 것이다. 그러므로 어떤 대상에게 "~할 수 있는 능력"[믿을 수 있는 능력]이 결여되어 있는데 "~하라"[믿으라]라고 명령을 내린다면, 이는 매우 부당한 처사가 될 것이다.

(2) 둘째 주장에 대한 비판

그러나 할 수 있는 능력이 결여되어 있는데 "~하라"라고 명령했다고 해서 그것이 아르미니우스주의자들이 주장하듯 그토록 부당한 처사가 되는 것은 아니다. 그런 결론은 실상 한 가지 전제에 기반을 두고 있다. 그 전제란 "당위는 가능을 함의한다 Ought implies can"라는 공리公理이다. "~해야 한다"는 "~할 수 있다"를 전제로 하지 않으면, 무의미하다는 말이다. 그러나 이 공리는 언뜻 보기만큼 자명한 것이 아니다.[9] 예를 들어, 어떤 사업가가 영업 부진으로 인해 큰 빚을 졌다고 하자. 그는 재정 형편이 너무 열악해져서 현재 도저히 빚을 갚을 처지가 못 된다. 그러나 그렇다고 해서 빚을 갚아야 하는 책임이 그에게서 소멸되는 것은 아니다. 빚을 갚을 능력이 없더라도 그는 채무자로서 언제나 상환의 책임을 지고 있다. 이것은 "당위는 가능을 함의한다"라는 공리가 항시 맞는 것은 아님을 보여 준다.

인간은 하나님을 반역하며 죄인이 되었고, 멸망과 죽음을 자초했다. 하나님께서는 예수 그리스도를 보내 구속의 역사를 이루시고 누구든지 그를 믿으면 영생을 허락하시기로 영적 질서를 수립하셨다. 그는 우리의 주권자로서 모든 인간에게 "믿으라"라고 명령을 내릴 자격이 충분한 분이다. 인간이 믿을 만한 능력이 있느냐 없느냐에 따라 주권자로서의 명령 하달 권한이 왔다 갔다 하는 것이 아니다. 그렇다면 이 경우 당위는 가능을 함의하는 것이 아니다. 따라서 하나님께서 복음에 긍정적으로 반응할 수 없는 이들을 향해 "믿으라"라고 하신 것이 그토록 부당한 처사라 판정할 수는 없다고 하겠다.

물론 실제상의 문제는 여전히 남는다. 믿을 수 있는 자유가 없는데, 어떻게 믿으라는 말인가? 우선, 하나님께서 구원을 베푸시기로 작정한 택자the elect의 경우에는 별 문제가 없다. 복음을 듣는 순간 (혹은 그 직후) 하나님께서 그들의 마음에 성령으로 역사하여 중생을 허락하시면참조. 행 16:14 되기 때문이다. 다시 말해, 택자는 중생한 그 순간 복음에 대해 긍정적으로 반응할 능력과 자유를 부여받기 때문에 문제가 되지 않는다는 것이다.

하지만 어려운 것[10]은 택자가 아닌 비신자의 경우이다. 칼뱅주의 교리에 의하면, 그들은 죄 가운데 죽어 있기 때문에엡 2:1 복음에 반응할 수가 없다. 그런데도 그들을 향해 "믿으라!"라고 명령한다는 것은 어불성설처럼 여겨진다. 그래서 이안

머레이(Iain H. Murray, 1931-) 같은 이는 이 사안의 해결책을 논리적 합리성의 차원에서 찾지 말고, 성경에 나타난 예수 그리스도의 교훈에 주의를 기울이라고 촉구한다. 비록 이 두 가지 사항—전적 타락으로 인한 비신자 편에서의 반응 불가능 및 복음에 긍정적으로 반응하라는 초청/명령—이 우리의 인식 수준에 비추어 모순처럼 여겨질지 모르지만, 오히려 그렇기 때문에 이 두 가지를 합리적·논리적으로 조화시키려 들지 말고 그냥 함께 받아들이는 것이 성경적이라고 말한다.[11]

사실 예수께서는 (비택자를 포함한) 모든 비신자에 대하여 무차별적으로("다" 혹은 "누구든지") 자신에게 나아오라고 복음을 전하셨을 뿐만 아니라마 11:28; 요 7:37, 믿지 않는 행위에 대한 경고까지도 불사하셨다요 8:24. 또 비신자들이 자신에게 나아오지 않는 이유를 '하나님 아버지께서 선택을 하지 않아서 그렇다고 말씀하시지 않고, 비신자들 자신이 예수께 나아오기를 원하지 않기 때문'이라고 설명하셨다. "그러나 너희가 영생을 얻기 위하여 **내게 오기를 원하지 아니하는도다**"요 5:40. 성경은 이것이 모든 비신자—그중의 일부는 비택자인데—에 대한 예수 그리스도의 조치요 진단이라고 말한다.

따라서 우리는, 합리성을 운운하면서 인간에게는 하나님의 간섭에 의해서조차 영향을 받지 않는 임의적 선택의 자유가 있다는 식의 추론 전략이나 인간에게 임의적 선택의 자유가 없다면 비신자에게는 "믿으라!"라는 초청을 할 수 없다든가 하는 합리주의 일변도의 주장에 승복할 필요가 없다. 비록 논리적으로 조화가 되지 않을지는 모르지만, 우리 편에서는 예수님의 모범을 좇아서 또 다른 입장—즉 인간에게는 임의적 선택의 자유가 없음에도 불구하고 비신자에게도 얼마든지 "믿으라"라고 명령할 수 있다는 입장—을 취할 수 있는 것이다.

그러므로 지금까지의 논의 내용에 입각할 경우, 복음에 대한 반응 촉구가 인간에게 꼭 임의적 선택의 자유가 주어져 있음을 입증하는 것은 아니라고 하겠다.

하나님의 예정/선택과 인간의 책임

지금까지의 논의를 통해 이런 질문을 던질 수 있겠다. '하나님의 예정/선택이 사실이라면 인간의 노력이나 책임은 무위로 돌아가는 것이 아닌가? 하나님께서 창세전에 우리의 구원을 확실히 작정해 놓으셨다면 그것은 필연적으로 이루어질 터이니, 우리 편에서 무슨 수고를 하거나 애를 쓸 필요가 있겠는가?'

위의 질문을 다루는 데에 가장 중요한 포인트는 하나님의 예정/선택이라는 '사실'과 역사 선상의 '실현' 사이에 구별을 짓는 일이다. 이 두 가지 사항은—매우 상식적이지만—두 가지 면에서 차이가 있다. 첫째, 전자는 창세전 하나님의 마음에 담겨 있던 것이고 후자는 창조(시간 포함) 이후 피조 세계에서 발생하는 일이다. 둘째, 전자는 하나님의 사역이요 후자는 피조물—특히 인간—이 경험하는 일이다. 따라서 하나님의 예정/선택이 이루어지는 데는 인간이 연루되게 마련이요, 인간이 자동 기계automaton나 꼭두각시 인형이 아닌 이상 그 실현 과정 가운데 이성적이고 의지를 발휘하는 존재로서 참여하게 마련이다. 바로 이 점에서 예정론과 절대적/극단적 결정론 또는 운명론fatalism 사이에는 커다란 차이가 존재하는 것이다.

이처럼 하나님의 예정/선택이 인간의 노력이나 책임을 배제하지 않는다는 것은, 인간의 상식에 의해서 도달할 수 있는 결론일 뿐만 아니라 성경의 자연스러운 가르침이라고 할 수 있다. 그런데 예정/선택의 역사적 실현과 관련하여 인간의 노력이나 책임이 발휘되어야 할 분야는 두 가지—복음 전도 및 구원의 과정—이다.

▽ 하나님의 예정/선택과 복음 전파의 노력

하나님께서 창세전에 자기 백성을 개인개인 단위로 선택하셨다. 하지만 그것이 역사 선상에서 실현되기 위해서는, 이미 그리스도인이 된 이들이 능동적으로 복음을 증거해야 한다. 복음 전파의 책임에 관해서는 주님 자신이 먼저 강조하셨다.

마 28:19 그러므로 **너희는 가서 모든 민족을 제자로 삼아** 아버지와 아

들과 성령의 이름으로 세례를 베풀고

막 16:15 또 이르시되, "너희는 온 천하에 다니며 **만민에게 복음을 전파하라.**"

눅 24:46-48 [46]또 이르시되 이같이 그리스도가 고난을 받고 제삼일에 죽은 자 가운데서 살아날 것과 [47]또 **그의 이름으로 죄 사함을 받게 하는 회개가 예루살렘에서 시작하여 모든 족속에게 전파될 것이** 기록되었으니 [48]**너희는 이 모든 일의 증인이라.**

바울 사도는 무조건적 선택론의 근거로서 로마서 9장 11-16절, 에베소서 1장 5, 9절 등의 내용을 제시한 '예정'의 원조였지만, 복음 전도와 관련해서도 엄청난 강조를 했다.

롬 10:14-15 [14]그런즉 그들이 믿지 아니하는 이를 어찌 부르리요? 듣지도 못한 이를 어찌 믿으리요? **전파하는 자가 없이 어찌 들으리요?** [15]보내심을 받지 아니하였으면 **어찌 전파하리요?** 기록된 바, "아름답도다! 좋은 소식을 전하는 자들의 발이여!" 함과 같으니라.

바울은 특히 복음 전파가 사도로서 자신의 정체를 확립하는 핵심적 책임임을 여러 차례 밝혔고, 이 사명을 감당하기 위해 모든 노력을 기울였다고 고백한다.

롬 11:13-14 [13]내가 이방인인 너희에게 말하노라. **내가 이방인의 사도**

인 만큼 내 직분을 영광스럽게 여기노니 [14]이는 혹 내 골육을 **아무쪼**
록 시기하게 하여 그들 중에서 **얼마를 구원하려 함이라.**

고전 9:16 내가 복음을 전할지라도 자랑할 것이 없음은 내가 부득불
할 일임이라. **만일 복음을 전하지 아니하면 내게 화가 있을 것이로다.**

고전 9:19-23 [19]내가 모든 사람에게서 자유로우나 스스로 모든 사
람에게 종이 된 것은 **더 많은 사람을 얻고자 함이라.** [20]유대인들에
게 내가 유대인과 같이 된 것은 **유대인들을 얻고자 함이요** 율법 아
래에 있는 자들에게는 내가 율법 아래에 있지 아니하나 율법 아래
에 있는 자같이 된 것은 **율법 아래에 있는 자들을 얻고자 함이요** [21]
율법 없는 자에게는 내가 하나님께는 율법 없는 자가 아니요 도
리어 그리스도의 율법 아래에 있는 자이나 율법 없는 자와 같이
된 것은 **율법 없는 자들을 얻고자 함이라.** [22]약한 자들에게 내가 약
한 자와 같이 된 것은 **약한 자들을 얻고자 함이요** 내가 여러 사람에
게 여러 모습이 된 것은 **아무쪼록 몇 사람이라도 구원하고자 함이니**
[23]**내가 복음을 위하여 모든 것을 행함**은 복음에 참여하고자 함이라.

이처럼 그리스도인들은 하나님의 예정/선택을 믿으면서
도 그것의 역사적 실현을 위해 복음 전파의 책임을 결코 소홀
히 하지 말아야 할 것이다.

▽   **하나님의 예정/선택과 구원 과정에의 참여**

(1) 구원의 서정

하나님께서는 창세전에 자기 백성을 선택하셨다. 하지만 그것이 역사 선상에서 실현되려면, 그리스도인들은 구원의 첫 출발부터 시작하여 필요한 경우마다 마땅한 노력을 기울여야 한다. 이것은 예정/선택이 등장할 때 구원의 서정序程[12]에 해당되는 사항들도 함께 언급되는 것을 보아서 알 수 있다.

엡 1:4-5 [4] 곧 창세전에 그리스도 안에서 **우리를 택하사 우리로 사랑 안에서 그 앞에 거룩하고 흠이 없게 하시려고** [5] 그 기쁘신 뜻대로 우 **리를 예정하사** 예수 그리스도로 말미암아 **자기의 아들들이 되게 하셨으니**

살후 2:13 주께서 사랑하시는 형제들아! 우리가 항상 너희에 관하여 마땅히 하나님께 감사할 것은 **하나님이** 처음부터 **너희를 택하 사** 성령의 **거룩하게 하심과** 진리를 **믿음**으로 **구원을 받게 하심**이니

벧전 1:2 곧 하나님 아버지의 미리 아심을 따라 성령이 **거룩하게 하 심**으로 순종함과 예수 그리스도의 피 뿌림을 얻기 위하여 **택하심 을 받은 자들**에게 편지하노니 은혜와 평강이 너희에게 더욱 많을 지어다!

벧후 1:10-11 [10] 그러므로 형제들아! **더욱 힘써 너희 부르심과 택하심을 굳게 하라.** 너희가 이것을 행한즉 언제든지 실족하지 아니하리라. [11] 이같이 하면 우리 주 곧 **구주 예수 그리스도의 영원한 나라에 들어 감**을 넉넉히 너희에게 주시리라.

이상에 언급된 구원의 단계/과정을 찾아 순서대로 열거해 보면 다음과 같이 정리할 수 있다.

믿음**살후 2:13** → 하나님의 자녀가 됨**엡 1:5** → 거룩하게 됨[성화聖 化]**엡 1:4; 살후 2:13; 벧전 1:2** → 부르심과 택하심을 굳게 함[성도의 견인]**벧후 1:11**

(2) 우리의 노력

우리가 하나님의 예정/선택을 역사 선상에서 실현하기 원한다면, 이런 구원의 단계/과정/양상과 관련하여 우리가 할 수 있는 모든 노력을 기울여야 한다.[13] 먼저, 우리는 믿음이 더 깊어지도록 힘을 써야 한다. 믿음은 그 근본에서 하나님께서 허락하시는 바이지만, 동시에 우리 편에서 행사해야 하는 심령의 상태이기도 하다. 이것은 처음 그리스도인이 될 때**행 16:31, 34**부터 시작하여 구원의 완성에 이를 때**고전 13:13; 벧전 1:9**까지 필요한 사항이다.

롬 10:9-10 [9]네가 만일 네 입으로 예수를 주로 시인하며 또 하나님께서 그를 죽은 자 가운데서 살리신 것을 **네 마음에 믿으면 구원을 받으리라.** [10]사람이 **마음으로 믿어** 의에 이르고 입으로 시인하여 구원에 이르느니라.

우리가 최대의 노력을 기울여야 할 영역은 **성화의 단계**이다. 성화란 칭의와 달리 우리가 실제적으로 거룩해지는 것으로서 점진적으로 이루어지는 평생의 과정이다. 따라서 성화에는 그리스도인 편에서의 반복적이고 부단한 노력이 요구된다.

> **고후 7:1** 그런즉 사랑하는 자들아! 이 약속을 가진 우리는 하나님을 두려워하는 가운데서 **거룩함을 온전히 이루어 육과 영의 온갖 더러운 것에서 자신을 깨끗하게 하자!**

끝으로 **성도의 견인**堅忍이란 그리스도인들이 분투함으로써 구원의 최종 상태에 이르게 되는 일을 말한다. 이 역시 우리를 끝까지 보존하시는 하나님의 역사 때문에 가능하지만, 우리 편에서의 노력 없이는 이루어지지 않는다.

> **히 3:14** 우리가 시작할 때에 확신한 것을 **끝까지 견고히 잡고 있으면** 그리스도와 함께 참여한 자가 되리라.
> **히 6:11-12** [11] 우리가 간절히 원하는 것은 너희 각 사람이 **동일한 부지런함을 나타내어 끝까지** 소망의 풍성함에 이르러 [12] **게으르지 아니하고 믿음과 오래 참음으로 말미암아 약속들을 기업으로 받는 자들을 본받는 자 되게 하려는 것이니라.**

이와 같이 그리스도인들은 하나님의 예정/선택을 역사적

으로 실현하는 일과 관련하여 자신들에게 필요한 노력과 책임
—믿음에서, 성화에서, 성도의 견인에서—을 아끼지 말아야
한다.

　　나는 지금까지 하나님의 예정/선택이라는 주제가 인간의
노력이나 책임을 배제하지 않는다는 것을 성경의 가르침을 토
대로 설명했다. 하지만 하나님의 예정과 선택의 주제를 이렇
게 이론적·논리적 측면에서만 풀어 가는 것은 성경의 진정한
의도가 아니다. 오히려 바울은 하나님의 구속적 사랑에 대한
확신의 차원에서롬 8:28-39 예정과 선택을 논했고롬 8:29-30, 33, 하
나님에 대한 찬미와 송영을 목적으로 하여엡 1:6 하나님의 선택
과 예정을 이야기했다엡 1:4-5. 물론 사람들이 예정에 관해 질문
을 하거나 반론을 제기하는 경우가 있기 때문에, 이 주제에 대
한 이론적 측면에서의 고찰을 전적으로 도외시할 수는 없다.
그러나 예정의 가르침은, 하나님의 구속적 사랑을 더욱 확신
하고 하나님의 은혜를 더욱 진실되게 찬양하는 데 그 궁극적
목적이 있음을 잊지 말아야 할 것이다.

10. 선행은 언제나 구원과 상극인가?

▼

▼

비그리스도인은 말할 것도 없고 그리스도인까지도 '선행'을 기독 신앙과 연관시키지 않는 경우가 많다. 그리스도인들은 처음부터 끝까지 '믿음'을 강조하고, 그리스도인의 성숙을 묘사할 때도 "저 사람은 참 믿음이 좋다"라는 식으로 말한다. 교회에의 소속은 "믿습니까?"라는 질문에 대한 반응으로 결정이 되고, 교회는 그 정체성을 단연코 '믿음'의 공동체 됨에서 찾는다.

어쩌면 이와 같은 현상은 당연하고 바람직한 것이다. 기독 신앙은 그 근본이 '믿음'인지라 이처럼 믿음이 강조되어 마땅하다. 하나님과의 인격적 관계를 형성하는 데에 '믿음'만큼 중요한 인식 활동이 어디 있겠으며, 이신칭의以信稱義, justification by faith라는 종교개혁자들의 구호에도 반영되어 있다시피 무엇이 우리로 하여금 하나님 앞에서 의롭다는 선언을 받을 수 있게 해 주겠는가.

그러나 다른 한편으로 기독 신앙의 화단에서 선행의 꽃이 거의 발견되지 않는 것은 비극이요 위험의 징조이다. 왜냐하면 신앙인을 신앙인답게 만들어 주는 중요한 특징 가운데 하나가 거룩한 삶이요, 성화의 모습이요, 선행의 열매이기 때문이다. 비록 구원이 믿음에서부터 출발하고 구원의 전 과정 내내 믿음의 역할을 배제할 수 없지만, 그 믿음은 결국 선한 행실로 꽃이 피고 열매를 맺는 믿음인 것이다. 따라서 우리 그리스도인 사이에서 흔히 목격되는 이러한 선행 희귀 현상은 심지어 우리의 '믿음'에 대해서조차 그 진정성을 의심하게 만든다.

그리스도인 개인과 공동체 내에 선행이 결여되어 있는 것을 자주 발견한다. 장학금 기탁, 소외층에 대한 봉사, 환경 보호 운동 등과 같은 사회적 선행 가운데 꽤 많은 부분은 비종교인이나 타 종교인에 의해 수행되고 있다. 그리스도인들은 세상 사람들과의 일상적 만남, 대화, 사회적 교류에서 거만하고 독선적이며 무례하기 짝이 없는 존재로 인식되고 있다. 심지어 그리스도인들(특히 지도자들)이 선행은커녕 세상의 범죄와 범법 행위에 깊이 연루되어 있는 것을 보기도 한다.

선행 실종의 이유

왜 한국의 그리스도인들에게는 선행이 실종되었을까? 무엇 때문에 기독 신앙이 착한 행실과는 담을 쌓은 것으로 부각되어야 했을까? 이와 관련해 다음 세 가지 맞물린 이유를 제시할 수 있겠다.

▽ 신앙 전통상의 이유

한국 교회는, 그리스도인이 되고 난 이후 거룩한 삶을 살아야 한다는 교훈과 모범을 제대로 전해 받지 못했다. 그것이 어떤 이의 주장처럼 한국 교회의 발전 초창기에 지대한 영향을 미친 서양 선교사들 가운데 몇몇 사람들의 신앙적 특징[1] 때문이건, 일제 강점기와 해방 전후의 암울하고 혼란스러운 사회 분위기로 인해 기독 신앙이 신비주의화했기[2] 때문이건, 우리 민족의 심성 깊은 곳에 자리 잡은 무교적 성향[3] 때문이건, 어쨌든 교회는 거룩한 삶을 제대로 가르치지 않았고 그리스도인들 또한 높은 윤리적 수준을 체현하지 못했다. 그래서 그리스도인에게 선행이 요구된다고 주장하면 이것은 은혜에 역행하는 도덕주의moralism나 율법주의legalism의 징표로 곡해되곤 했다.

Ⅴ 구원의 단계(혹은 면모)와 관련한 신학적 이유

보통 구원은 '칭의justification → 성화 sanctification → 영화 glorification', 이 세 단계로 나누어 설명을 한다. 이 가운데 문제가 되는 것은 주로 칭의와 성화 사이의 관계이다. 칭의는 그리스도인이 그리스도의 구속 사역을 믿음으로 받아들일 때 하나님께서 그리스도의 의를 그 그리스도인에게 전가轉嫁하시는 사법적judicial 행위이다. 이것은 오직 믿음으로 말미암아 주어진 하나님의 구원 은택이지, 우리 편에서의 무슨 기여—선한 행실이든 그 무엇이든—때문에 획득된 바는 아니다. 칭의는 우리가 최초로 신앙을 고백할 때 하나님께서 선언하시는 것으로서, 일단 그리스도인이 되고 난 사람은 과거의 어느 한 시점에 발생한 사건으로 인식하게 된다.

그러나 성화의 경우는 그 내용과 성격이 판연히 다르다. 성화는 칭의 이후 영화에 이르기까지 구원의 전 과정과 연관되는 현상으로서, 그리스도인 편에서 하나님의 은혜 가운데 실제로 거룩하게 변화되는 일이다. 따라서 칭의의 경우에는 인간의 노력이나 업적이 하등의 기여를 할 수 없지만, 성화는 그리스도인의 끊임없는 노력이 동반되어야 한다. 물론 이때 기울이는 노력도 궁극적으로는 하나님의 은혜 때문에 가능한 것이지만, 노력 자체는 그리스도인 자신의 노력이다.

지금까지의 설명에 기초해 이 두 가지 항목을 비교해 보면 다음과 같다.

구원의 단계 / 사항	칭의	성화
형성/발생 시기	신앙에 입문할 당시 이루어진 단번 once-for-all의 사건.	칭의 이후 영화에 이르기까지의 전 과정에 걸쳐 이루어짐
핵심적 내용	그리스도의 의를 전가시키는 하나님 편에서의 법적 선언 행위	신자가 하나님의 은혜 가운데 의를 이루어 나가는 도덕적 변화 과정
인간 노력의 기여 여부	하나님의 단독 사역 monergism: 인간의 노력이 하등의 기여도 할 수 없음	하나님과의 합동 사역 synergism: 거룩한 삶을 살고자 하는 인간의 노력이 요구됨

그런데 이 둘 사이의 관계가 그리스도인 개인의 삶에서 어떻게 이루어져야 할지 규명하는 일은 쉬운 과제가 아니다. 따라서 교회 역사상에는 몇 가지 바람직하지 않은 패턴이 등장했다. 우선, 칭의 없는 (혹은 칭의를 약화시킨) 성화 강조의 패턴이 있었다. 이것은 복음의 속죄적 핵심을 제대로 파악하지 않은 채 윤리적 의지와 삶만을 강조할 때 등장할 수 있다. 19세기 독일의 신학 풍조[4]가 그랬고, 일제 강점기 동안 기독 신앙을 또 하나의 윤리와 수양으로 여기던 일부 민족주의 지도자들[5]이 비슷한 전철을 밟았으며, 또 1960-70년대 한국 교회에 편만하던 도덕주의적 분위기[6]가 그러했다고 볼 수 있다.

또 칭의와 성화를 혼합해서 가르치는 패턴이 주로 로마 가톨릭 내에 크게 성행하고 있다. 이러한 혼동은 칭의의 법적 성격을 흐리게 하고 독특한 형태의 공로주의meritorialism[7]를 낳을 수 있기 때문에 주의가 요구된다.

그런가 하면 첫 유형과 반대로 성화 없이 칭의에만 집착하는 패턴 또한 발전해 왔다. 교회 역사적으로 보면 세대주의dispensationalism,[8] 불건전한 경향의 경건주의자들,[9] 청교도들 (혹은 개혁파 신자들) 가운데 일부에게서 발견되는 이른바 율법 폐기론antinomianism[10]이 바로 이런 패턴의 대표적 사례라고 할 수 있다.

오늘날 한국 개신교 신자들에게서 많이 발견되는 패턴은 이 세 가지 가운데 마지막 유형이다. 믿음으로 말미암아 의롭다 함을 받고 모든 죄가 용서받았으며 천국 가는 것은 "따 놓은 당상"이기 때문에, (극단적으로 말하자면) 그리스도인이 어떻게 "개판을 친다" 하더라도 전혀 문제가 되지 않는다는 식의 '싸구려 은혜주의 증상cheap-grace syndrome'이 영적 질병처럼 번져 있다. 그러니 어찌 이 가운데에서 성화의 삶, 선행의 열매를 기대할 수 있겠는가?

∇ 성경 해석상의 이유

내가 여기에서 말하는 '성경 해석상의 이유'란 그릇된 성경 해석법의 채택이나 어떤 해석학적 원리의 오용과 같은 거창한 사안이 아니다. 그저 어떤 특정한 성경 구절과 관련하여 문맥을 무시한 채 해석과 적용을 시도하면서 한쪽 경향으로 치달은 사례를 지적하는 것이다.

한국 교회는 1970년대 이후 성경 공부를 할 때 각종 대학생 선교 단체의 도움을 직·간접적으로 받아 왔다. 우선 편하게 사용할 수 있는 교재들이 선교 단체의 것이었고, QT·제자훈련·그룹 성경 공부 등을 목회에 접목시킬 때 선교 단체에서 사용하던 교재들에 대부분 의존했다. 이것은 성구 암송, 귀납적 성경 공부, 일대일 양육 등에서도 마찬가지였다.

이러한 맥락에서 많이 인용되는 구절 가운데 하나가 에베소서 2장 8-9절이었다.

엡 2:8-9 [8]너희는 그 은혜에 의하여 믿음으로 말미암아 구원을 받았으니 이것은 너희에게서 난 것이 아니요 하나님의 선물이라. [9]**행위에서 난 것이 아니니** 이는 누구든지 자랑하지 못하게 함이라.

위 구절은 우리의 행위가 구원을 얻는 데 아무런 기여를 할 수 없다는 진리를 간명히 표현하고 있다. 문제는 이러한 가르침이 논리적 비약을 동반해 "우리의 행위는 구원과 아무런 상관이 없다", "하나님의 은혜는 우리의 행위와 상극이다"라는 식으로 발전한 데 있다.

만일 성경을 가르치거나 공부하는 이들이 에베소서 2장 8-9절을, 곧이어 등장하는 10절과만 연계시켰던들 이런 비극은 발생하지 않았을 것이다.

엡 2:10 우리는 그가 만드신 바라. **그리스도 예수 안에서 선한 일을 위하여 지으심을 받은 자**니 이 일은 하나님이 전에 예비하사 **우리로 그[선한 일들] 가운데서 행하게 하려 하심**이니라.

이 구절에서는 분명 구원이 선행과 연관이 있음을 명시하고 있다. 에베소서 2장 8-9절이 가르치고 있듯이, 비록 우리의 행위가 칭의에는 아무런 기여를 하지 못하지만 구원을 받은 사람으로서는 반드시 선행을 구원의 지향 목표로 삼아야 한다.

그리스도인의 삶이 구원 이후 이토록 선행 지향적이어야 한다는 사실을 성경으로부터 배우지 못하고 그저 에베소서 2장 8-9절의 내용에만 지나치게 집착했기 때문에, 한국 그리스도인의 삶에서 선행을 발견하기가 매우 힘든 일이 되고 말았다.

선행의 중요성과 의의

그렇다면 선행(선한 행실 혹은 행함)은 왜 중요한가? 선행이 기독 신앙과 관련하여 갖는 의의는 무엇인가? 이에 대해서는 다음 여섯 가지 항목으로 정리하고자 한다.

(1) 선행(혹은 행함)은 그리스도인의 덕목을 온전하게 하고 그 진정성을 입증한다.

약 2:22 네가 보거니와 믿음이 그의 행함과 함께 일하고 **행함으로 믿음이 온전하게 되었느니라.**

약 3:13 너희 중에 **지혜와 총명이 있는 자가** 누구냐? 그는 **선행으로 말미암아** 지혜의 온유함으로 그 **행함을 보일지니라.**

요일 3:18 자녀들아! 우리가 말과 혀로만 **사랑**하지 말고 **행함**과 진실함으로 **하자.**

이상에서 보여 주는 그리스도인의 여러 덕목—믿음, 지혜, 사랑—은 행함이나 선행으로 말미암아 온전하게 되고 그 덕목의 특징이 드러난다.

(2) 선한 일의 구현은 그리스도인 상호 간의 간구에서 중요한 요소로 등장한다.

골 1:10 주께 합당하게 행하여 범사에 기쁘시게 하고 **모든 선한 일**에 열매를 맺게 하시며 하나님을 아는 것에 자라게 하시고

살후 2:17 너희 마음을 위로하시고 **모든 선한 일**과 말에 굳건하게 하시기를 원하노라.

히 13:18 우리를 위하여 기도하라. 우리가 **모든 일에 선하게 행하려 하므로** 우리에게 선한 양심이 있는 줄을 확신하노니

히 13:21 모든 선한 일에 너희를 온전하게 하사 자기 뜻을 행하게 하시고 그 앞에 즐거운 것을 예수 그리스도로 말미암아 우리 가운데서 이루시기를 원하노라. 영광이 그에게 세세무궁토록 있을

지어다! 아멘!

그리스도인이 다른 이를 위해 간구할 때나 다른 이들에게 기도를 부탁할 때, 그는 틀림없이 상대방과 자신의 신앙생활에서 큰 비중을 차지하는 주요한 사안을 제목으로 삼을 것이다. 바울과 히브리서 기자의 간구 내용을 보든지골 1:10; 살후 2:17; 히 13:21, 히브리서 기자 자신을 위해 기도해 달라는 부탁 내용을 보든지히 13:18, 그 가운데 '선한 일'이 등장한다. 이것은 선행이 그리스도인의 신앙생활에서 매우 중요한 항목임을 보여준다.

(3) 선행은 구원받은 성도의 마땅한 책임이요 당연한 귀결이다.

갈 6:10 그러므로 우리는 기회 있는 대로 **모든 이에게 착한 일을 하되 더욱 믿음의 가정들에게 할지니라.**

엡 2:10 우리는 그가 만드신 바라. 그리스도 예수 안에서 **선한 일을 위하여 지으심을 받은 자**니 이 일은 하나님이 전에 예비하사 **우리로 그**[선한 일들] **가운데서 행하게 하려 하심**이니라.

딤전 2:9-10 ⁹또 이와 같이 여자들도 단정하게 옷을 입으며 소박함과 정절로써 자기를 단장하고 땋은 머리와 금이나 진주나 값진 옷으로 하지 말고 ¹⁰**오직 선행으로 하기를 원하노라. 이것이 하나님을 경외한다 하는 자들에게 마땅한 것이니라.**

딛 2:14 그가 우리를 대신하여 자신을 주심은 모든 불법에서 우리를 속량하시고 우리를 깨끗하게 하사 **선한 일을 열심히 하는 자기 백성이 되게 하려 하심**이라.

딛 3:8 이 말이 미쁘도다! 원하건대 너는 이 여러 것에 대하여 굳세게 말하라. 이는 **하나님을 믿는 자들로 하여금** 조심하여 **선한 일을 힘쓰게 하려 함**이라. 이것은 아름다우며 사람들에게 유익하니라.

계 19:7-8 [7] "우리가 즐거워하고 크게 기뻐하며 그에게 영광을 돌리세! 어린 양의 혼인 기약이 이르렀고 그의 아내가 자신을 준비하였으므로 [8] 그에게 빛나고 깨끗한 세마포 옷을 입도록 허락하셨으니 이 세마포 옷은 **성도들의 옳은 행실**이로다" 하더라.

그리스도인이 선행에 따라 구원을 받는 것은 아니지만, 구원을 받고 난 이들에게는 반드시 선행의 증거가 있어야 한다.

(4) 선행/행실은 지도자의 필수적 자질 가운데 하나이다.

딤전 4:12 누구든지 네 연소함을 업신여기지 못하게 하고 오직 말과 **행실**과 사랑과 믿음과 정절**에 있어서 믿는 자에게 본이 되어**

딤후 2:21 그러므로 누구든지 이런 것에서 자기를 깨끗하게 하면 **귀히 쓰는 그릇**이 되어 거룩하고 주인의 쓰심에 합당하며 **모든 선한 일**에 준비함이 되리라.

딛 2:7 범사에 네 자신이 **선한 일의 본을 보이며** 교훈에 부패하지 아니함과 단정함과

히 13:7 하나님의 말씀을 너희에게 일러 주고 **너희를 인도하던 자들**을 생각하며 **그들의 행실의 결말을 주의하여 보고** 그들의 믿음을 본받으라.

선한 행실이 모든 그리스도인의 마땅한 증거라면 그들을 인도하고 모범이 되어야 하는 지도자들에게야 얼마나 더 그렇겠는가?!

(5) 성경 교훈의 궁극적 목표는 그 내용의 실행에 있다.

시 119:9 청년이 무엇으로 **그의 행실을 깨끗하게 하리이까? 주의 말씀만 지킬 따름**이니이다.

딤후 3:16-17 [16]모든 성경은 하나님의 감동으로 된 것으로 교훈과 책망과 바르게 함과 의로 교육하기에 유익하니 [17]이는 하나님의 사람으로 온전하게 하며 **모든 선한 일을 행할 능력**을 갖추게 하려 함이라.

약 1:22, 25 [22]너희는 **말씀을 행하는 자**가 되고 듣기만 하여 자신을 속이는 자가 되지 말라. … [25]자유롭게 하는 온전한 율법을 들여다보고 있는 자는 듣고 잊어버리는 자가 아니요 **실천하는 자니** 이 사람은 그 행하는 일에 복을 받으리라.

성경이 그리스도인에게 기대하는 궁극적 목표는 그 교훈의 내용이 무엇인지 아는 데 그치는 것이 아니라 그 내용을 삶에 적용함으로써 모든 선한 일을 행하는 데 있다.

(6) 선행은 비신자들에게 신앙적 영향력을 발휘한다.

마 5:16 이같이 너희 빛이 사람 앞에 비치게 하여 그들로 **너희 착한 행실을 보고 하늘에 계신 너희 아버지께 영광을 돌리게 하라.**

벧전 2:12 너희가 이방인 중에서 행실을 선하게 가져 너희를 악행한다고 비방하는 자들로 하여금 **너희 선한 일을 보고 오시는 날에 하나님께 영광을 돌리게 하려 함**이라.

벧전 2:15 곧 **선행으로 어리석은 사람들의 무식한 말을 막으시는 것**[이 하나님의 뜻[11]]이라.

벧전 3:1-2 [1]아내들아! 이와 같이 자기 남편에게 순종하라. 이는 혹 **말씀을 순종하지 않는 자라도 말로 말미암지 않고 그 아내의 행실로 말미암아 구원을 받게 하려 함이니** [2]**너희의 두려워하며 정결한 행실을 봄**이라.

그리스도인의 선한 행실은 비그리스도인들에 대해 막강한 영향력을 행사한다. 우리에게 올바른 행실이 있을 때 비그리스도인들은 하나님께 영광을 돌리게 되고**마 5:16; 벧전 2:12**, 자신들의 근거 없는 비방을 그치게 되며**벧전 2:15**, 심지어는 구원을 받는 경우까지 생기게 된다**벧전 3:1-2**.

선행의 내용

위의 설명을 토대로 이제 구체적으로 선행의 내용이 무엇인지 알아보도록 하자. 선행의 내용을 소개하는 데에는 교육적 효과[12]를 위해 하나님과의 관계, 그리스도인끼리의 관계, 세상과의 관계, 이 세 분야로 나누어 설명하고자 한다. 물론 어떤 경우에는 하나의 선행이 두 분야에 걸쳐 연관되는 수도 있다.

▽ 하나님과의 관계에 해당되는 선행의 내용

대하 19:3 "그러나 왕에게 **선한 일도 있으니** 이는 왕이 **아세라 목상들을** 이 땅에서 **없애고 마음을 기울여 하나님을 찾음**이니이다" 하였더라.

여호사밧은 우상을 제거하고 전심으로 하나님을 찾았는데, 선견자 예후는 이를 가리켜 '선한 일'이라고 말한다.

미 6:8 사람아! 주께서 **선한 것이 무엇임**을 네게 보이셨나니 여호와께서 네게 구하시는 것은 오직 정의를 행하며 인자를 사랑하며 **겸손하게 네 하나님과 함께 행하는 것이** 아니냐?

하나님께서 미가에게 가르쳐 준 선한 것은 세 가지 항목, 즉 정의를 행함, 인자를 사랑함, 겸손하게 자신의 하나님과 함께 행함으로 구성되어 있다. 이 가운데 앞의 두 가지는 백성들에 대한 조치와 연관이 되기 때문에 '그리스도인끼리의 관계'에 속한다고 할 수 있다. 하지만 마지막 항목인 '겸손하게 자신의 하나님과 함께 행하는 것'은 확실히 '하나님과의 관계'에 해당되는 내용이다.

> **막 14:6, 8** [6]예수께서 이르시되, "가만두라. 너희가 어찌하여 그를 괴롭게 하느냐? **그가 내게 좋은 일을 하였느니라.** … [8]그는 힘을 다하여 내 몸에 향유를 부어 내 장례를 미리 준비하였느니라."

이 여인은 예수께 향유 붓는 일을 통해 그의 장사를 예비했다는 의미에서 선행을 한 것이다.

이상의 교훈을 정리해 보면, 첫째 우상을 멀리하고 하나님만을 찾음, 둘째 겸손히 하나님과 함께 행함이 오늘날 우리가 하나님과의 관계에서 추구해야 할 선행의 내용이라고 할 수 있다.[13]

▽ 그리스도인끼리의 관계에 해당되는 선행의 내용

> **느 13:14** 내 하나님이여! 이 일로 말미암아 나를 기억하옵소서! 내

하나님의 전과 그 모든 직무를 위하여 내가 행한 선한 일을 도말하지 마옵소서!

느헤미야는 성전 내에 제물 및 기물 보관소이자 성전 사역자들을 위한 지급물 보관소를 재확보했고ㄴ 13:8-9, 이런 물품의 충실하고 공정한 분배를 위해 직분자를 세웠다ㄴ 13:10-13. 이렇게 공동체의 유익을 위해 힘쓴 것을 '선한 일'이라고 칭했다.

시 133:1 보라! **형제가 연합하여 동거함**이 어찌 그리 **선하고** 아름다운고!

형제끼리 연합하고 함께하는 일 또한 선한 행실이다.

미 6:8 사람아! 주께서 **선한 것이 무엇임**을 네게 보이셨나니 여호와께서 네게 구하시는 것은 오직 **정의를 행하며 인자를 사랑하며** 겸손하게 네 하나님과 함께 행하는 것이 아니냐?

하나님이 원하시는 바 언약 백성 사이의 선행 가운데에는 정의를 행하는 것과 인자(곧 긍휼)를 사랑함도 포함이 된다.

행 9:36 욥바에 다비다라 하는 여제자가 있으니 그 이름을 번역하면 도르가라. **선행과 구제하는 일**이 심히 많더니

다비다는 살아생전 과부들의 옷을 짓는 등 ^{행 9:39} 구제하는 일을 힘썼는데, 그것이 곧 선행이라고 되어 있다.

고후 8:20-21 ²⁰이것을 조심함은 우리가 맡은 이 **거액의 연보**에 대하여 아무도 우리를 비방하지 못하게 하려 함이니 ²¹이는 우리가 주 앞에서뿐 아니라 사람 앞에서도 **선한 일**에 조심하려 함이라.

바울은 마게도냐 교회와 아가야 교회가 예루살렘 교회를 위하여 연보한 것 ^{롬 15:25-26}을 가리켜 "선한 일"이라고 말한다.

고후 9:8 하나님이 능히 모든 은혜를 너희에게 넘치게 하시나니 이는 너희로 모든 일에 항상 모든 것이 넉넉하여 **모든 착한 일**을 넘치게 하게 하려 하심이라.

위의 구절도 연보를 가리켜 "착한 일"이라고 한다.

딤전 3:1 미쁘다 이 말이여, 곧 사람이 **감독의 직분을 얻으려 함은 선한 일**을 사모하는 것이라 함이로다.

디모데 당시의 교회는 핍박을 받고 있었기 때문에 일부 그리스도인들은 분명 지도자가 되어야 했음에도 불구하고 그것을 회피하기 일쑤였다. 이러한 상황 속에서도 고난을 각오하고 감독이 되고자 하는 것은 분명 "선한 일"이었던 것이다.

> **딤전 5:10 선한 행실**의 증거가 있어 혹은 자녀를 양육하며 혹은 **나그네를 대접**하며 혹은 **성도들의 발을 씻으며** 혹은 **환난당한 자들을 구제**하며 혹은 **모든 선한 일을 행한 자**라야 할 것이요

디모데가 사역할 당시에는 참 과부를 경대敬待하기 위해 그들의 자격 조건을 명시했었는데, 그 가운데 하나가 선한 행실의 증거였다. 그러면서 자녀 양육, 나그네 대접, 성도들의 발 씻음, 환난당한 자들의 구제, 모든 선한 일을 좇음 등을 예로 들고 있다. 이 가운데 '성도들의 발을 씻는 것'은 확실히 '그리스도인끼리의 관계에서의 선행'이라고 할 수 있다. 하지만 '나그네 대접'과 '환난당한 자들의 구제'의 경우에는 좀 복잡하다. 만일 이 나그네와 환난당한 자들이 그리스도인이라면 '그리스도인끼리의 관계에 해당하는 선행'이 될 것이고, 이런 활동의 대상이 비신자라면 이것은 '세상과의 관계에 해당하는 선행'으로 분류해야 할 것이다.

> **히 13:16** 오직 **선을 행함**과 **서로 나누어 주기**를 잊지 말라. 하나님은 이 같은 제사를 기뻐하시느니라.

그리스도인 사이에 서로 나눠 주는 것 또한 선행의 내용

으로 나타나 있다.

지금까지의 교훈을 정리해 보면, 공동체를 회복하고 세우기 위한 노력, 형제와의 연합, 정의를 행함, 인자를 사랑함, 구제와 나눔, 나그네 대접, 성도들의 발을 씻음, 환난당한 자들을 구제함 등이 그리스도인끼리의 관계에서 이루어져야 할 선행의 내용이다.

▽ **세상과의 관계에 해당하는 선행의 내용**

롬 13:3, 6 [3]다스리는 자들은 선한 일에 대하여 두려움이 되지 않고 악한 일에 대하여 되나니 **네가 권세를 두려워하지 아니하려느냐? 선을 행하라.** 그리하면 그에게 칭찬을 받으리라. … [6]너희가 **조세를 바치는 것도** 이로 말미암음이라. 그들이 하나님의 일꾼이 되어 바로 이 일에 항상 힘쓰느니라.

다스리는 자들을 두려워하고 세금을 성실히 납부하는 것이 선을 행하는 일이라고 말한다.

엡 6:5-8 [5]종들아! 두려워하고 떨며 성실한 마음으로 육체의 상전에게 순종하기를 그리스도께 하듯 하라. [6]눈가림만 하여 사람을 기쁘게 하는 자처럼 하지 말고 **그리스도의 종들처럼 마음으로 하나님의 뜻을 행하고** [7]**기쁜 마음으로 섬기기를 주께 하듯 하고** 사람들에게 하듯 하지 말라. ^{8}이는 각 사람이 **무슨 선을 행하든지** 종이나 자유인이나 주께로부터 그대로 받을 줄을 앎이라.

초대교회에는 노예 신분의 그리스도인들이 많았고, 그들의 상전들이 믿지 않는 이들이라 할지라도 그들로서는 마음으로 하나님의 뜻을 행하고 마치 주께 하듯 즐거운 마음으로 섬겨야 했다. 바로 이것을 가리켜 '선을 행함'이라고 설명한다.

딤전 5:10 **선한 행실**의 증거가 있어 혹은 **자녀를 양육**하며 혹은 **나그네를 대접**하며 혹은 성도들의 발을 씻으며 혹은 **환난당한 자들을 구제**하며 혹은 **모든 선한 일을 행한 자**라야 할 것이요

가정에서 자녀를 제대로 양육하는 것, 나그네를 대접하는 것, 환난당한 자들을 구제하는 것이 선한 일이다. 이때 등장하는 나그네와 환난당한 자들은 비신자들이다.

딤전 6:17-18 ^{17}네가 이 세대에서 부한 자들을 명하여 마음을 높이지 말고 정함이 없는 재물에 소망을 두지 말고 오직 우리에게 모든 것을 후히 주사 누리게 하시는 하나님께 두며 ^{18}**선을 행하고 선한 사업을 많이 하고 나누어 주기를 좋아하며** 너그러운 자가 되게 하라.

부한 자들은 자신의 부를 다른 이들과 나누는 것이 필요

하며, 이것이 선한 일을 행하는 것이라고 말한다.

> **딛 3:1** 너는 그들로 하여금 **통치자들과 권세 잡은 자들에게 복종하며
> 순종하며 모든 선한 일 행하기**를 준비하게 하며

위정자에 대한 순복[14]이 선한 일을 행하는 것이다.

> **벧전 3:6 사라가 아브라함을** 주라 칭하여 **순종한 것같이 너희는 선을
> 행하고** 아무 두려운 일에도 놀라지 아니하면 그의 딸이 된 것이
> 니라.

사라가 남편에게 복종한 것 또한 선행의 하나로 나타나
있다.

이상의 교훈을 정리해 보면, 다스리는 자들을 두려워함,
세금 납부, 믿지 않는 상급자에게 순종함, 올바른 자녀 양육,
나그네 대접, 환난당한 자들을 구제함, 부자가 재물을 공유함,
위정자에 대한 순복, 남편에 대한 복종 등이 세상에서의 선행
내용이다.

▽ 종합적 정리

지금까지 그리스도인에게서 나타나야 할 선행을 그 내용
면에서 살펴보았는데, 요약하여 정리하면 다음과 같다.

(1) **하나님과의 관계에서의 선행**

　① 우상을 멀리하고 하나님만을 찾음

　② 겸손히 하나님과 함께 행함

(2) **그리스도인끼리에서의 선행**

　① 공동체를 회복하고 세우기 위한 노력

　② 형제와의 연합

　③ 정의를 행함

　④ 인자를 사랑함

　⑤ 구제와 나눔

　⑥ 나그네 대접

　⑦ 성도들의 발을 씻음

　⑧ 환난 당한 자들을 구제함

(3) **세상 관계에서의 선행**

　① 다스리는 자를 두려워함

　② 세금 납부

　③ 믿지 않는 상급자에게 순종함

　④ 올바른 자녀 양육

　⑤ 나그네 대접

　⑥ 환난 당한 자들을 구제함

　⑦ 부자가 재물을 공유함

　⑧ 위정자에 대한 순복

　⑨ 남편에 대한 복종

우리 자신에 대한 점검

선행이 그리스도인의 신앙과 삶에 얼마나 커다란 의의가
있는지, 또 구체적으로 어떤 사항들이 선행의 내용인지 알고
난 뒤에 마땅히 요구되는 것은 '우리'(나 개인 및 공동체)에게 눈
길을 돌려 자신을 살피는 일이다.

▽ 스스로 질문함

무엇보다도 우리는 스스로 다음과 같은 질문들을 해 보아
야 한다. "그리스도인으로서의 선행이 내 삶에서는 어떤 방면
에서 나타나고 있는가?" "그리스도인 공동체는 선한 일에 열
심을 내는 하나님의 백성딛 2:14으로 알려져 있는가?" "비신자
들은 선행과 관련하여 그리스도인과 교회를 어떻게 인식하고
있는가?"

▽ 마음에 되새김

동시에 우리는 늘 다음과 같은 중요한 주장을 마음에 되
새겨야 한다. "일단 구원을 받은 그리스도인으로서는 신앙의
목표가 선행에 있다." "만일 어떤 그리스도인의 삶에 선행이
전혀 없다면 그의 구원은 자기기만일 수도 있다." "그리스도인
은 주로 잘 '믿는' 사람으로 알려져 있는데, '선행을 잘하는' 사

람으로도 알려져야 한다." "그리스도인의 윤리적 수준은 가톨릭교도나 다른 종교인들보다도 더 뛰어나야 한다."

▽ 회개와 돌이킴

물론 우리 가운데 누구도 첫 항목의 질문들에 대해 자신 있게 "예!"라고 답할 수 없고, 위에 언급한 주장들이 자신의 삶에서 그대로 실현되고 있다고 장담할 수 없을 것이다. 그럴 때마다 우리는 자신의 부족한 모습을 깨닫고 허물투성이인 자신의 모습을 안타까워해야 한다. 그때마다 우리의 연약함과 잘못된 것을 하나님께 아뢰고 십자가를 붙들며 용서를 구해야 한다. '주여! 당신의 보혈로 깨끗하게 하소서!' 요일 1:7, 9, '성령님이시여! 권능을 베푸소서!' 행 1:8, '주님이시여! 선한 일에 열매를 맺음으로써 주님을 기쁘게 해 드리기를 소원하옵나이다!' 골 1:10 등의 회개 및 간구의 기도가 있어야 한다.

이렇게 용서를 받은 후 우리는 우리가 구원받은 자임을 아는 즐거움 가운데 다시금 선행을 위해 노력해야 한다. 이러한 과정(자기 성찰 → 회개 → 사죄 → 노력)을 반복하면서 매순간 연약함을 발견하지만, 그래도 우리의 신앙 상태를 전반적·장기적으로 조망할 때에는 선행의 열매가 점점 풍성히 맺혀지는 삶, 선행의 면에서 진보와 발전이 나타나는 삶이 되도록 해야 할 것이다.

우리 자신을 점검할 때 특히 주의해야 할 바는, 크고 작은 선행의 열매가 우리에게 나타날 때에 그릇된 마음 자세가 생기지 않도록 하는 일이다. 이때 우리는 다음과 같은 태도를 취해야 한다.

(1) 우리가 크고 작은 선행을 할 수 있었던 것은 주님께서 그럴 능력을 주셨기 때문임을 인정해야 한다. 주께서 사도들을 파송하면서 가르쳐 주신 태도는 오늘날 우리에게도 해당이 된다.

> **마 10:8** 병든 자를 고치며 죽은 자를 살리며 나병환자를 깨끗하게 하며 귀신을 쫓아내되 **너희가 거저 받았으니 거저 주라**.

이처럼 '거저 받았으니 거저 주어야 한다'는 태도가 우리에게 있을 때 교만과 자랑신 8:11-14, 17; 고전 4:6-7; 약 4:14-16에서 헤어날 수 있다.

(2) 우리는 늘 마땅히 해야 할 일을 한 것에 불과하다고 고백해야 한다.

> **눅 17:10** 이와 같이 너희도 명령받은 것을 다 행한 후에 이르기를, "우리는 무익한 종이라. **우리가 하여야 할 일을 한 것뿐**이라" 할지니라.

이런 고백이 계속될 때 불건전한 공로 의식_{눅 18:11-12}을 퇴치할 수 있다.

(3) 선행을 할 때도 우리는 우리 자신을 드러내기보다 하나님께 영광을 돌려야 한다.

시 115:1 여호와여! **영광을 우리에게 돌리지 마옵소서! 우리에게 돌리지 마옵소서!** 오직 주는 인자하시고 진실하시므로 **주의 이름에만 영광을 돌리소서!**

이러한 자기부인의 자세가 바탕이 될 때 '오직 하나님뿐'의 원리_{고전 3:6-7}가 일관성 있게 현시될 것이다.

기독 신앙과 선행, 좀 더 좁혀서 구원과 선행 이 두 가지는 떼려야 뗄 수 없는 긴밀한 관계로 엮여 있다.

11. 구원받은 그리스도인도 심판을 받는가?

▼

▼

'심판'이라는 주제는 한편으로 낯설면서도, 한편으로는 심기를 불편하게 하고 골치를 앓게 하는 어려운 이슈이다. 심기를 불편하게 한다 함은 '심판'이 언급될 때 우리의 머릿속에 자연재해나 불행과 고통이 떠올려지기 때문이요, 골치를 앓게 한다는 것은 이 주제가 우리의 예상을 넘어 매우 복잡하고 미묘한 세부 사안들로 뒤엉켜 있기 때문이다.

'심판'이 매우 복잡하고 미묘한 사안임은 이 주제에 대한 그리스도인들의 다양한 반응을 보아서도 알 수 있다. 그리스도인들은 '심판'에 대해 어떻게 생각하느냐는 질문을 받으면, 자신의 신앙이 '심판'과 어떻게 연관되는지 가닥을 잡지 못해 대부분 어리둥절한 표정을 짓는다. 그러나 어떤 이는 "심판요? 나는 구원받은 그리스도인란 말이에요. 그러니까 절대로 하나님의 심판을 받지 않아요"라고 신앙의 확신을 내세워 발끈하는가 하면, 또 어떤 이는 "나는 교회를 다니지만 하나님의 심판을 피할 수 없다고 생각해요. 솔직히 말해 내 속을 들여다보면 추한 것투성이거든요. 하나님께서 정말 거룩하고 의로우신 분이라면 나를 그냥 내버려 두실 리가 없을 것 같아요"라고 죄의식과 회한에 휩싸인 가운데 솔직한 자아 공개를 시도할 수도 있을 것이다.

하지만 어찌 이것만이 반응의 전부이겠는가? 또 다른 이는 "심판은 반드시 있어야 합니다. 하나님의 종이라고 하면서 그렇게 공금 유용이 다반사이고 음란한 문화에 빠져 있는 이들을 그냥 내버려 두신다면, 그 얼마나 불공평한 일입니까? 그러니까 그리스도인들에 대해서도 죄에 대한 심판이 있어야 합니다"라고 강경한 어조로 들이댈 것이다. 어떤 그리스도인들은 인생에서 겪는 각종 재난을 일일이 하나님의 심판이라고 여기는가 하면, 일부 목회자들은 이런 두려움을 기화로 하여 십일조를 '떼어먹은' 것 때문에 운영하는 병원의 수익금이 새어 나갔고, 예배 시간에 축도를 안 받고 나간 것이 질병을 불러왔으며, '주의 종'에게 순종하지 않아 화마火魔가 찾아온 것이라는 등 연약한 이들의 심령을 노략질하기도 한다. '가계의 저주'[1] 이론이 원산지인 미국에서보다 한국 그리스도인들에게 더 잘 먹혀든 것도 이러한 심판관과 무관하지 않다.

'심판'의 정체 파악이 힘든 이유는 이 용어가 '대상'(그리스도인, 비그리스도인), '대상의 처지'(그리스도인의 회심 전 상태와 회심 후 처지), '죄가 영향을 끼치는 영역'(하나님, 신체, 자아, 이웃, 사회), '시기'(현세, 그리스도의 재림 시)에 따라 다양한 의미로 둔갑하기 때문이다. 게다가 개역개정판 한글 성경에는 '심판judgment' 이외에도 '정죄定罪, condemnation', '형벌punishment', '징계discipline', '징벌', '징책', '징치懲治' 등의 단어가 복잡하게 뒤얽혀 등장하고 있기 때문에, 심판 사상을 일목요연하게 제시하기가 쉽지 않다. 따라서 논의를 전개하기 전에 이번 주제와 관련해 두 가지 핵심적 용어를 먼저 정리하고자 한다.

첫째, '심판'에 관한 개념부터 손을 대 보자. 일단 '심판'을 광의의 심판과 협의의 심판으로 나누어 정의를 내리겠다. '광의의 심판'은 '하나님께서 자신의 의롭고 거룩하신 성품으로 말미암아 인간의 죄악에 대해 형벌, 징계 등 응분의 조치를 취하시는 일'이고, '협의의 심판'은 '하나님께서 자신의 의롭고 지혜로운 판단에 따라 비그리스도인을 영원한 지옥의 형벌에 처하게 하시는 일'이라고 정의할 수 있다. 이 정의에 따르면, 비그리스도인에게는 광의의 심판과 협의의 심판이 모두 해당되지만, 그리스도인에게는 광의의 심판만이 해당된다. 다시 말해 그리스도인들은 절대로 협의의 심판을 당하지 않는다.

둘째, 나는 **응징**膺懲, chastisement이라는 또 다른 용어[2]를 도입하고자 한다. 응징은 '그리스도인이 회심 후 저지르는 죄악에 대해 하나님께서 성화 및 회복을 목적으로 하여 부과하시는 훈육적 조치'를 말한다. 그렇다면 그리스도인이 자신의 연약성 때문에 범죄에 빠질 경우 하나님께서 하시는 응징은 정죄나 형벌을 목표로 하는 심판과 달리 그를 회복시키고 거룩하게 하시기 위한 사랑의 채찍인 것이다.

비그리스도인이 받는 심판

▽ 광의의 심판

비그리스도인이 악을 저지르면 금생에서 하나님의 심판(광의의 심판)을 받는다. 하나님께서 내리는 심판은 여러 가지 형태로 나타난다. 어떤 경우에는 자연재해가 심판의 수단일 수 있다.

유 1:7 소돔과 고모라와 그 이웃 도시들도 그들과 같은 행동으로 음란하며 다른 육체를 따라가다가 영원한 **불의 형벌**을 받음으로 거울이 되었느니라.

또 하나님의 심판은 양심의 가책이나 신체 이상 등 개인적 고통의 형태로 주어지기도 한다.

욥 33:19-22 [19]혹은 사람이 **병상의 고통과 뼈가 늘 쑤심의 징계**를 받나니 [20]그의 생명은 음식을 싫어하고 그의 마음은 별미를 싫어하며 [21]그의 살은 파리하여 보이지 아니하고 **보이지 않던 뼈가 드러나서** [22]그의 마음은 구덩이에, 그의 생명은 멸하는 자에게 가까워지느니라.

그 외에 사회적 질책이나 증오 역시 하나님께서 심판하시는 수단일 수 있다.

창 4:13-14 [13]가인이 여호와께 아뢰되, "내 **죄벌**이 지기가 너무 무거우니이다. [14]주께서 오늘 이 지면에서 나를 쫓아내시온즉 내가 주의 낯을 뵈옵지 못하리니 **내가 땅에서 피하며 유리하는 자가 될지라. 무릇 나를 만나는 자마다 나를 죽이겠나이다.**

물론 법의 제재 역시 하나님께서 심판을 가하시는 표준적 수단이다.

벧전 2:13-14 [13]인간의 모든 제도를 주를 위하여 순종하되 혹은 위에 있는 왕이나 [14]혹은 그가 **악행하는 자를 징벌하고** 선행하는 자를 포상하기 위하여 보낸 총독에게 하라.

그러나 하나님을 믿지 않는 이가 악을 저지른다고 해서 자신의 죄악에 상응하는 모든 형태의 심판을 이 세상에서 다 겪

구원받은 그리스도인도 심판을 받는가?

는다는 말은 아니다전 8:11 참조. 어떤 이의 경우에는 흉악무도한 범죄에도 불구하고 오히려 평안과 번영을 누리기도 한다. 구약 시대 아삽은 이런 인물들 때문에 시험에 빠진 적이 있었다.

> 시 73:2-12 [2]나는 거의 넘어질 뻔하였고 나의 걸음이 미끄러질 뻔 하였으니 [3]이는 내가 **악인의 형통함**을 보고 오만한 자를 질투하였 음이로다. [4]그들은 죽을 때에도 **고통이 없고 그 힘이 강건하며** [5]사 람들이 당하는 **고난이 그들에게는 없고** 사람들이 당하는 **재앙도 그 들에게는 없나니** [6]그러므로 **교만**이 그들의 목걸이요 **강포**가 그들 의 옷이며 [7]살찜으로 그들의 눈이 솟아나며 **그들의 소득은 마음의 소원보다 많으며** [8]그들은 능욕하며 악하게 말하며 높은 데서 거만 하게 말하며 [9]그들의 입은 하늘에 두고 그들의 혀는 땅에 두루 다 니도다. [10]그러므로 그의 백성이 이리로 돌아와서 잔에 가득한 물 을 다 마시며 [11]말하기를, "하나님이 어찌 알랴? 지존자에게 지식 이 있으랴?" 하는도다. [12]볼지어다! 이들은 **악인들**이라도 **항상 평 안하고 재물은 더욱 불어나도다.**

그런데 이것은 구약 시대뿐 아니라 오늘날에도 얼마든지 찾아볼 수 있는 실례이다. 분명 비그리스도인으로서 심한 악 을 저질렀는데도 불구하고 이생에서 하나님의 심판을 받지 않 는 이들이 있다.

▽ 협의의 심판

바로 여기에서 또 다른 종류의 하나님 심판인 협의의 심판이 의미심장하게 등장한다. 이 심판은 비그리스도인에게만 해당한다. 하나님의 심판은 이 세상과 연관해서만 주어지는 것이 아니고, 정작 더 중요한 심판은 죽음 이후에 이루어진다히 9:27 참조. 우선, 믿지 않는 이들도 그리스도의 재림 시에 부활한다.

요 5:28-29 [28] 이를 놀랍게 여기지 말라. **무덤 속에 있는 자가 다** 그의 음성을 들을 때가 오나니 [29] 선한 일을 행한 자는 생명의 부활로, **악한 일을 행한 자는 심판의 부활로 나오리라.**

그러고 나면 그들은 예수 그리스도를 믿지 않은 것으로 인해 하나님의 심판(협의의 심판)을 받는다.

막 16:16 믿고 세례를 받는 사람은 구원을 얻을 것이요 **믿지 않는 사람은 정죄를 받으리라.**
살후 1:8-9 [8] **하나님을 모르는 자들과 우리 주 예수의 복음에 복종하지 않는 자들에게 형벌을 내리시리니** [9] 이런 자들은 주의 얼굴과 그의 힘의 영광을 떠나 **영원한 멸망의 형벌을 받으리로다.**

비그리스도인에 대한 하나님의 최후 심판은 그들의 불신뿐 아니라 그들이 저지른 악행까지도 감안하여 시행된다.

계 20:11-12 [11]또 내가 **크고 흰 보좌**와 그 위에 앉으신 이를 보니 땅과 하늘이 그 앞에서 피하여 간 데 없더라. [12]또 내가 보니 죽은 자들이 큰 자나 작은 자나 **그 보좌 앞**에 서 있는데 책들이 펴 있고 또 다른 책이 펴졌으니 곧 생명책이라. 죽은 자들이 **자기 행위를 따라** 책들에 기록된 대로 **심판을 받으니**

그렇다면 모든 비그리스도인이 겪는 하나님의 협의의 심판은 두 가지 요소로 구성된다고 할 수 있다. 그들은 모두 똑같이 하나님으로부터 분리되어 지옥으로 떨어지지만, 지옥에서 겪는 고통의 정도는 각자가 지상에서 행한 행동에 따라 달라진다.[3] 그가 이생에서 악행을 많이 저질렀으면 고통이 크고, 악행이 적었다면 고통도 상대적으로 적을 것이다. 따라서 비록 이생을 살며 하나님의 심판(광의의 심판)을 겪지 않는 이라 할지라도, 세상의 종말에 이르러서는 지옥에서의 형벌을 통하여 하나님의 심판(협의의 심판)을 받게 된다.

그리스도인이 받는 응징

▽ 칭의와 그리스도인의 범죄

어떤 이가 참되고 진정으로 그리스도를 믿을 때 그는 하나님께로부터 의롭다 함을 받는다.

롬 3:28 그러므로 **사람이 의롭다 하심을 얻는 것은** 율법의 행위에 있지 않고 **믿음으로 되는 줄** 우리가 인정하노라.

이른바 '칭의'라 불리는 이 구원의 복은, 우리의 모든 죄—과거, 현재, 미래의 죄—가 완전히 용서받아 하나님 앞에 법적으로 의로워졌음을 나타낸다. 이러한 칭의의 효능은 다음과 같은 가르침에 나타나 있다.

시 103:10, 12 [10]우리의 죄를 따라 우리를 처벌하지는 아니하시며 우리의 죄악을 따라 우리에게 그대로 갚지는 아니하셨으니 … [12]동이 서에서 먼 것같이 **우리의 죄과를 우리에게서 멀리 옮기셨으며**
요 5:24 내가 진실로 진실로 너희에게 이르노니 내 말을 듣고 또 **나 보내신 이를 믿는 자**는 영생을 얻었고 **심판에 이르지 아니하나니** 사망에서 생명으로 옮겼느니라.
롬 8:1 그러므로 이제 **그리스도 예수 안에 있는 자에게는 결코 정죄함이 없나니**
롬 8:33-34 [33]누가 능히 하나님께서 택하신 자들을 **고발하리요? 의롭다 하신 이는 하나님이시니** [34]**누가 정죄하리요?** 죽으실 뿐 아니라 다시 살아나신 이는 그리스도 예수시니 그는 하나님 우편에 계신 자요 우리를 위하여 간구하시는 자시니라.

이상의 내용에 기초해 볼 때, 그리스도인들은 이신칭의의 은혜로 말미암아 모든 죄를 완전히 용서받았다.

Ⅴ 회심 후 죄악과 응징

하지만 그리스도인이 되고 나서도 우리는 부패한 본성 때문에 죄를 짓는다. 이러한 그리스도인들의 범죄에 대해 의로우신 하나님께서는 모르는 척하며 눈감아 주시지 않는다. 물론 이런 죄된 행위 때문에 우리의 칭의가 취소되거나 무효화되지는 않지만, 그렇다고 해서 하나님께서 믿는 자의 범죄에 대하여 아무런 조치도 취하지 않은 채 그냥 지나쳐 버리시는 것도 아니다. 그러면 믿는 자의 범죄와 관련하여 하나님께서는 어떻게 반응하시는가? 이에 대한 답변은, '하나님께서는 그리스도인의 죄악에 대해 **응징**이라는 조치를 취하신다'는 것이다.

이제 응징이 무엇인지 알아보기 위해 몇 가지 항목을 설명하고자 한다.

첫째, 성경은 응징이 믿는 이들과 관련하여 엄연한 사실임을 다음과 같이 밝히고 있다.

> **삼하 7:14** 나는 그에게 아버지가 되고 그는 내게 아들이 되리니 그
> **가 만일 죄를 범하면 내가 사람의 매와 인생의 채찍으로 징계하려니와**
> **렘 1:16** 무리가 나를 버리고 다른 신들에게 분향하며 자기 손으로
> 만든 것들에 절하였은즉 **내가 나의 심판을 그들에게 선고하여 그들**

의 모든 죄악을 징계하리라.

롬 2:12 무릇 율법 없이 범죄한 자는 또한 율법 없이 망하고 무릇 **율법이 있고 범죄한 자는 율법으로 말미암아 심판을 받으리라.**

히 13:4 모든 사람은 결혼을 귀히 여기고 침소를 더럽히지 않게 하 **라. 음행하는 자들과 간음하는 자들을 하나님이 심판하시리라.**

둘째, 응징의 방식은 다양한 형태를 취한다. 우선 자연 재 앙을 언급할 수 있다.

민 26:9-10 [9]엘리압의 아들은 느무엘과 다단과 아비람이라. 이 다단 과 아비람은 회중 가운데서 부름을 받은 자들이니 고라의 무리에 들어가서 모세와 아론을 거슬러 **여호와께 반역할 때에** [10]**땅이 그 입 을 벌려서 그 무리와 고라를 삼키매** 그들이 **죽었고** 당시에 **불이 이 백오십 명을 삼켜 징계가 되게** 하였으나

신체적 고통 또한 응징의 방식이다.

시 38:1-3 [1]여호와여! 주의 노하심으로 나를 책망하지 마시고 주의 분노하심으로 **나를 징계하지 마소서!** [2]주의 화살이 나를 찌르고 주의 손이 나를 심히 누르시나이다. [3]주의 진노로 말미암아 **내 살 에 성한 곳이 없사오며 나의 죄로 말미암아 내 뼈에 평안함이 없나이다.**

응징의 또 다른 방식은 악화된 인간관계이다.

잠 6:32-34 [32]**여인과 간음하는 자**는 무지한 자라. 이것을 행하는 자는 자기의 영혼을 망하게 하며 [33]**상함과 능욕을 받고 부끄러움을 씻을 수 없게 되나니 [34]**남편이 투기로 분노하여 원수 갚는 날에 용서하지 아니하고**

사법적 제재 또한 하나님의 응징 방식 가운데 하나이다.

롬 13:1-2, 4 [1]각 사람은 위에 있는 권세들에게 복종하라. 권세는 하나님으로부터 나지 않음이 없나니 모든 권세는 다 하나님께서 정하신 바라. [2]그러므로 권세를 거스르는 자는 **하나님의 명을 거스름이니 거스르는 자들은 심판을 자취하리라.** … [4]그는 하나님의 사역자가 되어 네게 선을 베푸는 자니라. 그러나 네가 악을 행하거든 두려워하라. 그가 **공연히 칼을 가지지 아니하였으니** 곧 하나님의 사역자가 되어 **악을 행하는 자에게 진노하심을 따라 보응하는** 자니라.

끝으로 국가 단위의 패배 또한 응징의 한 방식으로—특히 구약 시대에 그러한데—볼 수 있다.

겔 36:19 그들을 그 행위대로 **심판**하여 **각국에 흩으며 여러 나라에 헤쳤더니**

셋째, 응징의 목표는 범죄자의 회복—회개 및 변화—에 있다. 그리스도인들이 범죄하고서 응징을 받을 때 하나님은 그들이 기도와 회개를 통해 더욱 거룩한 상태에 도달하기를 원하신다.

사 26:16 여호와여! 그들이 환난 중에 주를 앙모하였사오며 **주의 징벌이 그들에게 임할 때에 그들이 간절히 주께 기도하였나이다.**

히 12:10-11 [10]그들은 잠시 자기의 뜻대로 우리를 징계하였거니와 오직 **하나님은** 우리의 유익을 위하여 **그의 거룩하심에 참여하게** 하시느니라. [11]무릇 **징계가** 당시에는 즐거워 보이지 않고 슬퍼 보이나 후에 그로 말미암아 연단받은 자들은 **의와 평강의 열매를 맺느니라.**

계 3:19 무릇 내가 사랑하는 자를 책망하여 **징계하노니** 그러므로 네가 열심을 내라. **회개하라.**

넷째, 응징의 동인은 하나님의 성품에 존재한다. 왜 하나님께서는 범죄한 그리스도인에게 응징을 가하시는가? 그것은 그분이 거룩하고 공의로운 하나님이시기 때문이다.

렘 30:11 이는 여호와의 말씀이라. 내가 너와 함께 있어 너를 구원할 것이라. 너를 흩었던 그 모든 이방을 내가 멸망시키리라. 그럴지라도 너만은 멸망시키지 아니하리라. 그러나 **내가 법에 따라 너**

를 징책할 것이요 결코 무죄한 자로만 여기지는 아니하리라.

미 7:9 내가 여호와께 범죄하였으니 그의 진노를 당하려니와 마침내 주께서 나를 위하여 논쟁하시고 심판하시며 주께서 나를 인도하사 광명에 이르게 하시리니 내가 그의 공의를 보리로다.

응징이 비록 하나님의 공의와 거룩함으로 말미암아 비롯된 것이지만 그것만이 전부는 아니다. 응징은 하나님의 사랑으로부터 나온 것이기도 하다.

잠 3:11-12 [11]내 아들아! **여호와의 징계를** 경히 여기지 말라. 그 꾸지람을 싫어하지 말라. [12]대저 **여호와께서 그 사랑하시는 자를 징계하시기를** 마치 아비가 그 기뻐하는 아들을 징계함같이 하시느니라.

계 3:19 무릇 **내가 사랑하는 자를** 책망하여 **징계하노니** 그러므로 네가 열심을 내라. 회개하라.

그렇다면 응징과 관련한 하나님 편에서의 동인은 거룩한 (공의로운) 사랑 혹은 애정 어린 거룩함(공의)이라고 할 수 있다.

다섯째, 응징의 결과는 복됨이다.

욥 5:17 볼지어다! **하나님께 징계받는 자에게는 복이 있나니** 그런즉 너는 전능자의 징계를 업신여기지 말지니라.

시 94:12 여호와여! **주로부터 징벌을** 받으며 주의 법으로 교훈하심

을 받는 자가 복이 있나니

만일 하나님의 응징이 없다면 우리는 더 악해지고 더 불의한 모습으로 바뀌어 갈 것이며, 심지어 그 나중 형편이 비신자와 별반 차이가 없게 될 수도 있다. 그리스도인은 응징이 있음으로 말미암아 이 세상이 받는 정죄에 빠지지 않을 수 있다.

고전 11:29-32 [29]주의 몸을 분별하지 못하고 먹고 마시는 자는 **자기의 죄를 먹고 마시는 것이니라.** [30]그러므로 너희 중에 **약한 자와 병든 자가 많고 잠자는 자도 적지 아니하니** [31]우리가 우리를 살폈으면 판단을 받지 아니하려니와 [32]우리가 판단을 받는 것은 **주께 징계를 받는 것이니 이는 우리로 세상과 함께 정죄함을 받지 않게 하려하심이라.**

응징은 그리스도인을 하나님께서 의도하시는 거룩한 상태에 참여하도록 만든다.

히 12:8-10 [8]징계는 다 받는 것이거늘 너희에게 없으면 사생자요 친아들이 아니니라. [9]또 우리 육신의 아버지가 우리를 징계하여도 공경하였거든 하물며 모든 영의 아버지께 더욱 복종하며 살려 하지 않겠느냐? [10]그들은 잠시 자기의 뜻대로 우리를 징계하였거니와 오직 **하나님은 우리의 유익을 위하여 그의 거룩하심에 참여하게 하시느니라.**

그러니 어찌 하나님의 응징을 가리켜 복되다 하지 않을 수 있겠는가?

이상의 내용을 정리해 볼 때, 응징이란 결국 범죄한 그리스도인들을 하나님께서 자신의 공의와 사랑에 따라 징계하심으로써 우리의 거룩함을 도모하시는 은혜로운 역사인 것이다.

Ⅴ 응징의 메커니즘

(1) 예비적 고려 사항

그리스도인이 죄를 짓게 될 때 우리는 두 가지 사항을 고려해야 한다. 한 가지는 죄를 범함에도 불구하고 불변하는 것, 따라서 우리 편에서 아무런 조치를 취할 필요가 없는 사항이 있다. 그것은 앞에서 언급한 '칭의'가 그렇다. 우리의 칭의는 우리가 저지르는 범죄 여부에 의해 좌우되지 않는다. 이런 의미에서 우리가 받은 용서는 온전한 것이고, 우리로 하여금 하나님의 심판(협의의 심판)인 지옥의 형벌로부터 면제해 준다.

그러나 우리가 죄를 범할 때 그 행위가 부정적 영향을 남기게 되기 때문에 우리 편에서 그 결과를 감당해야 하는 사항도 있다. 이러한 사항은 우리가 용서받았다고 해서 저절로 없어지거나 자취가 사라지는 그런 성격의 것이 아니다. 대표적인 예로서 다윗의 경우를 살펴보자.

삼하 12:13-14 [13]다윗이 나단에게 이르되, "내가 여호와께 죄를 범하였노라"하매 나단이 다윗에게 말하되, "**여호와께서도 당신의 죄를 사하셨나니 당신이 죽지 아니하려니와** [14]이 일로 말미암아 여호와의 원수가 크게 비방할 거리를 얻게 하였으니 **당신이 낳은 아이가 반드시 죽으리이다**"하고

다윗은 밧세바와의 간음 행위 이후에 선지자 나단의 질책을 듣고 자신의 죄를 회개했다. 그때 하나님께서는 분명 그의 죄를 사해 주셨다. 그러나 간음 행위를 통해 태어난 아이는 이레 만에 죽음을 당하게 된다삼하 12:15, 18. 이를 보면 하나님께서는 분명 다윗의 죄와 관련해 그를 용서해 주셨지만, 다윗의 죄된 행동이 남긴 결과만큼은 그대로 존속하는 것을 발견하게 된다.

(2) 죄가 영향을 미치는 다섯 가지 영역

위의 내용을 좀 더 명확히 이해하려면 우리의 죄가 영향을 미치는 다섯 가지 영역에 관한 상세한 고찰이 필요하다. (282쪽의 표를 보라.)

우리가 죄를 지으면 다음 다섯 가지 영역에서 부정적 영향을 미치게 된다. 1은 하나님과의 교제[4]가 깨지는 것을, 2는 인간의 신체가 질병이나 고통을 겪는 것을 뜻한다. 3은 개인의 정신적 고뇌(죄의식, 양심의 가책, 수치심 등), 4는 피해를 입은 당사자나 가까운 연고자로부터 받는 증오, 적대감, 해코지 등을

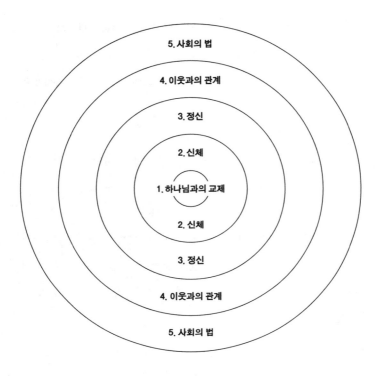

5. 사회의 법

4. 이웃과의 관계

3. 정신

2. 신체

1. 하나님과의 교제

2. 신체

3. 정신

4. 이웃과의 관계

5. 사회의 법

말한다. 5는 실정법을 위반함에 따라 겪게 되는 벌금, 구금, 실형 등을 의미한다.

모든 죄는 궁극적으로 하나님의 거룩시 5:4; 합 1:13과 법도요일 3:4에 대한 저촉이므로 하나님과의 교제에 영향을 준다. 기타의 죄들은 그 성격에 따라 2-5 사이 어느 한 가지 이상의 영역에 영향을 끼친다. 예를 들어, 여인을 보고 음욕을 품는 일마 5:28은 1(하나님과의 교제 파괴)과 3(죄의식)의 영역과 연관이 된다. 또 어떤 이의 아내와 통간했다면^{잠 6:32-35}, 이는 1(하나님과의 교제 파괴), 3(부끄러움), 4(남편의 분노와 보복 심리), 5(소송이 제기됨)의 영역에서 문제를 일으킨다. 가장 포괄적인 범죄로서 에이즈에 감염된 유부녀와의 간음 행위를 예로 들 수 있겠다. 이 경우에는 1(하나님과의 교제 파괴), 2(에이즈에 걸림), 3(죄의식, 수치), 4(남편의 분노와 보복 심리), 5(소송이 제기됨)의 영역 모두가 영향을 받는다.

그리스도인이 회심 후의 범죄로 말미암아 1-5 사이의 영역에 영향을 끼치는 일은, 그가 온전한 사죄의 은혜를 향유함에도 불구하고 발생한다. 즉 그가 범죄할지라도 그가 의롭다 함을 받은 사실만큼은 아무런 영향을 받지 않지만(또 그와 하나님과의 관계에서는 아무런 문제가 없지만), 상기한 다섯 가지 영역과 연관해서는 문제가 발생한다. 사실, 그리스도인의 범죄가 이렇게 각 영역에서 문제를 일으키는 까닭은 근본적으로 하나님의 통치 방식에 기인한다. 하나님께서는 자신이 창조한 각각의 영역에 그 나름대로 법을 심어 넣으셨고, 우리가 이런 법의 질서 아래 정상적인 삶을 영위하도록 정하셨다. 그런데 우리의 범죄는 이러한 법을 어기는 것이고 법을 어기면 그에 대한 책임이 따르게 마련이다. 그리스도인의 범죄와 관련하여 이렇게 책임을 지지 않을 수 없게 된 상태를 가리켜 나는 **응징**이라고 이름 붙인 것이다.

Ⅴ   응징에 대한 대처

하나님께서 그리스도인을 응징하실 때 우리는 어떻게 대처해야 하는가? 이 질문에 답하기 위해 앞에서 제시한 포괄적 범죄, 즉 에이즈에 감염된 유부녀와의 간음 행위를 다시금 예로 들어 보자. 앞서 살펴본 바와 같이 이 범죄는 다섯 가지 영역 모두에 대해서 부정적 영향을 끼친다.

1. 하나님과의 교제: 교제의 손상
2. 자신의 신체: 질병
3. 자신의 정신/마음: 죄의식, 수치심, 양심의 가책
4. 피해자(및 측근)와의 관계: 적대심, 증오, 악의
5. 실정법의 조항: 벌금, 구금, 실형

(1) 각 영역에서의 대처와 각오

이제 이 다섯 가지 영역을 하나씩 짚어 가면서 우리가 어떻게 대처할지 고려하고 마음의 각오를 새로이 해 보자.

첫째, 손상된 하나님과의 교제는 진정한 죄의 자백을 통해서 해결할 수 있다.

요일 1:9 만일 **우리가 우리 죄를 자백하면** 그는 미쁘시고 의로우사 **우리 죄를 사하시며** 우리를 모든 불의에서 깨끗하게 하실 것이요

하지만 그리스도인이 자신의 죄를 자백하지 않고 그냥 지내면 어떻게 될까? 두 가지 결과가 야기된다. 먼저, 이생에서 겪는 결과로서 사역에 대한 욕구 상실, 영적 능력 상실, 하나님의 뜻을 실현할 기회의 상실이 있다.[5] 그리고 결국 최후 심판 때 죄의 자백을 하게 된다.

롬 14:10-12 [10]네가 어찌하여 네 형제를 비판하느냐? 어찌하여 네 형제를 업신여기느냐? 우리가 다 **하나님의 심판대** 앞에 서리라. [11]기록되었으되, "주께서 이르시되, '내가 살았노니 모든 무릎이 내게 꿇을 것이요 **모든 혀가 하나님께 자백하리라**' 하였느니라." [12]이러므로 **우리 각 사람이 자기 일을 하나님께 직고하리라.**

고후 5:10 이는 우리가 다 반드시 **그리스도의 심판대** 앞에 나타나게 되어 **각각 선악 간에 그 몸으로 행한 것**을 따라 받으려 함이라.

이 구절들에 의하면, 그리스도인이라 할지라도 자신의 행위 및 삶과 관련하여 최후 심판대 앞에서 판결—물론 이때의 판결이 비그리스도인의 경우처럼 지옥에의 형벌을 선언하는 식의 정죄 행위를 뜻하지는 않는다—을 받는다. 이 판결의 항목 가운데에는 이생에서 죄악을 저지르고 자백하지 않은 내용도 포함된다.

그리스도인이 죄를 범하면 하나님과의 교제에 손상을 입는다. 그러므로 이 경우 한시바삐 죄를 자백함으로써 용서를 받아야 한다.

둘째, 에이즈 바이러스에 의한 감염은 어떤가? 이것은 한마디로 이렇다저렇다 이야기할 수 없다. 에이즈 감염자와 성행위를 했을 때 일반적으로는 꽤 높은 정도의 감염 가능성이 존재하지만, 그렇다고 반드시 에이즈에 걸리는 것은 아닐 수 있기 때문이다. 만일 그 그리스도인이 에이즈 바이러스에 감염된다면, 하나님의 응징이 이 영역과 관련해서도 나타난 것이라고 볼 수 있다.

셋째, 당사자의 내면에 죄의식, 수치심 등이 찾아온다. 이러한 정신적 고뇌 역시 개인마다 정도의 차이가 있기는 하겠지만, 범죄한 모든 이들이 어느 정도 이런 경험을 한다는 의미에서는 공통적이라고 할 수 있다. 그런데 이러한 응징은 정신적인 성격의 것이므로 첫 영역에서 언급한 사죄의 체험과 긴밀히 연관된다. 즉 죄의 자백을 통한 사죄의 경험이 확실하면 확실할수록 죄의식, 수치심 등 주관적 고뇌가 줄고, 죄의 자백이 형식적이었든지, 아니면 자백이 이루어지지 않았다면 주관적 고뇌는 훨씬 강렬히 작용할 것이다. 성경은 간음을 저지른 이들이 겪는 주관적 고뇌에 대해 다음과 같은 암시를 주고 있다.

잠 6:32-33 [32]**여인과 간음하는 자**는 무지한 자라. 이것을 행하는 자는 **자기의 영혼을 망하게 하며** [33]상함과 능욕을 받고 **부끄러움**을 씻을 수 없게 되나니

286

넷째, 남편으로부터의 적대심이나 증오는 어떠한가? 이 영역의 응징 역시 범죄의 양태, 남편의 신앙 유무와 됨됨이 등에 따라서 크게 다를 것이다. 그러나 일반적으로는 매우 극렬한 적대적 감정과 보복적 성향을 만나게 될 것이다. 아마도 그 남편은 몇 차례에 걸쳐 폭언이나 폭행을 가할 수도 있겠다.

> **잠 6:32-35** [32]**여인과 간음하는 자**는 무지한 자라. 이것을 행하는 자는 자기의 영혼을 망하게 하며 [33]**상함과 능욕을 받고** 부끄러움을 씻을 수 없게 되나니 [34]**남편이 투기로 분노하여** 원수를 갚는 날에 **용서하지 아니하고** [35]어떤 보상도 받지 아니하며 많은 선물을 줄지라도 듣지 아니하리라.

물론 그리스도인 범죄자는 남편의 증오와 보복 심리를 받아들여야 한다. 무엇보다도 한시바삐 개인적으로 찾아가서 그에게 용서를 구해야 한다. 어떤 경우에는 상당한 시간이 지나면서 남편이 그 용서의 마음을 받아들일 수도 있다. 그러나 대부분의 경우에는 그렇지 않을 것이다. 하지만 설사 그 상대방이 쉽게 용서를 받아들이지 않고 평생 적개심을 표출한다 할지라도, 그리스도인 범법자는 그것을 자신이 마땅히 겪어야 할 하나님의 응징으로 받아들여야 한다.

다섯째, 유부남/유부녀와의 성행위는 비록 지금은 형법상 간통죄가 없어져 형사 처벌을 면하게 되었지만 민사상으로는 여전히 불법이어서 이혼 사유와 위자료 청구 사유가 된다. 즉 외도가 합법화된 것이 아니라 여전히 부도덕한 행위로 규정하며, 다만 손해 배상 책임을 지우는 방식으로 바뀐 것에 불과하다.

이상의 설명을 통해 밝혀진 것처럼, 그리스도인의 범죄는 여러 영역에서 부정적 영향을 초래한다. 하나님께 죄를 자백하여 용서를 받는다고 할지라도, 그 죄가 2-5영역에 남긴 결과에 대해서만큼은 응분의 대처가 필요하다. 그리고 어떤 경우에는 우리의 노력에도 불구하고 그 결과가 없어지지 않고 우리의 심령과 삶에 깊은 고통으로 남을지도 모른다. 즉 하나님께 용서를 받았음에도 불구하고 응징의 결과로서 질병에 걸릴 수도 있고, 죄의식에 시달리기도 하며, 피해자의 보복에 노출되는가 하면, 법적 제재로 인해 엄청난 고초를 겪을 수도 있다는 말이다.

(2) 의문과 답변

어떤 이는 이 시점에서 다음과 같은 질문을 던질 수 있다. "예수 믿고 나면 모든 죄를 사함 받는다고 했는데, 범죄했다고 해서 이렇듯 심각한 응징을 받는다면, 도대체 무엇 때문에 예수를 믿겠는가?" 그러나 이 같은 의문을 제기한 이는, 앞에서 누누이 설명한 사죄의 핵심적 은택이 무엇인지를 놓치고 있는 것이다. 그리스도인의 회심 후 범죄가 하나님의 온전한 용서 (및 칭의의 은혜, 지옥으로부터 면제)를 무효화하지는 않는다. 이 온전한 용서는 예수께서 자신의 죄를 위해 죽으신 구세주임을 믿는 그 순간 우리 각자의 것이 되었다. 이에 대해서는 추호의 의심도, 의문 제기도 있을 수 없다. 그러나 응징의 문제는 다르다. 사랑이시고 공의로우신 하나님께서는 우리의 성숙과 변화를 위해 그리스도인이 범죄할 때 응징을 가하신다. 응징은 결코 심판(협의의 심판)이 아니다. 하지만 우리는 그러한 응징에 대해 합당한 자세와 마음의 각오가 있어야 한다.

이 지점에서 나는 범죄한 그리스도인에게서 흔히 발견되는 극단적 경향 한 가지를 다루고자 한다. 한편으로 어떤 그리스도인들은 하나님의 응징에 대해 전혀 지식이 없다. 그들은 은연중에 칭의의 사실과 회심 후 범죄로 인해 초래될 수 있는 여러 형태의 부정적 사태—다섯 가지 영역에서 발생하는 응징의 현상—가 양립할 수 없다고 생각한다. 다시 말해, 어떤 이가 믿음으로 말미암아 의롭다 함을 받았다면 그는 모든 형벌에서 면제되었으므로, 하나님께서는 그에 대해 어떤 형태의 징계적 조치—예를 들어 **광의의 심판**—도 내리시지 않는다고 착각을 한다. 이는 엄청난 신앙적 편견이요 빗나간 확신이다.

그런데 또 다른 극단의 경향을 보이는 그리스도인들도 있다. 이들은 하나님의 응징에 대해 어느 정도 기본 지식을 갖고 있지만, 하나님의 응징을 하나님의 심판(협의의 심판)과 똑같은 것으로 여긴다. 그리하여 범죄할 때마다 하나님의 응징을 겪으면서 불필요하고 과도한 죄의식에 시달리며 구원과 영생의 즐거움조차 상실하곤 한다. '가계의 저주' 같은 가르침은 이런 이들에게 매우 높은 호소력을 갖는다. 이런 이들은 하나님의 응징이 사랑(비록 거룩한 사랑이지만)으로 말미암은 것임을 기억해야 한다. 우리가 즐겨 부르는 찬송 〈어서 돌아오오〉**찬송가 527장**의 3절 가사, "채찍 맞아 아파도 주님의 손으로 때리시고 어루만져 위로해 주시는"에 바로 이런 진리가 반영되어 있다. 응징은 하나님으로부터 채찍을 맞는 일이요 주님이 손으로 때리시는 일이다. 그러나 우리에게 응징을 부과하시는 하나님은 우리의 맞은 상처를 어루만지며 치료해 주시는 그런 위로와 회복의 하나님이시기도 하다.

우리는 하나님의 심판과 관련해 이상의 양극단적 오해와 편견에서 벗어나 균형 잡힌 인식을 가져야 한다. 우선, 우리 그리스도인들은 그리스도를 믿는 신앙으로 말미암아 영원한 심판(협의의 심판)에서 면제되었다. 이것은 죄성으로 말미암아 우리가 앞으로 범죄를 저지른다 할지라도 변하지 않는 사실이다. 그러나 우리의 죄 된 행위가 앞에서 소개한 다섯 가지 영역에서의 응징을 초래한다는 것 또한 사실이다. 이때 우리는 하나님의 이러한 응징을 인내 가운데 희망을 품으며 기쁨으로 받아들여야 한다. 왜냐하면 이런 응징이야말로 우리를 향한 하나님의 뜻이 이루어지는 중요한 방편이기 때문이다. 이러한 이해와 수용의 자세야말로 '심판'이 무엇인지를 확실히 아는 그리스도인들의 성숙한 모습이라고 할 수 있다.

12. 상급은 구원과 별도로 주어지는가?

▼

▼

　'상급'(혹은 '상')이라는 주제는 현재 한국 교회 내에 묘한 양극화 현상을 초래하고 있다. 한편으로 대부분의 목회자와 그리스도인들은 우리가 이 땅에서 하나님의 나라와 복음을 위해 수고하고 힘쓸 때 하나님께서 구원에 덧붙여 상급을 베푸신다고 생각한다. 심지어 어떤 목회자들은 그리스도인들이 내세에서 누리는 상급의 내용을 '물질적인 것'—넓고 좋은 거처 요 14:2, 더 좋은 부활의 몸 히 11:35 등—으로 들먹이면서, 교우들의 헌신이나 전도 활동을 유도해 내기도 한다.

　그런가 하면 또 한편에서는—주로 신학자들이 그러한데—그리스도인들에게 따로 상급이 존재하지 않는다는 전혀 상반되는 주장을 내세우고 있다. 어떤 이들은 구원이 곧 상급이기 때문에 모든 이가 똑같이 상급을 받는 것이라고 하는가 하면, 또 어떤 이들은 더욱 엄격히 '상급'이라는 단어 사용 자체에 반기를 들기도 한다. 이들은 주로 로마 가톨릭의 '공로적' 구원관[1]을 혐오하기 때문에 그러한 입장을 취한다고 볼 수 있다.

이런 양극화 경향을 차치하고라도 상급이라는 주제는 제대로 다루기가 매우 힘들다. 그 이유는 이 주제가 흔히 생각하는 것보다 훨씬 복잡한 양상을 띠고 있기 때문이다. 그 양상이 얼마나 복잡한지는, 상급과 관련해 제기되는 질문들을 일별하는 것만으로도 충분하다. '그리스도인들에게는 상급이 있는가, 없는가? 있다면 (혹은 없다면) 구원과의 관계는 무엇인가? 혹시 상급이 있다고 해도 수혜자들 사이에 차등이 존재하는가? 상급의 본질과 그 본질적 특성은 무엇인가? 상급이 완성될 천국의 삶에 어떤 항구적 영향을 미치는가?' 등이 질문의 예이다.

상급이라는 주제를 다루기가 만만찮은 또 다른 이유는, 상급과 관련해 여러 단어를 사용하고 있기 때문이다. 개역개정판 한글 성경만 보더라도 '상', '상급', '갚다/갚음', '면류관' 등 다양한 단어가 쓰이고 이 모든 단어(한글 및 그리스어)를 총망라하여 체계적으로 정리하는 것 또한 보통 버거운 작업이 아니다.

이렇게 복잡다단한 처지를 감안하여 나는 두 가지 사항을 예비적으로 언급하고자 한다.

첫째, 나는 이 글에서 주로 '상급'이라는 명사를 핵심으로

하여 논의를 개진할 것이다. 물론 때에 따라서는 '상', '갚음', '면류관' 등의 단어도 비슷한 종류로 여겨 함께 다루겠지만,[2] 탐구의 초점은 '상급'에 맞추려고 한다.

둘째, 상급에 대한 나 나름대로의 정의를 제공하고자 한다. 이를 위해 우선 관련 용어들을 하나씩 살펴보자. '상'은 "잘한 일이나 훌륭한 일을 칭찬하기 위하여 주는 증서나 물건 또는 돈"[3]이다. 또 '상급'은 "잘한 일에 대한 대가나 상으로 줌. 또는 그런 돈이나 물건"[4]으로 대동소이하게 풀이되어 있다. '면류관'은 한글 사전에 "예전에, 임금이 정복正服인 곤룡포를 입을 때 쓰는 관冠을 이르던 말. 국가의 큰 제사 때나 왕위에 오를 때 썼다"[5]라고 소개되어 있지만, 신약 성경에 등장하는 면류관은 주로 육상 경기의 우승자에게 씌우던 화관이나 월계관을 가리킨다.[6] 이것은 명예와 영광의 상징으로서, '상급'에 대한 비유적 표현으로 많이 사용되었다.

이러한 설명을 참작하여 나는 상급을 '하나님께서 우리의 선한 행실에 대해 주로 마지막 날에 갚아 주시는 일'이라고 다소 느슨히 정의하고자 한다.

상급에 관한 기본 사항들

성경은 상급과 관련하여 가장 기본적인 세 가지 사항, 즉
'상급의 실재성', '상급과 구원의 별개성', '상급의 차등성'을
언급하고 있다.

▽ 상급의 실재성

성경은 그리스도인에게 분명히 상급이 있을 것임을 두 가
지 방면으로 밝히고 있다.

첫째, 하나님 자신이 상급과 연관이 되거나 상 주시는 이
심을 밝히고 있다.

창 15:1 이 후에 여호와의 말씀이 환상 중에 아브람에게 임하여 이
르시되, "아브람아! 두려워하지 말라. **나는** 네 방패요 **너의 지극히
큰 상급이니라.**"

사 28:5 그날에 **만군의 여호와께서 자기 백성의 남은 자에게 영화로운
면류관이 되시며 아름다운 화관이 되실 것이라.**

사 40:10 보라! 주 여호와께서 장차 강한 자로 임하실 것이요 친히
그의 팔로 다스리실 것이라. 보라! **상급이 그에게 있고** 보응이 그
의 앞에 있으며

사 62:11 여호와께서 땅 끝까지 선포하시되, "너희는 딸 시온에게

이르라. 보라! 네 구원이 이르렀느니라. 보라! **상급이 그에게 있고** 보응이 그 앞에 있느니라" 하셨느니라.

히 11:6 믿음이 없이는 하나님을 기쁘시게 하지 못하나니 하나님께 나아가는 자는 반드시 그가 계신 것과 또한 **그가 자기를 찾는 자들에게 상 주시는 이심**을 믿어야 할지니라.

둘째, 하나님께서 상을 주신다고 구체적으로 말하고 있다.

룻 2:12 여호와께서 네가 행한 일에 보답하시기를 원하며 **이스라엘의 하나님 여호와께서** 그의 날개 아래에 보호를 받으러 온 **네게 온전한 상 주시기를** 원하노라 하는지라.

삼하 22:21 여호와께서 내 공의를 따라 **상 주시며** 내 손의 깨끗함을 따라 갚으셨으니

마 6:1 사람에게 보이려고 그들 앞에서 너희 의를 행하지 않도록 주의하라. 그리하지 아니하면 하늘에 계신 **너희 아버지께 상을 받지 못하느니라.**

골 3:24 이는 **기업의 상을 주께 받을 줄** 아나니 너희는 주 그리스도를 섬기느니라.

이상과 같은 성경의 증거가 있는데, 어떻게 상급론을 부인할 수 있을까? 사실 상급론을 부인하는 이들은 상급론의 여러 갈래 가운데 어느 하나를 반대하는 것이지,[7] 성경에 상급에 관

한 개념이 등장한다는 사실조차 부인하지는 않는다.

▽ 상급과 구원의 별개성

(1) 별개성을 말하는 구절들

상급은 구원과 같지 않다. 상급이 구원에 더하여 주어지는 별도의 것임은, 상급을 우리의 행위와 연관 지어 말하는 것—구원은 우리의 믿음으로 말미암은 것엡 2:8인 데 비해—을 보아 알 수 있다.

삼상 24:19 사람이 그의 원수를 만나면 그를 평안히 가게 하겠느냐? **네가 오늘 내게 행한 일로 말미암아** 여호와께서 **네게 선으로 갚으시기를** 원하노라.

대하 15:7 그런즉 너희는 강하게 하라. 너희의 손이 약하지 않게 하라. **너희 행위에는 상급이 있음이라.**

잠 19:17 가난한 자를 불쌍히 여기는 것은 여호와께 꾸어 드리는 것이니 **그의 선행을 그에게 갚아 주시리라.**

눅 14:14 그리하면 그들이 갚을 것이 없으므로 네게 복이 되리니 이는 의인들의 부활 시에 네가 **갚음을 받겠음이라.**[8]

고전 3:8 심는 이와 물 주는 이는 한가지이나 **각각 자기가 일한 대로 자기의 상을 받으리라.**

고전 3:14-15 [14]만일 누구든지 그 위에 세운 공적이 그대로 있으면 상을 받고 [15]누구든지 그 공적이 불타면 해를 받으리니 그러나 자신은 구원을 받되 불 가운데서 받은 것 같으리라.

벧전 5:4 그리하면 목자장이 나타나실 때에 시들지 아니하는 **영광의 관**[9]을 얻으리라.

계 22:12 보라! 내가 속히 오리니 **내가 줄 상이 내게 있어 각 사람에게 그가 행한 대로 갚아 주리라.**

물론 이때의 우리 '행위', '선행'조차 하나님의 은혜로 말미암은 것임을 잊어서는 안 된다.

(2) 동일성을 암시하는 구절들

그러나 성경의 어떤 구절은 상급이 곧 구원/영생과 같다고 말하는 것처럼 보이기도 한다. 만일 이것이 사실로 밝혀진다면 상급과 구원이 별개라는 주장은 상당한 타격을 입는다. 나는 일단 상급과 구원의 동일성을 나타내 주는 듯한 구절들을 소개한 후, 그 구절에 나온 표현들이 결코 그런 동일성을 입증하지 못한다는 것을 밝히도록 하겠다.

첫째, 상급을 언급할 때 그것을 구원과 연계시키는 구절이 있다.

골 3:24 이는 **기업의 상**을 주께 받을 줄 아나니 너희는 주 그리스도를 섬기느니라.

골로새 교회에는 노예 신분의 그리스도인들이 꽤 많이 있었다. 바울은 그들이 믿지 않는 상전을 모신 경우라도 주를 두려워하여 성실한 마음으로골 3:22, 또 무슨 일을 하든지 마음을 다하여 주께 하듯골 3:23 하라고 권면한다. 그렇게 해야 하는 이유는 주님으로부터 기업의 상을 받을 줄 알기 때문이다.

여기에 언급된 "기업의 상"은 우선 상급이다. 왜냐하면 주를 두려워하여 성실한 마음으로 하는 것(및 무슨 일을 하든지 마음을 다하여 주께 하듯 하는 것)은 구원의 근거가 아니기 때문이다. 또 골로새서 3장 24절의 병행 구절인 에베소서 6장 8절에는 "이는 각 사람이 무슨 선을 행하든지 종이나 자유인이나 주께로부터 그대로 받을 줄[주께로부터 상급을 받을 줄]을 앎이라"라고 되어 있기 때문이다.

그런데 왜 상급을 거론하면서 "기업"을 언급했는가? 기업은 구원과 관련된 요소가 아닌가? 사실 기업은 하나님의 나라, 곧 새 하늘과 새 땅을 물려받는 일고전 6:9 및 벧전 1:4 참조로서, 하나님의 자녀가 되었기 때문에 받아 누리는 구원의 은택이다롬 8:16-17. 다수의 골로새 교우들은 노예 신분이지만 하나님의 아들(과 딸)로 입양이 되었기에 새 하늘과 새 땅을 기업(유산)으로 물려받게 되었다! 바울은 골로새 교인들이 받을 상급이 얼마나 영광스럽고 놀라운 일인지를 깨우치는 데에, 그들이 잘 알고 있는 기업 개념을 활용하고 있는 것이다. 따라서 "기업의 상"은 구원과 상급이 동일하다는 뜻이 아니고 상급의 영광스러움을 깨우치기 위해 구원의 요소, 곧 기업이라는 개념을 빌려 온 것뿐이다.

둘째, 구원을 언급할 때 그것을 상급의 면모와 연관시키는 구절들이 있다. 이들은 "생명의 (면류)관"이라는 표현을 채택하고 있다.

> **약 1:12** 시험을 참는 자는 복이 있나니 이는 시련을 견디어 낸 자가 주께서 자기를 사랑하는 자들에게 약속하신 **생명의 면류관**을 얻을 것이기 때문이라.
>
> **계 2:10** 너는 장차 받을 고난을 두려워하지 말라. 볼지어다! 마귀가 장차 너희 가운데에서 몇 사람을 옥에 던져 시험을 받게 하리니 너희가 십 일 동안 환난을 받으리라. 네가 죽도록 충성하라. 그리하면 내가 **생명의 관**을 네게 주리라.

이 구절들은 "생명의 면류관", "생명의 관"이라는 형태의 상급을 말하는데, 생명이 곧 상급이라는 뜻이다. 그런데 생명, 곧 영생은 구원의 핵심이므로요 5:24, 상급은 구원과 별개가 아니라는 결론이 도출된다.

그러나 섣불리 이런 결론을 내리기 전에 위의 구절들에 등장하는 그리스도인의 처지를 살펴보아야 한다. 그들은 시험과 시련을 참고 견디는 중이다약 1:12. 또 고난·시험·환난을 당하고 있으며 죽도록 충성하라는 비장한 명령을 받고 있다계

2:10. 이들이 최종적으로 싸워야 할 문제는 결국 죽음이다. 이런 어려운 상황을 잘 참고 견뎌 구원의 완성에 이르면, 영생이 기다리고 있다. 영생은 값없는 구원의 선물이지만, 고난과 고통을 겪어 온 이들의 경우에는 영생을 누리는 일 가운데 흡사 상급과 비슷한 양상이 녹아 있다. 바로 이런 특수성 때문에 구원을 염두에 두고서도 "생명의 면류관"이라는 표현을 쓴 것이다. 이것은 결코 생명(구원)과 상급이 동일하다는 생각을 전달하기 위해 한 말이 아니다.

지금까지 구원과 상급의 동일성을 나타낸다고 제시되는 구절들골 3:24; 약 1:12; 계 2:10을 살펴보았다. 그렇다고 해서 구원과 상급이 동일하다는 것을 나타낼 목적으로 이 구절들을 채택하지는 않았다. 그러므로 구원과 상급이 별개라는 주장은 아직도 건재하다.

Ⅴ 상급의 차별성

(1) 차별성을 지지하는 구절들

상급은 각 그리스도인이 행한 바(행위)에 따라 그들 사이에 차이가 있다. 어떤 그리스도인은 큰 상급을 받고 어떤 그리스도인은 적게 받을 것이며, 또 어떤 그리스도인은 아예 상급을 받지 못할 수도 있다. 다음의 성구들은 그 점을 설명해 준다.

마 5:12 기뻐하고 즐거워하라! 하늘에서 **너희의 상이 큼**이라. 너희

전에 있던 선지자들도 이같이 박해하였느니라.

마 10:41-42 [41]선지자의 이름으로 선지자를 영접하는 자는 **선지자의 상**을 받을 것이요 의인의 이름으로 의인을 영접하는 자는 **의인의 상**을 받을 것이요 [42]또 누구든지 제자의 이름으로 이 작은 자 중 하나에게 냉수 한 그릇이라도 주는 자는 내가 진실로 너희에게 이르노니 그 사람이 **결단코 상을 잃지 아니하리라** 하시니라.

고전 3:8 심는 이와 물 주는 이는 한가지이나 **각각 자기가 일한 대로 자기의 상을 받으리라.**

고전 3:14-15 [14]만일 **누구든지 그 위에 세운 공적이 그대로 있으면 상을 받고** [15]**누구든지 그 공적이 불타면 해를 받으리니** 그러나 자신은 구원을 받되 불 가운데서 받은 것 같으리라.

히 10:35 그러므로 너희 담대함을 버리지 말라. 이것이 **큰 상을** 얻게 하느니라.

계 22:12 보라! 내가 속히 오리니 내가 줄 **상**이 내게 있어 **각 사람에게 그가 행한 대로 갚아 주리라.**

(2) 차별성을 부인하는 입장

그러나 어떤 이들은 그리스도인 사이에 차등적 상급이 존재한다는 것을 부인한다.

첫째, 성경의 내용에 기초하여 차등 상급 이론을 부인하는 입장이 있다.

마 20:1-10 ¹천국은 마치 품꾼을 얻어 포도원에 들여보내려고 이른 아침에 나간 집 주인과 같으니 ²그가 하루 한 데나리온씩 품꾼들과 약속하여 포도원에 들여보내고 ³또 **제삼시**에 나가 보니 장터에 놀고 서 있는 사람들이 또 있는지라. ⁴그들에게 이르되, "너희도 포도원에 들어가라. 내가 너희에게 상당하게 주리라" 하니 그들이 가고 ⁵**제육시**와 **제구시**에 또 나가 그와 같이 하고 ⁶**제십일시**에도 나가 보니 서 있는 사람들이 또 있는지라. 이르되, "너희는 어찌하여 종일토록 놀고 여기 서 있느냐?" ⁷이르되, "우리를 품꾼으로 쓰는 이가 없음이니이다." 이르되, "너희도 포도원에 들어가라" 하니라. ⁸저물매 포도원 주인이 청지기에게 이르되, "품꾼들을 불러 나중 온 자로부터 시작하여 먼저 온 자까지 삯을 주라" 하니 ⁹**제십일시에 온 자들이 와서 한 데나리온씩을 받거늘** ¹⁰**먼저 온 자들이 와서 더 받을 줄 알았더니 그들도 한 데나리온씩 받은지라.**

신약학자인 블롬버그(Craig L. Blomberg, 1955-)는 상기한 '포도원 일꾼의 비유'가 우리에게 주는 교훈의 핵심은 "그리스도의 참된 제자들 사이에 존재하는 근본적 평등성fundamental equality"[10]이라고 못 박으면서, 차등 상급론에 제동을 건다. 그러나 이 비유가 주어진 목적과 전후 문맥을 살펴보면, 상급의 동등성이나 차등성에 초점이 있기보다 오히려 상급에 임하는 자세를 가르치고자 함임을 알 수 있다. 이 비유가 마련된 계기는 베드로의 질문이었다.

마 19:27-30 ²⁷이에 베드로가 대답하여 이르되, "보소서! **우리가 모든 것을 버리고 주를 따랐사온대 그런즉 우리가 무엇을 얻으리이까?**" ²⁸예수께서 이르시되, "내가 진실로 너희에게 이르노니 세상이 새롭게 되어 인자가 자기 영광의 보좌에 앉을 때에 나를 따르는 너희도 열두 보좌에 앉아 이스라엘 열두 지파를 심판하리라. ²⁹**또 내 이름을 위하여 집이나 형제나 자매나 부모나 자식이나 전토를 버린 자마다 여러 배를 받고 또 영생을 상속하리라.** ³⁰그러나 먼저 된 자로서 나중 되고 나중 된 자로서 먼저 될 자가 많으니라."

베드로의 질문27절은 자신의 희생적 포기[선행]와 그에 대한 보상[상급]을 중심으로 형성된 것인데, 여기에는 묘하게도 베드로 자신의 공로 의식과 타산적 태도가 반영되고 있다. 이에 대해 주님께서는 일단 상급의 실재만은 기꺼이 인정하신다29절. 그러나 베드로의 공로적·타산적 상급관은 교정을 받아야 했다. 바로 이것 때문에 포도원 일꾼의 비유가 필요했던 것이다.

이 비유를 통해 주님께서는 베드로의 상급관에 깔린 두 가지 문제점—공로적 상급관 및 타산적 상급관—을 지적하신다.

① 포도원에서 일한 일꾼들은 오전 일찍 고용된 이들일수록 공로 의식에 넘쳐 있었다. 이른 아침에 일을 시작한 이들은 명시적인 고용 계약의 체결이 있었고마 20:2, 제 3·6·9시에 들어온 이들은 그저 "상당하게 주리라"4절는 말만 믿고 일을 했

는가 하면, 제11시에 들어온 이는 아무런 고용 계약의 언급 없이 그저 초청에 응한 것7절으로 나타나 있다. 그리하여 처음 온 이들일수록 자신의 임금을 자기가 누려야 할 권리로 당연시했으나, 둘째 그룹의 사람들은 자기들이 받은 임금을 정당한 대가보다는 어느 정도 주인의 호의에 기초한 것으로 이해했고, 마지막에 들어온 사람들은 오직 주인의 호의에 입각해서만 처분을 기다리겠다는 비공로적 자세를 견지했다. 비록 베드로가 모든 것을 포기했고 하나님께서는 물론 그에 대해 상을 베푸시는 법이지만, 그래도 그런 헌신이 그의 심령 속에 공로 의식을 낳아서는 안 되었다.

② 포도원에서 일한 일꾼들은 일찍 일한 이들일수록 자기들이 수고한 시간의 양에 비례해 남보다 자신들에게 더 큰 임금이 주어지리라는 타산적 사고방식을 가지고 있었다. 이들이 후에 "집 주인을 원망하여 이르되 나중 온 이 사람들은 한 시간밖에 일하지 아니하였거늘 그들을 종일 수고하며 더위를 견딘 우리와 같게 하였나이다"11-12절라고 한 것은, 바로 이러한 타산적 태도의 반영이다. 그러나 일꾼에 대한 임금은 그가 최소한의 적정선을 지키는 한―이 경우에는 모든 이가 최소한 한 데나리온을 받는 것이었는데―"내 것을 가지고 내 뜻대로"15절 하시는 주님의 주권적 결정에 달려 있었다. 베드로는 모든 것을 희생했지만 거기에 근거해 자신이 받을 상급의 정도를 타산적으로 기대해서는 안 되었다.

이러한 두 가지 문제점을 깨우치시기 위해 포도원 일꾼의 비유를 말씀하신 주님께서는, 비유의 앞뒤에 "그러나 먼저 된 자로서 나중 되고 나중 된 자로서 먼저 될 자가 많으니라"마 19:30, "이와 같이 나중 된 자로서 먼저 되고 먼저 된 자로서 나중 되리라"마 20:16라는 교훈을 배치한다. 이처럼 마태복음 20장 1-10절의 비유는 베드로(및 우리)의 공로적·타산적 상급관을 교정하기 위한 것이므로, 차등 상급론에 대한 반대 근거로 활용할 수 없다.

둘째, 신학적 진술에 의거해 차등 상급 이론을 부인하는 경우도 있다. 어떤 이들은 그리스도인들의 상급은 인정하면서도 그들 사이에 상급의 차등이 있다는 것은 부인한다. 헤르만 훅스마(Herman Hoeksema, 1886-1965)는 아브라함 카이퍼(Abraham Kuyper, 1837-1920)의 차등 상급론을 소개하고 나서 비판을 가한다.

> 카이퍼에 의하면, 상급은 서로 다른 정도의 영광을 가리킨다. 모든 이들이 영생을 얻고 영광으로 들어간다. 그러나 … 영원한 나라에서 모든 이들이 똑같은 위치를 차지하는 것은 아니다. 이 차이가 은혜의 상급이다. 그러므로 이 상급은 모든 성도를 위한 것이 아니고 하나님의 구속받은 자녀들 중 특정한 대상만을 위한 것이다. … 모든 성도는 작은 이로부터 큰 이에 이르기까지 어느 정도 선행을 할 것이고, 이 점에서는 그들 사이에 아무런 차이가 없을 것

임이 확실하다. 그리고 모든 이들은 그들이 행한 바에 따라 은혜의 [보]상을 받을 것이다. … **각자가 일한 바에 따라 상급이 주어진다는 성경의 명백한 가르침은 분명코 전적으로 일반적인 것이다. 여기에는 모든 이가 포함된다.** 카이퍼에 의하면, 어떤 일부의 사람들만이 그 이상의 선물 곧 그 이상의 영광을 향유하고, 나머지 수많은 성도들은 영생만 누리고 그 이상 아무것도 향유하지 못한다는 것인데, 이것은 맞지 않는 말이다.[11] [강조는 인용자의 것]

그러나 혹스마의 설명은 매우 궁색하다. 각 사람이 일한 대로 상급을 받는다는 진술은 각 사람의 차이를 부각하기 위한 것이지 그의 해석처럼 공통점을 나타내기 위한 것이 아니다. 각 사람의 일은 일의 종류, 열심의 정도, 성취도, 일한 이의 동기, 일한 이의 심리적·환경적 맥락 등에서 분명 차이가 있다. 가장 공평하고 전지하신 하나님께서는 그런 모든 요인을 고려하여 가장 공평하고 정의롭게 각 사람에 맞는—그리하여 서로 간에 차이가 나는—상급을 베푸실 것이다.

지금까지의 설명에 의거할 때 상급의 차등성은 부인할 수 없이 명확한 성경의 가르침이라고 하겠다.

상급의 본질적 특성

▽ 상급의 세 가지 구성 요소

상급의 본질을 이해하려면 상급이 세 요소로 구성된다는 것을 파악해야 한다. 다음의 성구는 이러한 규명 작업에 도움을 준다.

> **단 2:6** 너희가 만일 꿈과 그 해석을 보이면 너희가 **선물과 상과 큰 영광**을 **내게서** 얻으리라. 그런즉 꿈과 그 해석을 내게 보이라.

느부갓네살은 술사들에게 자신이 꾼 그 꿈의 내용과 해석을 말해 달라고 명한다. 그렇게 할 경우 해석자는 느부갓네살로부터 선물, 상, 영광을 얻게 될 것이다. 이에 해당되는 유능하면서도 유일한 해석자가 있었으니, 바로 다니엘이다. 다니엘이 꿈을 해석하자 느부갓네살은 과분할 정도로 반응하는데, 어쨌든 그 가운데에는 약속대로 상의 수여가 들어 있었다.

> **단 2:46-48** [46]이에 느부갓네살 왕이 엎드려 다니엘에게 절하고 명하여 **예물과 향품**을 그에게 주게 하니라. [47]왕이 대답하여 다니엘에게 이르되, "너희 하나님은 참으로 모든 신들의 신이시요 모든 왕의 주재시로다. **네가 능히 이 은밀한 것을 나타내었으니** 네 하나

님은 또 은밀한 것을 나타내시는 이시로다." [48] 왕이 이에 다니엘을 높여 귀한 **선물**을 많이 주며 그를 세워 **바벨론 온 지방을 다스리게 하며 또 바벨론 모든 지혜자의 어른을 삼았으며**

느부갓네살은 다니엘의 공로를 인정하여 그에게 각종 선물을 지급하고 높은 지위를 부여했다.

이상의 내용에서 상급의 세 요소를 추출할 수 있는데, 그것은 **상급의 수여자, 상급 수여의 근거, 상급의 내용**이다. 상급의 수여자는 문자 그대로 상급을 수여하는 주체를 말한다. 상급 수여의 근거는 왜 수상자가 이런 상을 받게 되었는지에 대한 것으로서, 상장에 명기가 되곤 한다. 상급의 내용은 수상자에게 주어지는 구체적인 품목으로서 상금, 지위, 특권 등을 말한다. 이 세 요소를 다니엘의 상급과 연관해 보면, 상급의 수여자는 느부갓네살이요, 상급 수요의 근거는 은밀한 것에 대한 인지 능력이며, 상급의 내용은 예물, 향품, 높은 지위라고 할 수 있다.

상급의 3요소를 좀 더 확실히 깨닫기 위하여 상이 수여되는 몇 가지 계기를 소개하고, 다니엘의 경우를 함께 포함시켜 비교해 보겠다. (오른쪽 표를 참고하라.)

▽ **세 요소 사이의 비중**

상급의 3요소—상급의 수여자, 상급 수여의 근거, 상급의

3요소 계기	상급의 수여자	상급 수여의 근거	상급의 내용
졸업식 시상	대학의 총장	4개년간 성적 최우수	상패, 석사 과정 장학금 지급
신춘 문예 당선	비평가 협회	최우수 소설 창작	상금, 신인 작가로 등단
월드컵 대회	국제축구연맹 (FIFA)	결승전에서의 승리	우승배, 상금, 군복무 면제
다니엘의 경험	느부갓네살	은밀한 것에 대한 인지 능력	선물, 높은 지위

내용—에서 가장 중요한 요소는 무엇일까? 타락한 세상일수록 상급의 수여자나 상급 수여의 근거에는 아랑곳하지 않고 주로 상급의 내용에만 치우치는 것 같다. 예를 들어, 복권에 당첨된 경우를 생각해 보자. 당첨자는 그 상금을 누가 주는지 전혀 알지도 못하고 관심도 없다(상급 수여자에 대해 상관하지 않음). 또 그 당첨자가 그런 상금을 받게 되는 것은 그 자신이 가진 어떤 장점이나 근면한 노력, 재능의 발전 등과 아무런 상관이 없다. 그는 그저 우연히 어떤 복권을 구입했고 그로 인해 행운이 굴러 들어온 것일 따름이다(상급 수여의 근거 결여). 그에게 중요한 것은 단지 상금일 뿐이다(상급의 내용에 대한 집착).

하지만 여전히 사람들이 고귀하게 생각하는 상의 계기는

상급의 내용보다는 '수여자'와 '근거'에 대한 것이다. 노벨 물리학상이 대단한 이유는 그에 따르는 상금 때문이 아니라 노벨상 위원회가 수상자의 실력과 공적을 인정했다는 데 있다. 유전자 조작 식품에 대한 논문이 〈네이처〉에 게재되었을 때, 그 전문지의 편집인이 논문 작성자의 학문적 수준을 인정했다는 데 의의가 있지, 그 논문으로 받게 되는 상금에 있는 것이 아니다. 그렇다면 이 세상의 삶에서도 상급의 중요한 요소는 '상급의 수여자' 및 '수여의 근거'이지 결코 '상급의 내용'이 아님을 알 수 있다.

▽ 천국에서의 상급과 3요소

그렇다면 천국에서 받는 상급의 경우는 어떠한가? 여기에서도 상급의 3요소를 찾아볼 수 있다. 상급의 수여자는 두말할 나위 없이 하나님이시다. 상급 수여의 근거는 그리스도인들이 이 땅에서 행한 바—하나님을 기쁘시게 하기 위한 겸허한 노력과 수고, 은사의 성실한 계발, 죽도록 충성하는 자세, 복음과 하나님의 나라를 위한 고난 등—에 대한 하나님의 평가이다. 상급의 내용은 천국에서 누리게 될 구체적 은택이다.

이 가운데 어떤 요소가 가장 중요할까? 그것은 단연코 '상급 수여자'(및 '상급 수여의 근거')이다. 왜 그런가?

첫째, 우리에게 상급을 베푸시는 수여자가 가장 위대하고 놀라운 분이기 때문이다. 우리의 수고와 노력을 알아주는 이가 매우 신분이 낮은 인물이라고 하자. 그것도 어느 정도 우리에게 기쁨이 될 것이다. 그러나 그 인식자가 정부 요직에 있는 세도가나 전문 영역의 일인자일 때 우리의 기쁨은 엄청날 것이다. 우리는 속으로 '아니, 이런 대단한 인물이 나의 수고와 노력을 알아주다니…' 하며 감격에 젖을 것이다. 하물며 하나님께서 그렇게 인정해 주실 때의 감격이란?! 하나님은 그 권세와 영광이 뛰어나시고 그 무엇과도 비할 바 없는 주권자이시며 만유의 통치자이시다. 그런 분이 나를 인정해 주실 때 그것보다 더한 즐거움이 어디 있겠는가?

둘째, 상급을 베푸시는 그 하나님은 동시에 나를 사랑하시고 나를 지극히 아끼시는 그런 분이기 때문이다. 그분은 나를 위해 목숨을 버리셨고 나를 위해 다시 살아나신 그런 분이다. 그가 단지 권능자로서 나의 수고와 노력을 알아주시는 것만 해도 대단한데, 나를 그토록 사랑하시고 아끼는 분으로서 나의 수고와 노력을 알아주신다고 할 때, 우리의 즐거움과 쾌락은 상상의 범위를 초월하는 수준의 것이 된다.

바로 이렇게 어떤 수여자가 우리의 수고와 노력을 인정해 주느냐 하는 것이 천국 상급의 핵심이다. 천국의 상급은 우리가 하늘과 새 땅에서 누리는 어떤 실제적 유익에 있지 않다. 이 세상에서도 상급의 내용에 집착하는 것은 저급한 수준임을 이미 밝힌 바 있다. 하물며 천국에서겠는가? 이 세상에서 우리가 귀하게 여기는 상금, 선물, 지위 등은 새 하늘과 새 땅에서 아무런 가치를 발휘하지 못할 것이다. 그러므로 상급의 핵심과 본질적 특징은 "어떤 인물, 곧 상급 수여자의 인정"에 있다.[12]

두 종류의 차등 상급론

▽ 두 종류에 대한 설명

바로 이 시점에서 나는 차등 상급론에도 두 종류가 있음을 밝히고자 한다. 두 종류의 차등 상급론은, 상급의 3요소 가운데 어떤 것이 중요한지에 대한 견해 차이로 생겼다. 나의 주장과 같이 상급의 본질적 특징을 주로 '수여자'와 '근거'에서 찾으면, **신神 인정적認定的 차등 상급론**이 형성된다. 이 입장은 상급의 핵심이 하나님의 인정과 칭찬에 있다고 본다.

이와 달리 어떤 이들은 비록 상급의 수여자와 수여 근거가 중요하다고 하면서도 실제로는 '상급의 내용'에 더 큰 비중을 둔다. 이들의 입장을 가리켜 나는 **유익 집착적 차등 상급론**이라 부르고자 한다. 왜냐하면 이 입장의 주창자들은 하나같이 그리스도인이 천국에서 실제적으로 누리게 될 인간 중심적 유익을 중시하기 때문이다.

유익 집착적 차등 상급론자들은 (1) 상급의 차이를 단지 하나님으로부터 경험하는 인정과 칭찬의 차이에 국한시키지 않고 그리스도인이 수여받는다고 여기는 실제적 상급 내용—
은사, 권세, 거주지, 부활의 몸 등—의 차이까지도 포함한다고
생각한다. (2) 또 이러한 상급 내용에서의 차이 때문에 그리스
도인들 사이에는 어떤 조건/상태에서 서로 간에 차별이 생긴
다고 본다. (3) 그뿐만 아니라 이러한 차별은 초기적이거나 일
시적인 것이 아니고 항구적인 것이라고 주장한다.

▽   유익 집착적 차등 상급론: 비판적 검토

그러면 과연 유익 집착적 차등 상급론은 성경의 지지를
받을 수 있는가? 그들은 그들 나름대로 확신 있게 "그렇다"고
답변하면서, 몇 가지 지지 구절을 내세운다. 이제 나는 그 구절
들이 과연 유익 집착적 차등 상급론을 지지할 수 있는지 하나
씩 살펴보고자 한다.

(1) 달란트 비유

먼저, 유익 집착적 차등 상급론자들이 가장 우선시하는 구
절을 살펴보자.

마 25:21, 28-29 [21]그 주인이 이르되, "잘하였도다! 착하고 충성된 종
아! 네가 적은 일에 충성하였으매 **내가 많은 것을 네게 맡기리니** 네
주인의 즐거움에 참여할지어다" 하고 ⋯ [28]그에게서 **그 한 달란트
를 빼앗아 열 달란트 가진 자에게 주라.** [29]**무릇 있는 자는 받아 풍족하**

게 되고 없는 자는 그 있는 것까지 빼앗기리라.

유익 집착적 차등 상급론자들은 종들이 최종적으로 소유한 달란트의 수효가 차등 상급론을 지지해 주고, 또 이런 차등적 상태는 영구적이라고 주장한다. 나는 이들의 성경 해석 내용 두 가지가 모두 그릇되었다고 생각하는데, 우선 달란트의 수효는 상급의 차등성을 설명하는 데 아무런 도움이 되지 않는다. 왜냐하면 이 종들은 처음부터 서로 다른 수효의 달란트를 부여받았기 때문이다. 그러므로 이 비유의 주목적은 상급의 차등성을 설명하는 데 있지 않고 '상급을 받는 근거가 무엇인지' 밝히는 데 있다. 그런데 이러한 상급 수여의 근거는 부여받은 달란트의 수효와 상관없이 그가 얼마나 착하고 충성된 노력을 기울였느냐 하는 것이다. 이런 점에서 다섯 달란트 받은 종이나 두 달란트 받은 종이나 동일한 상급을 받는 것이라고 할 수 있다.[13]

동시에 이 비유에 나타나는 최종적 달란트의 수효는 상급의 근거를 설명하기 위한 임시방편적 수단으로 받아들여야 한다. 이런 수효의 차이로부터 신자 사이의 차등적 상태가 영구적이라고 주장하는 것은 본문의 의도를 벗어나는 억해抑解, eisgesis라고 판정할 수밖에 없다. 물론 신자 사이에 상급의 차등성이 존재하는 것은 사실이다. (그러나 이 비유에서 그 내용을 도출해 낼 수는 없다.) 그런데 그 차등성의 핵심은 하나님의 칭찬과 인정을 크게 받느냐 적게 받느냐이지, 신자들이 천국에서 향유하는 은택과 관련해 어떤 영구적인 상태의 차이가 존재한다는 말은 아니다.

(2) 므나 비유

이제 유익 집착적 차등 상급론의 근거로 제시되는 또 다른 구절을 검토해 보자.

> **눅 19:17, 19** [17]주인이 이르되, "잘하였다. 착한 종이여! 네가 지극히 작은 것에 충성하였으니 **열 고을을 권세를 차지하라**" 하고 … [19]주인이 그에게도 이르되, "너도 **다섯 고을을 차지하라**" 하고

므나의 비유는 달란트의 비유와 유사해 보임에도 불구하고 실제로는 전혀 별개의 배경, 내용, 목적을 가지고 있다. 이 비유는 분명 차등 상급론을 가르친다. 열 명의 종들은 모두 동일하게 한 므나—한 달의 품삯으로서 60므나는 한 달란트에 해당함—를 받았지만, 각자의 노력에 의해 열 므나를 남기기도 하고눅 19:16, 다섯 므나를 남기기도 했으며눅 19:18, 한 므나 그대로 둔 종도 있었다눅 19:20. 왕으로 돌아온 주인은 열 므나를 만든 종에게는 열 고을을 상급으로 주고17절, 다섯 므나를 만든 종에게는 다섯 고을을 상급으로 주었다19절. 이 비유에서는 달란트의 비유와 달리 상급의 차이를 수량적으로 제시하고

있다. 그러나 어쨌든 각자의 노력과 수고에 따라 상급에 차이가 있음을 가르친다.

그런데 므나의 비유에 나타난 교훈으로부터 유익 집착적 차등 상급론까지도 도출할 수 있을까? 언뜻 보기에는 그럴 것 같다. 왜냐하면 열 고을을 다스리는 권세와 다섯 고을을 다스리는 권세는 그리스도인들 사이에 그저 신적 인정과 칭찬의 차이 정도가 아니라 그들이 구체적으로 누리게 될 실제적 유익의 차이까지도 가르치는 것처럼 보이기 때문이다. 그러나 차등 상급의 교훈을 찬찬히 살펴보면, 그 교훈이 기초하고 있는 "열 고을", "다섯 고을"의 다스림이란 사실적인 것이 아니고 차등적 상급 이론을 부각시키기 위한 비유적 수단에 지나지 않음을 알 수 있다.

왜 그런가? 두 가지 이유를 제시할 수 있다. 첫째, 고을을 다스리는 일은 죄와 심판 및 징벌을 포함하는데 이것은 천국의 삶과 맞지 않는다. 고을을 다스린다는 것은 정치적·행정적·사법적 권세를 동반한다. 쉽게 말해 '심판'롬 13:2, '악을 행하는 자'에 대한 보응롬 13:4, '칼'롬 13:4 등이 포함된다는 말이다. 그러나 천국에서는 그 거주민에게서 죄성을 찾아볼 수 없기 때문에 죄 된 행위가 발생하지 않고, 따라서 '심판', '무력의 행사', '위협', '악행', '징벌' 등의 조치가 요구되지 않을 것이다. 둘째, 천국에서는 주님의 직접적 통치가 이루어질 것이므로 인간 권세자를 필요로 하지 않는다. 새 하늘과 새 땅에서는

"세상 나라가 우리 주와 그의 그리스도의 나라가 되어 그가 세세토록 왕 노릇"할 것계 11:15으로 되어 있는데, 이는 그리스도께서 그의 백성을 직접 다스리시기 때문에 더 이상 인간 권세자가 중간에 끼어들지 않을 것임을 함의하고 있다. 이런 이유들로 천국에서는 고을을 다스리는 일이 없을 것이다.

따라서 이 표현들은 상급의 차등성을 나타내기 위한 하나의 비유에 지나지 않음을 알 수 있다. 므나의 비유에 등장하는 "어떤 귀인"눅 19:12이 후에 왕위를 부여받는 존재이므로, 그런 존재에 걸맞은 상급 형태를 찾다 보니 그 당시의 왕에게 일어나기도 했던, 곧 고을을 맡기는 일을 채택하게 된 것이다. 따라서 므나의 비유에서 상급의 차등 이론은 도출할 수 있지만 유익 집착적 차등 상급론까지 끌어내는 것은 무리라고 하겠다.

Ⅴ 한국 교회의 상황

한국 교회 내에서 유익 집착적 차등 상급론의 근거로 가장 많이 유행하는 구절은 아마도 요한복음 14장 2절일 것이다.

요 14:2 내 아버지 집에 거할 곳이 많도다. 그렇지 않으면 너희에게 일렀으리라. 내가 너희를 위하여 거처를 예비하러 가노니

그들의 주장인즉, 천국에는 공간의 크기와 화려함이 서로 다른 여러 형태의 거주지가 존재하는데, 큰 상급의 수여자일

수록 조건이 좋은 집에 살게 되고 그렇지 못한 이들일수록 평범하거나 보잘것없는 집에 살게 된다고 한다. 그러나 이 구절은 그러한 차등적 거주지에 대해 전혀 힌트조차 주지 않는다. '거할 곳이 많다는 것'은 천국의 충분한 수용 능력을 말하는 것이지 여러 종류의 차등적 거주지가 마련되어 있다는 뜻은 아니다.

또 어떤 목회자는 다음과 같은 구절로부터 유익 집착적 차등 상급론을 정당화하기도 한다.

> 히 11:35 여자들은 자기의 죽은 자들을 부활로 받아들이기도 하며 또 어떤 이들은 **더 좋은 부활**을 얻고자 하여 심한 고문을 받되 구차히 풀려나기를 원하지 아니하였으며

이 구절에 "더 좋은 부활"이라는 어구가 등장하기 때문에 그들은 '좋은 부활'과 '더 좋은 부활'을 구분하고, 이 세상에서 열심히 일한—예를 들어 전도나 교회 봉사—이들에게는 "더 좋은 부활"(더 좋은 부활의 몸)이 주어진다는 식의 주장을 한다. 그러나 이러한 주장은 전혀 빗나간 해석으로부터 비롯된 것이다.

첫째, "더 좋은 부활"에서 비교하고자 하는 대상은 현재 겪는 고난의 삶이지 부활체끼리의 비교가 아니다. 가령 우리가 "더 나은 미래를 향하여 나아가자!"라고 말할 때, 아무도

미래 가운데 '나은 미래'와 '더 나은 미래' 두 종류가 있다고는 생각지 않는다. '더 나은'이 비교하고자 하는 대상은 현재의 상태이다. 그렇다면 이 표현이 나타내고자 하는 것은 '(현재보다) 더 나은 미래'이다. 이와 똑같은 설명을 히브리서 11장 35절의 "더 좋은 부활"에도 적용해 볼 수 있다. 부활체 사이에 더 좋고 덜 좋고의 차이가 있는 것이 아니고, "(현재 겪는 고난의 실존보다) 더 좋은 부활"이 있다고 말하는 것이다.

둘째, 신자의 부활체 사이에는 차등이 존재하지 않는다. 예를 들어, 고린도전서 15장 42-44절에는 현재의 몸과 부활의 몸 사이에 존재하는 대조점—썩을 것과 썩지 아니할 것42절, 욕된 것과 영광스러운 것43절, 약한 것과 강한 것43절, 육의 몸과 영의 몸44절—에 대해서만 언급을 하고 있지, 결코 부활의 몸들 사이에 무슨 차등이 존재한다는 식으로는 말하지 않는다. 따라서 히브리서 11장 35절에 기초하여 유익 집착적 차등 상급설을 개진할 수는 없다.

그러므로 나는 유익 집착적 차등 상급설이 성경적으로 결코 정당화될 수 없는 이론이라고 생각한다.

상급론에 대한 합당한 태도

지금까지 등장한 여러 갈래의 상급론을 종합적으로 정리해 보자. 표로 나타내면 다음과 같다.

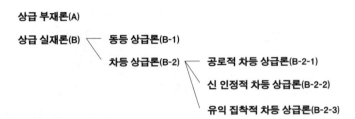

상급 부재론(A)
상급 실재론(B) ─── 동등 상급론(B-1)
　　　　　　　　　차등 상급론(B-2) ─── 공로적 차등 상급론(B-2-1)
　　　　　　　　　　　　　　　　　　신 인정적 차등 상급론(B-2-2)
　　　　　　　　　　　　　　　　　　유익 집착적 차등 상급론(B-2-3)

상급 부재론(A)은 성경에 상급 교리를 정당화할 만한 가르침이 존재하지 않는다는 입장이다. 이 입장은 모든 상급론은 공로적이라든지, 성경의 용어를 제대로 파악하면 상급론이 성립될 수 없다든지 하는 모종의 오해 때문에 생긴 것이다.

상급 실재론(B)은 상급 교리를 형성할 수 있는 가르침과 데이터가 성경에 충분하다고 보는 입장이다. 그런데 상급 실재론은 다시 두 가지로 나뉜다. **동등 상급론**(B-1)은 구원과 상급이 동일하다든지 또는 모든 그리스도인이 똑같은 상급을 받게 된다든지 하는 입장이다. 이에 반해 **차등 상급론**(B-2)은 상급이 구원에 부가하여 주어지는 것이고, 그리스도인들 사이에 상급의 차이가 존재한다고 주장한다.

하지만 차등 상급론 내에도 몇 가지 갈래가 존재한다. **공로적 차등 상급론**(B-2-1)은 주로 로마 가톨릭의 공로관과 연관된 것이고 **신 인정적 차등 상급론**(B-2-2)은 상급의 핵심을 하나님의 인정과 칭찬에서 찾기 때문에, 그런 의미에서 그리스도인 사이에 상급의 차이가 존재한다고 보는 견해이다. **유익 집착적 차등 상급론**(B-2-3)은 그리스도인들 사이에 존재하는 상급의 차이가 그리스도인의 영적 상태나 조건에서 항구적인 차별을 만들어 낸다고 생각한다.

앞에서도 밝혔듯이 나는 이 여러 이론 가운데 신 인정적 차등 상급론(B-2-2)을 지지한다. 이 상급론이야말로 성경의 전폭적 인증을 받을 수 있을 뿐만 아니라, 이 세상의 고난과 역경 가운데에서도 주님을 바라보며 수고와 노력을 아끼지 않도록, 우리의 상급관이 공로적이거나 인간 본위적이 되지 않게 자극하는 건실한 입장이기 때문이다.

주
註

1. 기복 신앙은 무엇이 문제인가?

1) 예를 들어, 북미에서도 형통 신학(prosperity doctrine)의 문제점을 지적한 책이 몇 권 출간되었다. Bruce Barron, *The Health and Wealth Gospel* (Downers Grove, Illinois: InterVarsity Press, 1987); D. R. McConnell, *A Different Gospel*, updated ed. (Peabody, Massachusetts: Hendrickson Publishers Inc., 1995); Gordon D. Fee, *The Disease of the Health and Wealth Gospels* (Vancouver, British Columbia: Regent College Publishing, 2006).

2) 조직신학의 표현을 빌리자면, 이 복들은 그리스도께서 성취하신 구속 사역의 열매들을 성령께서 신자에게 적용시키는 바로서, 이른바 "구원의 서정(序程)" 에 포함된 각 항목들─'부르심', '중생', '회심', '믿음', '칭의', '성화', '성도의 견인' 등─을 말한다[Louis Berkhof, *Systematic Theology* (Edinburgh: The Banner of Truth Trust, 1958), pp. 416-417].

3) 이와 관련한 심층적 논의를 위해서는 송인규, 《성경의 적용》(서울: 부흥과개혁사, 2017), pp. 168-172를 참조하라.

4) 비록 요한삼서 1장 2절에 대한 해석은 아니지만 크리스토퍼 미첼(Christopher Wright Mitchell)의 말은 의미심장하다. "인사(greeting)는 의미 수반 발화 행위(illocutionary speech act)이다. … '샬롬'이나 심지어 '여호와께서 복 주시기를!' 식의 신기원적(神祈願的) 인사를 발한 사람이라 할지라도, 그것 때문에

상대방이 갑자기 어떤 번영이나 기타 은택을 획득하리라고 기대하지는 않는다. 인사란 진술한 바를 실현화할 목적으로 행해지는 그런 것이 아니다"[*The Meaning of BRK "To Bless" in the Old Testament* (Atlanta, Georgia: Scholars Press, 1987), p. 177].

5) 이때 다음과 같은 질문이 제기될 수 있다. "물질적 은택 역시 하나님의 복이라고 인정한다면, 결국 기복 신앙의 추구자와 참된 복의 주창자 사이에 아무런 차이가 없다는 뜻이 아닌가?" 하지만 그렇지 않다. 두 가지 면에서 차이점을 말할 수 있다. 첫째, 복의 핵심을 무엇으로 아느냐에 따라 차이가 있다. 기복 신앙을 따르는 이들은 물질적 은택을 복의 핵심으로(이론적으로든 심리적으로든) 내세우지만, 참된 복을 추구하는 이들은 구원의 복들만이 그 핵심이라고 주장한다. 둘째, 물질적 은택에 대한 마음의 지향 양태에서 차이가 있다. 기복 신앙에 동조하는 이들은 처음부터 물질적 은택을 **목표로 하여** 신앙생활을 영위하지만, 참된 복을 갈구하는 이들은 구원의 복들에만 착념하고 혹시 물질적 은택이 발생하면 그때에 가서야 그것도 하나님께서 주신 복의 일부라고 **결과론적으로** 인정한다.

2. 교회당은 성전인가?

1) 1장에서 다룬 '복'의 경우, 내용은 '하나님의 호의'이고 형식은 '물질적 은택'이었다. 다시 말해 구약 시대에는 하나님의 호의가 필연적으로 물질의 은택을 통해서 표현되었다. 이렇게 내용과 형식 사이의 본질적 연접 현상은 구약 특유의 것이다.

2) 이러한 태도는 심지어 오늘날—유대인들은 로마 장수 티투스(Titus)의 공략 때문에 주후 70년 이래, 스룹바벨에 의해 건조된(그리고 헤롯에 의해 84년에

걸쳐 보수된) 제2차 성전을 잃었다—에도 경건한 유대인들 가운데에서 찾아

볼 수 있다. 한 유대인 학자는 머지않은 장래에 제3의 성전이 건축되기를 기

다리며 준비해야 한다고 주장한다[Joshua Berman, *The Temple: Its*

Symbolism and Meaning Then and Now (New Jersey: Jason Aronson Inc.,

1995), pp. 203-208].

3) 어떤 신학자는 신약에 나타난 장막과 성전의 표상(imagery)이 구약처럼 나무

와 돌의 구조물 개념이 아니요, "새 성전은 성령께서 그리스도인 개인 안에 임

재하시는 것(고전 6:19), 회중 가운데 임재하시는 것(고전 3:16, 17), 또 교회

전체에 임재하시는 것(엡 2:21)으로 구성된다"[Paul M. Zehr, *God Dwells*

with His People (Scottdale, Pennsylvania: Herald Press, 1981), p. 155]고

함으로써 성령의 내주에서 개인·회중·전 교회라는 세 가지 차원의 임재를 구

별하기도 한다.

3. 목회자는 구약 시대의 제사장 같은 존재인가?

1) 구약에서는 선지자들이 기름 부음을 받는 예가 매우 드물게 나타난다. 이사야

61장 1절도 메시아적 해석에 앞서 이사야가 선지자로서 친히 기름 부음을 받

은 내용이라 주장할 수 있지만, 문제는 이 경우의 기름 부음 받음이 성령의 강

림을 비유적으로 말하고 있다는 것이다. 선지자가 기름 부음을 받는 일이 매

우 적은 것에 대해서는 다음과 같은 두 가지 설명이 가능하다. 첫째, 선지자는

제사장이나 왕처럼 세습직이 아니기 때문에 공식적 인준의 계기를 마련하기

가 쉽지 않았을 것이다. 둘째, 제사장이나 왕은 일단 임직의 예식 후—즉 기름

부음을 받고 나서—공식적 사역을 시작하지만, 선지자의 경우는 그가 어떤 사

역을 시작했으면 이미 선지자로서의 임직이 전제된 것이므로(이미 여호와의

말씀을 받았다는 뜻이므로), 기름 부음을 받는 의식이 큰 의미를 갖지 못했을 것이다. 엘리사의 경우에는 그가 여러 선지 생도들 가운데 엘리야의 후계자로 발탁된다는 의미가 명실공히 밝혀져야 했기 때문에, 기름 부음을 받는 일이 공적으로 필요했다고 볼 수 있다.

2) "중보 기도는 탁월한 인물들에게만 해당되는 것으로 여기는데, 그들은 하나님께서 할당하신 선지자, 제사장, 왕이라는 직책 덕분에 기도에서 **하나님과 인간 사이에 중보자로서 독특한 능력을 보유하고 있었던 것이다**." [J. G. S. S. Thompson, "Prayer," *New Bible Dictionary*, 3rd ed., eds. I. Howard Marshall *et al.* (Leicester, England: InterVarsity Press, 1996), p. 948]. [강조는 인용자의 것]

4. 십일조는 오늘날에도 유효한 규례인가?

1) Meredith G. Kline, "Deuteronomy," in *The Wycliffe Bible Commentary*, eds. Charles F. Pfeiffer and Everett F. Harrison (Chicago: Moody Press, 1962), p. 174.

2) Matthew Poole, *A Commentary on the Holy Bible*, Vol. 1: *Genesis-Job* (London: The Banner of Truth Trust, 1962 reprint), p. 364.

3) Paul Levertoff는 이것이 Flavius Josephus(37?-100?) 등 전통적 유대인의 견해라고 밝힌다["Tithe," *The International Standard Bible Encyclopedia*, Vol. IV: *Pelet-Zuzim*, ed. James Orr (Grand Rapids, Michigan: William. B. Eerdmans Publishing Company, 1956), p. 2988].

4) Craig S. Keener, *The IVP Bible Background Commentary: New Testament* (Downers Grove, Illinois: InterVarsity Press, 1993), p. 109.

5) Francis W. Beare, *The Gospel According to Matthew* (Peabody, Massachusetts: Hendrickson Publishers, 1981), p. 455.

6) R. T. Kendall, *Tithing: A Call to Serious, Biblical Giving* (Grand Rapids, Michigan: Zondervan Publishing House, 1982), p. 32.

7) 위의 책, pp. 29-31.

8) 예를 들어 죄에 관한 설명(시 51:3-5)이나 사죄에 대한 묘사(시 32:1-2), 또 복의 본질에 대한 진술(시 73:28)이나 예수 그리스도에 대한 언급(시 110:4) 등은 구약에 기록되어 있지만 얼마든지 새 언약의 의미를 표명하는 것으로 볼 수 있다.

9) 어떤 이는 얼마 전에 살펴본 히브리서 7장 4-10절의 내용을 거론할지 모르겠다. 하지만 이것은 아브라함이 멜기세덱에게 전리품을 바친 역사적 사례—또 그것을 통해 멜기세덱의 반차를 좇은 대제사장 예수께서 아브라함의 후손 레위의 반차에 속한 대제사장들보다 우월함을 입증하려는 시도—일 따름이지, 결코 오늘날의 그리스도인들에게 십일조가 유효한 규례라는 것을 말하고 있지는 않다.

10) 오늘날 여러 지도자들은 모세 율법의 세 유형 구분 이론에 이의를 제기하곤 한다[Thomas R. Schreiner, *40 Questions about Christians and Biblical Law* (Grand Rapids, Michigan: Kregel Publications, 2010), pp. 89-94]. 물론 이 이론이 완벽하지는 않지만, 그렇다고 하여 이 구분 방식이 타당성과 유용성을 전혀 갖추지 않은 것처럼 여기는 것도 합당한 방침은 아니다.
실상 이 구분법은 교회 역사상 상당히 오래전부터 제시되거나 지지를 받아 왔다. 모세의 율법을 명확히 세 가지 유형으로 분류한 시도의 효시는 토마스 아퀴나스(Thomas Aquinas, 1225-1274)의 글(*Summa Theologica*, 2a, Question 99, Article 4)에서 발견된다. 종교개혁 당시 칼뱅(John Calvin, 1509-1564) 역시 이런 견해를 피력했다(*Institutes of the Christian Religion*,

Book IV, Chap. 20, Sec. 14). 이후 1646년에 작성된 《웨스트민스터 신앙고백》(19장 3-5항)은 이 구분법을 그대로 수용하여 오늘에 이르고 있다.

11) '성전'에 대해서는 2장의 내용을, '제사장'에 대해서는 3장의 내용을 참조하라.

12) 김인환, 《십일조 생활을 해야만 하는가?》(서울: 총신대학교출판부, 2001), pp. 263-291.

13) Joel P. Parker, *Tithing in the Age of Grace* (Victoria, British Columbia: Trafford Publishing, 2003), pp. 12-13.

14) 종교개혁자들은 '율법'에 세 가지 용도가 있다는 것을 깨닫게 되었다. 첫째 용도는 율법이 시민적 의(civil righteousness)를 고양함으로써 건전한 사회 생활의 지침 노릇을 한다는 것이다. 둘째 용도는 율법이 죄인들을 정죄함으로써 그리스도에게로 향하도록 만드는 역할에 관한 것이다. 셋째 용도는 율법이 이미 그리스도인이 된 이들에 대해 거룩한 삶을 추구하도록 표준을 제공한다는 것이다. 율법의 세 가지 용도가 무엇인지 자세히 알기 원하면, 권호덕, 《율법의 세 가지 용도와 그 사회적 적용》(서울: 도서출판 그리심, 2003), pp. 53-100의 내용을 참조하라.

5. 어떻게 하나님의 음성을 들을 수 있는가?

1) 고려대학교 민족문화연구원 국어사전편찬실 편, 《고려대 한국어대사전: ㅂ~ㅇ》(서울: 고려대학교 민족문화연구원, 2009), p. 4887.

2) 이곳에서의 "소리"는 물리적인 움직임을 말하는 'sound'가 아니고 '부르는 소리'라는 뜻의 'call'이다. 개역한글판에는 이 단어가 '소리' 대신 "음성"으로 번역되어 있다.

3) Joyce Huggett는 남편의 친구인 Jim과 연관하여 비슷한 이야기를 들려준다

[Joyce Huggett, *The Joy of Listening to God* (Downers Grove, Illinois: InterVarsity Press, 1983), p. 22]. Jim은 하나님께서 Jenny라는 여성과 결혼하도록 말씀하셨다고 Huggett 부부에게 편지를 썼다. 그런데 실은 Jenny는 Geoff와 결혼을 한 터였다. 이 경우 Jim이 들었다는 하나님의 음성이 바로 모순형 음성에 해당한다.

4) Dietrich Bonhoeffer, *Meditating on the Word*, 2nd ed., ed. and trans. David McI. Gracie (Cambridge, Massachusetts: Cowley Publications, 2000), p. 87.

5) 이에 해당하는 사례로 이장림 목사의 1992년 그리스도 재림설을 들 수 있다. 좀 더 자세한 해설을 위해서는 송인규, 《성경의 적용: 말씀과 삶이 교차하다》 (서울: 부흥과개혁사, 2017), pp. 234-238을 보라.

6) E. Stanley Jones, *A Song of Ascents: A Spiritual Autobiography* (Nashville: Abingdon Press, 1968), p. 191. (《순례자의 노래》 복있는사람)

7) J. I. Packer, *God's Words: Studies of Key Bible Themes* (Downers Grove, Illinois: InterVarsity Press, 1981), p. 39.

6. 세상의 소금과 빛이 된다는 것은 무엇인가?

1) 이하의 내용은, 송인규, "직분자여, 세상의 소금과 빛이 되라," 《한국 교회와 직분자: 직분제도와 역할》(서울: 한국기독학생회출판부, 2013), pp. 133-211 중에 pp. 169-190의 내용을 축약한 것이다.

2) Larry G. Herr, "Salt," *The International Standard Bible Encyclopedia*, Vol. 4: *Q-Z*, rev. ed., ed. Geoffrey W. Bromiley (Grand Rapids, Michigan: William B. Eerdmans Publishing Company, 1988), p. 286.

3) R. K. Harrison, "Salt," *New Bible Dictionary*, 3rd ed., eds. I. Howard Marshall *et al.* (Leicester, England: InterVarsity Press, 1996), p. 1046.

4) 어떤 이들은 소금의 '조미' 기능을 더 우선적인 것으로 여긴다[cf. John H. Bratt, "Salt," *The Zondervan Pictorial Encyclopedia of the Bible*, Vol. 5: *Q-Z*, ed. Merrill C. Tenney (Grand Rapids, Michigan: Zondervan Publishing House, 1976), p. 220]. 그러나 나는 William Hendriksen, *New Testament Commentary: Exposition of the Gospel According to Matthew* (Grand Rapids, Michigan: Baker Academic, 2007), p. 282를 좇아 부패 방지를 소금의 일차적 기능으로 보고자 한다.

5) 그러나 모든 학자가 이에 동의하는 것은 아니다. 다른 해석에는 두 가지가 있다. 첫째, 소금의 역할을 상징적 의미, 곧 하나님과 맺은 언약의 영속성에서 찾는다. 그들의 설명에 의하면, 제물들은 먹기 위한 것이지 보존하기 위한 것이 아니었고 소제물의 경우(레 2:13)에는 더군다나 더 보존이 필요하지 않았기 때문에, 소금의 투여가 부패 방지와는 아무 상관이 없다는 것이다[Norman Hillyer, "Salt," *The New International Dictionary of New Testament Theology*, Vol. 3: *Pri-Z*, ed. Colin Brown (Grand Rapids, Michigan: Zondervan Publishing House, 1978), p. 445]. 둘째, 제물에 소금을 넣은 것은 소제물(레 2:13)이든 번제물(겔 43:24)이든 맛을 돋우기 위한 조미 효과 때문이라는 견해가 있다(John H. Bratt, "Salt," p. 220; Larry G. Herr, "Salt," p. 286). 그러나 위의 구절들에 대해 어떤 해석 입장을 취하든지 내 논지에는 영향을 끼치지 않는다.

6) Norman Hillyer, "Salt," p. 445.

7) 역시 이에 대해서도 견해를 달리하여, 소금의 역할을 조미 효과에서 찾는 학자도 있다(John H. Bratt, p. 220).

8) John H. Bratt, p. 220; Larry G. Herr, p. 286. 물론 다른 해석도 있음은 조금

전에 밝힌 바와 같다.

9) Edward Bagby Pollard, "Covenant of Salt," *The International Standard Bible Encyclopedia*, Vol. 1: *A-D*, rev. ed., ed. Geoffrey W. Bromiley (Grand Rapids, Michigan: William B. Eerdmans Publishing Company, 1979), p. 794.

10) 비록 언약의 항구성을 나타내는 것은 아니지만, 어쨌든 언약을 상기시키는 소금 사용의 예로서 엘리사가 여리고 성읍의 물 근원을 고치기 위해 시도한 소금 투여 행위(왕하 2:20-21)를 거론할 수 있다. 결국 물이 고침을 받은 것은 소금에 무슨 마술적 능력이 있어서가 아니고 "여호와께서 이 물을 고쳤다"라는 언명에 나타나 있듯 전적으로 하나님의 은혜로운 역사 때문이었다. 이때 소금은 단지 여호와 하나님의 언약적 성실성을 상징하기 위한 수단으로 사용된 것이다[Kenneth Barker, ed., *The NIV Study Bible* (Grand Rapids, Michigan: Zondervan, 2011), p. 571 (notes on 2 Ki 2:21)].

11) John H. Bratt, p. 220.

12) Larry G. Herr, p. 286.

13) 위의 책.

14) 어떤 이는 소금이 죽음, 황량, 절망 등을 상징하기도 한다(신 29:23; 시 107:34; 겔 47:11; 습 2:9)고 지적했다["Salt," *Dictionary of Biblical Imagery*, eds. Leland Ryken, James C. Wilhoit, Tremper Longman III (Downers Grove, Illinois: InterVarsity Press, 1998), p. 752]. 그러나 이러한 부정적 이미지는 소금 자체에 대한 것이 아니고 소금이 형성되어 있는 자연 환경을 염두에 둔 것이다. 또 어떤 이는 아비멜렉이 세겜 성을 헐고 소금을 뿌린 것(삿 9:45)이 불모와 황폐를 기원하는 저주의 행위라고 해석하는데(Norman Hillyer, p. 444), 그 때문에 이 역시 소금이 부정적 상징물로 사용된 예라고 생각할지 모르겠다. 그러나 이 저주의 핵심 논점은, 소금으로 인해 불모의 사태가 발생하기를 기원하는 데 있지 않고, 소금이 발견되는 지리적·생태적 환

경이 도래하기를 바란다는 데 있다.

15) Larry G. Herr, p. 286.

16) John H. Bratt, p. 220.

17) William Hendricksen은 R. C. H. Lenski, J. Schniewind, F. W. Grosheide 등의 학자가 이런 견해를 취한다고 말한다(*New Testament Commentary: Exposition of the Gospel According to Matthew*, p. 283, footnote 274). 그러나 Hendricksen은 이 견해에 반대한다.

18) 이런 사례들에 대한 구체적 설명이 Henry Alford, *Alford's Greek Testament: An Exegetical and Critical Commentary*, Vol. 1, Part 1: *Matthew-Mark* (Grand Rapids, Michigan: Guardian Press, 1976 reprint), p. 40 및 Norman Hillyer, p. 446에 나타나 있다.

19) Henry Alford, 위의 책.

20) 위의 책.

21) Norman Hillyer, p. 446.

22) D. Martyn Lloyd-Jones, *Studies in the Sermon on the Mount*, Vol. 1 (London: InterVarsity Press, 1959), p. 151.

23) David Brown, *A Commentary Critical, Experimental, and Practical on the Old and New Testaments*, Vol. 3, Pt. 1: *Matthew-John* (Grand Rapids, Michigan: William B. Eerdmans Publishing Company, 1993 reprint), p. 29.

24) John R. W. Stott, *The Message of the Sermon on the Mount (Matthew 5-7): Christian Counter-Culture* (Leicester, England: InterVarsity Press, 1978), p. 59.

25) "Light," *Dictionary of Biblical Imagery*, p. 510.

26) 물론 등불을 켜 둔 더 큰 목적은 그 등불이 하나님의 임재를 상징하도록 하기 위함이었다[Harvey J. S. Blaney, "Light," *The Zondervan Pictorial*

Encyclopedia of the Bible, Vol. 3: *H-L*, ed. Merrill C. Tenney (Grand Rapids, Michigan: Zondervan Publishing House, 1976), p. 932].

27) 이것은 특히 팔레스타인 지방의 가옥 구조와 관련하여 언급할 수 있다. 이 지방의 가옥들은 내부가 매우 어두웠는데, 그 이유인즉 집 안에 빛을 통과시키는 장치라고는 보통 직경이 50센티미터를 채 넘지 않는 작은 원형 창 하나밖에 설치되어 있지 않았기 때문이다[William Barclay, *The Gospel of Matthew*, Vol. 1, rev. ed. (Philadelphia: The Westminster Press, 1975), p. 123].

28) Harvey J. S. Blaney, 위의 책.

29) Matthew Poole, *A Commentary on the Holy Bible*, Vol. 3: *Matthew-Revelation* (London: The Banner of Truth Trust, 1963 reprint), p. 930.

30) 이사야서의 후반부에 나타나는 네 단락(42:1-4, 49:1-6, 50:4-9, 52:13-53:12)은 보통 "종의 노래"(Servant Songs)라고 불린다. 그런데 이 구절들에 나타나는 "종"(servant)의 정체에 대해서는 다양한 해석이 존재한다. 신약의 성취를 고려하면 이 "종"이 분명 메시아이신 예수 그리스도를 가리키는 것이지만(사 42:1-3=마 12:18-21; 사 52:13-53:12=마 8:17 등), 동시에 (특히 그 당시로서는) 이스라엘을 지칭하는 것으로서도 보아야 할 것이다[David F. Payne, "Isaiah," in *The International Bible Commentary*, rev. ed., ed. F. F. Bruce (Grand Rapids, Michigan: Zondervan Publishing House, 1986), p. 716].

31) "눈을 밝게 하다"라는 어구를 좀 더 자구적으로 바꾼다면 "눈에 빛을 주다(to give light to the eyes"(NIV)가 된다.

32) 이 경우 어둠은 "너희를 위하여 보물을 땅에 쌓아 두는"(마 6:19) 일과 연관이 된다. 이런 탐심을 염두에 두고서 "네게 있는 빛이 어두우면"(마 6:23)이라고 말한 것이다[Francis W. Beare, *The Gospel According to Matthew* (Peabody, Massachusetts: Hendrickson Publishers, 1981), pp. 182-183].

33) D. Martyn Lloyd-Jones, *Studies in the Sermon on the Mount*, Vol. 1, p.

159. 이것은 그리스도인이 세상의 소금이라고 할 때 세상이 부패해 있음을 전제하는 것과 같은 이치이다.

34) 어떤 주석가는 나와 달리, 먼저 빛이 상징하는 바를 고려한 후 그에 반대되는 개념들을 어둠의 내용으로 제시한다. "그것[빛]은 종종 불결과 대조되어 순결을, 오류나 무지의 반대로서 진리 혹은 지식을, 하나님에 의한 유기(遺棄)와 버림에 맞서 신적 계시와 임재를 상징한다"[D. A. Carson, "Matthew," in *The Expositor's Bible Commentary*, Vol. 8: *Matthew-Luke*, ed. Frank E. Gaebelein (Grand Rapids, Michigan: Regency Reference Library, 1984), p. 139]. 그러나 어느 방향을 취하든 결과는 대동소이하다.

35) 로마서 2장 17-23절에서 바울은 "율법의 지식" 자체에 문제가 있다는 식으로 말하지 않는다. 원래 율법은 선한 것이고(롬 7:12), 그에 대한 지식도 바람직한 것이기(참고. 롬 10:2) 때문에 이를 문제 삼을 리가 없다. 그가 지적하고자 하는 바는 율법의 지식을 가지고 남을 가르치면서도 자신은 그 교훈을 좇지 않는 지도자들의 위선에 대한 것이다. 이처럼 바울은 율법의 지식을 중요하게 여기기 때문에 그런 지식과 진리의 결여를 어둠으로 묘사하는 것이다(롬 2:19).

36) William Barclay, *The Gospel of Matthew*, Vol. 1, p. 123.

7. 왜 나에게 고난이 닥치는가?

1) *ESV Study Bible* (Wheaton, Illinois: Crossway, 2008), p. 56 (notes on Gen 3:16).

2) 송인규, 《성경은 공동체에 대해 무엇을 말하는가?》(서울: 한국기독학생회출판부, 1996), p. 89, 후주 #2.

3) 하나님의 작정적 의지(decretive will)는 만물의 최종 사태를 결정하는 하나님

의 뜻이다. 하나님의 작정적 의지는 어떤 피조물의 의지와 작용에 의해서도 좌절되지 않는다(시 115:3, 135:6; 단 4:35; 엡 1:11 등).

4) 원문에는 "그들/그것들(them)"로만 되어 있는데, 한글 성경은 "그들/그것들"을 "물건들"로 번역했다. 그러나 "그들/그것들"에는 아간의 아들들과 딸들(24절)도 포함된다. 이것은 "세라의 아들 아간이 온전히 바친 물건에 대하여 범죄하므로 이스라엘 온 회중에 진노가 임하지 아니하였느냐? **그의 죄악으로 멸망한 자가 그 한 사람만이 아니었느니라**"(수 22:20)는 후일의 언급으로부터도 추정할 수 있다.

5) 물론 그렇다고 하여 고난에 대한 욥의 기대, 즉 자신이 특정한 죄를 짓지 않았는데 왜 이런 고난을 당하는지 하나님께서 그 이유를 알려 주셔야 한다는 것이 정당하다는 말은 아니다. 하나님께서는 결코 욥의 기대나 요구에 따라 그가 왜 고난을 당하는지 그 전모를 밝히지 않으셨다. 그러나 동시에 욥의 고난이 어떤 특정한 범죄의 결과가 아니라는 것도 인정하셨다. 바로 이런 점에서 그는 "의로운 고난"을 당한 것이다.

6) 그 당시 "랍비들은 '죄 없이는 죽음이 없고 범죄 없이는 고난이 없다'라는 원리를 개발해 내었다. 그들은 심지어 어린아이가 모태에서 죄를 지을 수도 있다든지 아니면 그 영혼이 선재적(先在的) 상태(preexistent state)에서 죄를 지었는지도 모른다든지 하는 생각조차 불사했다. 그들은 또 어떤 아이들에게 무서운 징벌이 닥치는 것은 그 부모의 죄 때문이라고 생각했다"[Kenneth L. Barker, ed., *The NIV Study Bible* (Grand Rapids, Michigan: Zondervan, 2011), p. 1784 (notes on John 9:2)].

7) 예수 그리스도께서는 십자가상에서 우리의 구원에 필요한 모든 고난을 대속적으로 치르셨다. 그렇기 때문에 돌아가시기 직전에 "다 이루었다!"(요 19:30)고 말씀하신 것이다. 그렇기 때문에 골로새서 1장 24절의 고난이나 괴로움을 그리스도의 대속적 죽음과 연관시켜서는 안 된다.

8. 모든 거짓말은 잘못된 것인가?

1) Charles Hodge, *Systematic Theology*, Vol. III (Grand Rapids, Michigan: William. B. Eerdmans Publishing Company, 1981 reprint), p. 440.

그러나 이러한 해석에 반기를 드는 이도 있다. 산파들이 비록 하나님의 은혜를 누렸지만 그것은 그들이 거짓말을 했기 때문이 아니고 하나님을 경외했기 때문이라는 것이다. 다시 말하자면, 그들이 하나님을 경외했기 때문에 도덕적 약점—거짓말을 한 것—이 있음에도 불구하고 그들에게 은혜를 베푸셨다는 것이다. 그러므로 거짓말을 한 것 자체는 정당화될 수 없다는 생각이다[John Murray, *Principles of Conduct* (London: The Tyndale Press, 1957), pp. 141-142].

John Murray는 산파들이 하나님을 경외하는 이들로서 애굽 왕의 질문에 대해서 거짓말을 하지 말고 진실된 답변—"우리가 여호와를 경외하기 때문에 아이들을 살렸소!"라는 식—을 했어야 한다고 보는 것 같다. 이에 대해서 나는 두 가지 반론을 제기하고자 한다. 첫째, 산파들의 거짓말은 하나님을 경외하는 일과 배치되는 것이 아니고 오히려 하나님을 경외하는 마음 자세로부터 연유된 것으로 볼 수 있다. 왜냐하면 그들의 변명 내용이 거짓말로 판명될 경우—사실 그들의 답변이 궁색한 변명이라는 것은 어렵지 않게 눈치챌 수 있다—바로의 노를 촉발해 무슨 일을 당할지 알 수 없었기 때문이다. 그들은 어떤 의미에서 죽음을 각오하고 이렇게 말한 것이고, 이것은 하나님을 경외하는 신앙이 없이는 행하기가 쉽지 않은 일이다. 둘째, 하나님께서는 이스라엘 백성이 생육하고 번성하기를 뜻하셨다(창 46:3). 그런데 산파들이 애굽 왕의 명을 어기면서도 거짓 핑계를 대면서 산파로 남아 있지 않는다면 그 계획에 차질이 생길 수도 있었다. 히브리 산파들이 자기들의 남아를 살린 이유에 대해 사실대로 말했을 때 과연 애굽 왕은 그들이 계속해서 산파 일을 하도록 허락했을까? 그러므로 산파들의 거짓말은 이스라엘 백성의 생육과 번성을 이루기 위한 **필수적** 부분이었다고 보아야 할 것이다.

이런 두 가지 이유로 나는 Charles Hodge의 견해가 더 타당하다고 생각한다.

2) Norman L. Geisler 역시 비슷한 추론을 한다. "그녀가 정탐꾼을 살려 주는 일과 여리고 왕의 군사들에게 진실을 말하는 일 두 가지를 한꺼번에 이루기는 아마도 불가능했을 것이다." ["Lying in Scripture," *Baker Encyclopedia of Christian Apologetics* (Grand Rapids, Michigan: Baker Books, 1999), p. 433].

그러나 John Murray는 이런 식의 추론은 우리가 하나님의 섭리와 관련하여 굉장히 많은 것을 안다는 뜻이므로 타당하지 않다고 말한다(*Principles of Conduct*, pp. 138-139). 물론 Murray의 말에 일리가 전혀 없는 것은 아니다. 하나님의 섭리는 항시 우리의 합리적 추론이나 예상을 뒤엎는 방식으로 전개될 수 있기 때문이다. 그러나 그것을 내세워 라합의 경우 우리가 이런 식의 추론조차 할 수 없다고 말하는 것은, 또 하나의 맹신이거나 비합리성으로의 은둔일 수도 있고, 아니면 자신의 거짓말 이론을 무조건 고수하기 위해 미봉책에 의존하는 것일 수도 있다. 우리로서는 그 당시의 증거와 상황에 비추어 하나님의 섭리가 그랬으리라고 추정하는 길밖에 없다.

3) John Murray는 이 사건이 부분적 진리만을 밝힌 경우임을 인정한다. 그러면서 "부분적 진리는 비진리와 다르고," "은폐는 거짓말을 하는 것이 아니라"고 말한다(위의 책, p. 140). 그러나 만일 우리가 사무엘과 대면하여 진실을 밝히라고 했다면, 사무엘로서는 하나님께 제사를 드리러 가려는 목적이 첫째, 이새의 아들에게 기름을 부으려는 더 큰 목적을 감추기 위한 수단이요, 둘째, 더욱 궁극적으로는, 이러한 계략을 꾸미는 의도가 오직 **사울을 속이기 위해서임**을 인정하지 않을 수 없었을 것이다. 이것을 가리켜 "거짓말을 한 것이 아니다"라고 말하는 것은 "눈 가리고 아옹!" 하는 일이요 구차한 변명으로 여겨진다.

4) 이와 비슷한 예가 치료 분야에서 많이 활용되고 있다. 일반 약품과 관련해서

338

는 위약(僞藥) 효과(placebo effect)가 언급되고[Leonard White *et al.*, eds., *Placebo: Theory, Research, and Mechanisms* (New York: The Guilford Press, 1985)], 심리요법의 분야에서는 역설 심리요법(paradoxical psychotherapy)이 거론되고 있다[Gerald R. Weeks and Luciano L'Abate, *Paradoxical Psychotherapy: Theory and Practice with Individuals, Couples, and Families* (New York: Brunner/Mazel, Publishers, 1982)].

5) 창세기 20장 11-13절 및 26장 6-9절 역시 비슷한 사례로 볼 수 있다.

6) 이러한 '희생적 거짓말(sacrificial lying)'의 예로서, 2차 세계대전 당시 콰이 강 계곡에서 벌어진 사건을 언급할 수 있겠다. 어느 날 영국 포로를 앞에 놓고 일본군 군인이 곡괭이 한 자루가 빈다고 호통을 쳤다. 그들 중 누군가가 그것을 훔쳐 태국군에게 팔아넘겼다는 것이다. 만일 물건을 훔친 장본인이 자수하지 않으면 모두 사살해 버리겠다고 으름장을 놓더니, 급기야는 포로들에게 총을 들이대고 방아쇠를 당기려 했다. 그때 스코틀랜드 출신의 한 병사가 자기가 곡괭이를 훔쳤노라며 앞으로 나섰다. 그 즉시 그 일본군은 자기 소총의 개머리판으로 그의 머리를 사정없이 내리쳤고 영국군은 단숨에 숨이 끊어지고 말았다. 얼마 후에 알려진 바에 의하면, 그날 곡괭이의 수효는 정상적이었는데 단지 계산을 잘못하는 바람에 그런 일이 일어난 것이었다! 그 스코틀랜드 병사의 희생적인 '거짓말'로 인해 영국군은 몰살을 면할 수 있었다. [James R. Bjorge, *Living in the Forgiveness of God* (Augsburg, Minneapolis: Augsburg Fortress, 1990), p. 15].

9. 예정과 구원은 어떻게 연관되는가?

1) 하나님께서는 창세전에 온 피조계에 대한 계획과 구상을 마치셨다. 이러한 계

획과 구상을 가리켜 보통 '하나님의 작정(decree)'이라고 한다[Louis Berkhof, *Systematic Theology* (Edinburgh: The Banner of Truth Trust, 1958), p. 100]. 하나님의 창세전 작정 가운데에는 인간의 구원과 관련된 내용도 들어 있는데, 이것을 '예정'이라고 한다. 어떤 이는 예정이 곧 작정인 것처럼 말하기도 하나, 이 장에서는 예정을 작정의 일부로 다룰 것이다[위의 책, p. 109].

2) 예정은 다시금 두 가지 항목으로 나뉜다. 즉 어떤 대상에게 구원을 베푸시고자 하는 선택으로의 예정과 그 나머지를 버려 두시고자 하는 유기(遺棄, reprobation)로의 예정이 있다(위의 책, p. 113). 이 장에서는 전자만을 다룰 것이다.

3) 선택 역시 포괄적으로 보아, (1) 하나님의 구속사적 목적 달성을 위한 이스라엘 백성의 선택(신 4:37, 7:6-7, 10:15), (2) 사역과 봉사를 위한 직분자들—제사장(신 18:5), 왕(삼상 10:24; 시 78:70), 사도(요 6:70; 행 9:15; 갈 1:15-16)—의 선택, (3) 구원을 위한 개인의 선택(마 22:14; 고전 1:27-28; 살전 1:4; 벧전 1:2; 벧후 1:10)을 생각할 수 있다(위의 책, p. 114). 이 글은 세 번째 항목에 초점이 맞추어져 있다.

4) 칼뱅주의는 종교개혁자인 칼뱅의 이름에서 유래했다. 이 용어는 'TULIP' 교리—Total depravity(전적 타락), Unconditional election(무조건적 선택), Limited atonement(제한 속죄), Irresistible grace(불가항력적 은혜), Perseverance of the saints(성도의 견인)—에 동의하는 이들의 신학적 입장을 가리키는 데 사용되고 있다[Richard S. Taylor, "Calvinism," *Beacon Dictionary of Theology*, ed. Richard S. Taylor (Kansas City, Missouri: Beacon Hill Press of Kansas City, 1983), pp. 85-88]. 칼뱅주의는 보통 장로교, 개혁교회의 표준적 입장이고, 그 외에도 침례교 일부, 성공회 일부, 복음주의자들 중 상당수가 지지하는 입장이다. 지금 우리는 다섯 가지 교리 조항 가운데 두 번째 항목인 '무조건적 선택'의 문제를 다루고 있다.

5) 아르미니우스주의는 원래 네덜란드에서 정통 칼뱅주의를 반대하고 나선 야코
뷔스 아르미니우스(Jacobus Arminius, 1560-1609)의 신학 사상에 기원을 둔
용어이다. 이 가르침은 그의 추종자들인 항론파(Remonstrants)에 의해 제시
되었는데, 칼뱅주의의 'TULIP' 교리를 일일이 반박하는 내용으로 구성되어 있
다. 역사적 아르미니우스주의는 그 후 18세기에 존 웨슬리(John Wesley,
1703-1791)의 수정 및 보완에 의해 본격적으로 체계화가 이루어진다[R. W. A.
Letham, "Arminianism," *New Dictionary of Theology*, eds. Sinclair B.
Ferguson, David F. Wright, and J. I. Packer (Downers Grove, Illinois:
InterVarsity Press, 1988), pp. 45-46]. 오늘날 감리교, 성결교, 구세군 등이
아르미니우스주의를 표방하고 있고, 침례교 일부, 성공회 일부, 대다수의 오
순절 교도들 역시 이 입장을 견지한다. 이들은 '예지 예정론'을 지지한다.

6) 이와 관련해 자세히 알고 싶으면, 송인규, "칼빈주의자들은 하나님의 예지를
어떻게 보아야 하는가? (3)," 〈신학정론〉 제24권 2호(2006년 11월): 399, 각
주 #9의 내용을 참조하라.

7) Alexander Stewart, "Foreknowledge," *A Dictionary of the Bible*, Vol. 2:
Feign-Kinsman, ed. James Hastings (Peabody, Massachusetts:
Hendrickson Publishers, 1988 reprint), p. 53.

8) 이것은 이른바 임의적 선택의 자유(freedom/power of contrary choice 혹
은 libertarian freedom)[R. K. McGregor Wright, *No Place for Sovereignty:
What's Wrong with Freewill Theism* (Downers Grove, Illinois: InterVarsity
Press, 1996), p. 44]로서 어떤 행동을 할 수도 있고 하지 않을 수도 있는 선택
의 능력이 오직 그 개인에게 있다고 보는 견해이다.

9) 이 점에 대한 포괄적 설명으로서, 송인규, 《개혁주의 관점에서 본 회개와 부
흥》(서울: 부흥과개혁사, 2011), pp. 118-120의 내용을 참조하라.

10) 이외에도 어떤 이들은 하나님께서 택자에게만 구원의 은혜를 베푸시는 것이

일종의 편애로서 하나님의 공정성과 마찰을 빚지 않느냐고 의문을 제기하기도 한다. 이 역시 칼뱅주의자로서 쉽게 답변할 수 있는 바는 아니다. 이런 의문들 및 그에 대한 답변의 시도로서, 송인규, "칼빈주의자들은 하나님의 예지를 어떻게 보아야 하는가? (3), 〈신학정론〉 제24권 2호: 414-431을 참조하라.

11) Iain H. Murray, *Pentecost-Today? The Biblical Basis for Understanding Revival* (Cape Coral, Florida: Founders Press, 1998), pp. 41-42.

12) 구원의 서정(序程, *ordo salutis*)이란 한 그리스도인이 거쳐 가는 구원의 전(全) 과정을 일컫는 용어이다(cf. Louis Berkhof, *Systematic Theology*, pp. 415-416). 신학 전통에 따라 다르지만, 칼뱅주의자들은 보통 구원의 순서를 부르심[복음 전파] → 중생 → 회심[회개와 믿음] → 칭의 → 성화 → 성도의 견인으로 잡는다.

13) 위의 네 가지 항목 가운데 '하나님의 자녀가 되는 것'—보통 '입양(adoption)'이라고 함—은 칭의의 한 요소(Louis Berkhof, 위의 책, pp. 514-515)로 보거나 아니면 칭의의 결과로 보기 때문에, '믿음'과 별도로 인간 편에서의 무슨 노력이 필요하지 않다. 그러나 다른 세 가지 항목—믿음, 거룩하게 됨, 성도의 견인—의 경우에는 사정이 전혀 다르다. 따라서 이러한 구원의 복들이 실현되려면, 비록 근본적으로는 하나님의 은혜 때문에 가능한 법이지만 동시에 인간의 노력이 필수 사항이다.

10. 선행은 언제나 구원과 상극인가?

1) 한국에서 활동한 장로교 선교사들 가운데 일부는 세대주의적 영향을 받았다 [Harvie M. Conn, "Studies in the Theology of the Korean Prebyterian Church: An Historical Outline (Part I)," *Westminster Theological Journal*,

Vol. 29, No. 1 (November 1966): 50-52]. 그런데 세대주의자들은 오늘날이 은혜의 세대이므로 십계명에 순종할 의무가 없다고 말한다[Harvie M. Conn, *Contemporary World Theology: A Layman's Guidebook*, 2nd rev. ed. (Phillipsburg, New Jersey: Presbyterian and Reformed Publishing Company, 1974), pp. 108- 109].

그리하여 일제 시대의 어떤 한국 그리스도인들은 자신들이 은혜 아래 있기 때문에 제1계명과 제2계명을 지킬 필요가 없다고 하면서 사당에 가곤 했다는 것이다 [Floyd E. Hamilton, *The Basis of Millennial Faith* (Grand Rapids, Michigan: William. B. Eerdmans Publishing Company, 1942), p. 29]. 이런 그리스도인들은 분명히 장로교 선교사들의 가르침을 받은 것이라고 할 수 있다.

2) 신비주의는 신적 존재와의 합일을 추구하는 즉각적이고 직관적인 종교 경험이나 현상을 의미한다. 한국 교회에서 신비주의는 최초의 사례를 이용도(李龍道, 1900-1933)에게서 찾는데, 그는 1930년 당시 한국 교회가 겪던 경제적 시련과 정치적 박해의 상황[류금주, 《이용도의 신비주의와 한국 교회》(서울: 대한기독교서회, 2005), pp. 20-31]에 대해 자기 내면의 신비주의적 체험으로 응수한 인물이었다. 한국 교회의 신비주의적 경향은 6·25 전쟁 직후의 빈핍하고 혼란스러운 사회적·교회적 상황을 틈타 크게 신장되었다. 이후에 1980년대까지 사설 제단들과 기도원이 우후죽순처럼 번성했고, 안찰·안수·방언·예언·신유·입신 등을 공공연히 조장하는 각종 집회들이 줄줄이 개최되었다[김홍수, 《한국전쟁과 기복신앙확산 연구》(서울: 한국기독교역사연구소, 1999), pp. 112-115].

기독 신앙이 이런 식으로 신비주의화하는 풍토에서는 결코 거룩한 삶이 배태될 수 없었다.

3) 무교(shamanism)는 오직 개인의 유익과 이기적 태도를 부추기고 조장하는 관계로 윤리와는 담을 쌓게 된다[이훈구, 《한국 교회의 진단과 처방》(서울: 협력

선교회출판사, 1991), pp. 99-100, 145-147; 최중현 편저, 《개혁주의 입장에서 본 한국교회와 샤마니즘》(서울: 성광문화사, 1993), pp. 61-63].

4) 칭의나 화목의 개념을 하나님의 가족 관계라는 시각으로 풀어낸 알브레히트 리츨(Albrecht Ritschl, 1822-1889)의 사상이나 하나님의 아버지 되심(Fatherhood of God)과 인류의 형제 됨(brotherhood of man)이 하나님 나라의 핵심이라고 설파한 아돌프 하르낙(Adolf von Harnack, 1851-1930)의 가르침이 대표적 예에 속할 것이다.

5) 어떤 서양인 한국사가는 일본 강점기 동안 활동했던 한국 개신교 민족주의자들의 활동 전략을 '자아 개조 민족주의'(self-reconstruction nationalism)라 명명했다[케네스 M. 웰스, 김인수 옮김, 《새 하나님 새 민족》(서울: 한국장로교출판사, 1997), pp. 7, 25, 27, 29, 37, 39, 40, 41]. 이 명칭이 시사하듯 적지 않은 수의 민족 지도자들은 기독 신앙을 윤리적 원리의 면에서 파악했던 것으로 보인다.

6) 한국 교회 초기 선교사들은 한국인 개종자들을 교회에 받아들이는 데 매우 높은 기준을 설정했는데, 그 가운데에는 안식일 성수, 제사 등 조상 숭배 금지, 축첩이나 일부다처의 근절, 음주 및 주류 생산·판매 금지, 금연 등이 들어 있었다[류대영, 《초기 미국 선교사 연구, 1884-1910》(서울: 한국기독교역사연구소, 2001), pp. 105-113]. 이러한 금지 조항은 1950-60년 후까지도 엄격한 도덕주의의 형태로 한국 그리스도인의 신앙 의식을 사로잡고 있었다. 1970년대 대학생 선교 단체의 훈련 자료를 통해 소개된 단순한 복음의 내용이 그토록 신선한 느낌을 준 것은, 당시 이러한 도덕주의의 옥죄는 듯한 분위기 때문이었다.

7) 로마 가톨릭의 신학에서는 아우구스티누스의 가르침을 좇아 '은혜'를 인간 영혼에 '주입(infusion)'되는 형이상학적 실체로 이해하고, 영혼에 주입된 인간 본유의 능력으로부터 거룩과 선행이 나타난다고—이 때문에 칭의는 성화를 포함하는 것이 되는데—보았으므로[Brian A. Gerrish, "Justification," *The*

Westminster Dictionary of Christian Theology, eds. Alan Richardson and John Bowden (Philadelphia: The Westminster Press, 1983), p. 315], 신자의 행위와 관련하여 자연히 '공로적' 성격이 대두되지 않을 수 없었다.

8) 세대주의자들이 성화 없이 칭의에만 착념한다는 말은 다음과 같이 이해되어야 한다. 일반적으로 그리스도인들은 '율법'과 '은혜'를 절대적 상극 관계에 놓인 것으로 여기지 않고, 특히 율법의 세 가지 용도 가운데 세 번째─율법을 그리스도의 법(갈 6:2)으로서 성화의 표준적 지침으로 받아들이는 방침─를 적극적으로 환영한다. 그러나 세대주의자들은 구원의 경륜을 일곱 세대로 나누는 바람에 구약의 십계명[율법 세대]이나 산상 수훈[천년 왕국 세대]을 오늘날[은혜 세대] 우리에 대한 규례로 인정하지 않는다[Lewis Sperry Chafer, *Systematic Theology*, Vol. 5: *Christology* (Grand Rapids, Michigan: Kregel Publications, 1976), pp. 97-99].

이렇게 되면 신자의 성화와 이를 이루는 성령의 역사가 크게 소홀히 여김을 받는데, 이는 산상 수훈이 하나님의 완전한 의가 무엇인지, 우리의 구원을 위해 도덕법이 왜 필연적으로 성취되어야 하는지 가르쳐 주고 있기 때문이다 [Carl F. H. Henry, *Christian Personal Ethics* (Grand Rapids, Michigan: Baker Book House, 1977), p. 289].

9) 원래 경건주의의 효시로 이야기되는 스페너(Philipp Spener, 1635-1705)나 프랑케(August Hermann Francke, 1663-1727)는 기독 신앙의 외적 표현이 행동에 있다고 여겨, 선행에 열심을 내었다(Harvie M. Conn, *Contemporary World Theology*, p. 102). 그러나 한국 교회에 스며든 불건전한 경건주의는 "성경 읽기, 기도와 교회 출석 등의 경건 활동을 온전한 기독교적 실천과 맞바꿈으로써 … 그리스도인의 신앙을 교회당의 네 벽에 가두는 …" 경향(위의 책, p. 105)을 나타내었다.

10) 청교도 신자나 개혁파 신자들 가운데에는 과도한 칼뱅주의자들(hyper-

Calvinists)이 있다. 이들은 하나님께서 은혜로 베푸신 바[칭의]에 너무 몰입되어 하나님께서 하라고 하시는 바[성화]를 등한시하는 오류를 범하곤 했다 [Sinclair B. Ferguson, *The Whole Christ* (Wheaton, Illinois: Crossway, 2016), p. 142]. 예를 들어, 그들은 영원으로부터의 칭의(justification from eternity, 시 25:6, 103:17 참조) 교리를 받아들이는데, 이에 의하면 그리스도인들은 믿기도 전에 이미 의롭다 함을 받았다―또 그리스도의 의가 이미 우리에게 전가되어 우리가 친히 의로워졌다―는 것이다[Louis Berkhof, *Systematic Theology* (Edinburgh: The Banner of Truth Trust, 1958), p. 518]. 과도한 칼뱅주의는 율법 폐기론과 짝하면서 이처럼 성화의 노력을 원천적으로 봉쇄했다.

11) 원문에는 "하나님의 뜻"이라는 어구가 들어 있으나 어떤 이유에서인지 개역개정판 한글 성경에는 이 어구가 빠져 있다.

12) 성경에는 다양한 선행의 내용이 이곳저곳에 흩어져 있다. 그런데 이런 내용을 일목요연하게 체계화하려면 어떤 틀이 요구되게 마련이다. 나는 이러한 틀을 (1) 하나님과의 관계, (2) 공동체에서 서로서로의 관계, (3) 세상에 대한 관계로 범주화하고자 한다. 이 아이디어는 "제자훈련에 입각한 커리큘럼"에 힘입은 바 크다[송인규, "하나님나라의 제자도: 오늘날 우리는 무엇을 잃어버렸나," 《한국 교회 제자훈련 미래 전망 보고서》(서울: 한국기독학생회출판부, 2016), pp. 110-134]. 이렇게 세 분야로 나누어 기술하면 읽는 이들이 이해하기 쉽고 기억에 오래 남을 수 있다는 점에서 교육적 효과가 증대된다.

13) 마가복음 14장 6, 8절에 등장하는 여인의 경우는 다시금 반복될 수 없는 유일무이한 선행의 예이기 때문에 고려 대상에서 제외했다.

14) 물론 정부나 위정자에 대한 순복이 절대적인 것은 아니다. 어떤 경우에는 우리가 하나님의 말씀에 순종하기 때문에 권세에 대해 항거해야 할 때도 있다 (행 4:19). 또 로마 제국을 짐승으로 상징한 것(계 13:1)은 때로 정부나 국가가

그리스도를 대적하는 세력이 될 수 있음을 보여 준다. 그러나 이러한 예외적 상황이 아니라면 정부나 위정자에 대한 순복은 하나님의 뜻이다(롬 13:1-7).

11. 구원받은 그리스도인도 심판을 받는가?

1) '가계의 저주(generation curse/generational curses)'는 출애굽기 20장 5절 등의 성구 내용에 근거하여, 어떤 그리스도인이 현재 겪는 불행이나 재난은 조상에게서 물려받은 저주 때문이라는 이론이다. 이런 가르침은 원래 미국 계통의 오순절주의자들[Marilya Hickey, *Break the Generation Curse* (Denver, Colorado: Marilya Hickey Ministries, 1988); Derek Prince, *Blessing or Curse: You Can Choose* (Waco, Texas: Word Books, 1990); Frank & Ida Mae Hammond, *The Breaking of Curses* (Plainview, Texas: Impact Books Inc., 1993)]로부터 연유한 것이지만, 오히려 한국 교회에 유입된 후 훨씬 번성을 누렸다[이윤호, 《가계에 흐르는 저주를 이렇게 끊어라》(서울: 베다니출판사, 1999) 및 《가계의 복과 저주 전쟁에서 승리하라》(서울: 베다니출판사, 2001)].

2) 내가 현재 설명하려는 개념과 관련하여 기독교계에서 더 많이 사용하는 용어는 '징계'이다. 그런데 이 단어가 개역개정판 한글 성경에 다양한 의미로 사용되고 있기 때문에 혼동을 방지하기 위해 새로운 용어인 '응징'을 채택했다.

3) 학자들은 전자를 **단절의 형벌**(*poena damni*)이라 하고 후자를 **감각의 형벌** (*poena sensus*)이라 부른다[Richard A. Muller, *Dictionary of Latin and Greek Theological Terms* (Grand Rapids, Michigan: Baker Book House, 1985), p. 229]. 그렇다면 전자의 경우는 모든 비신자에게 동일한 것이고, 후자는 각자의 행위에 따라 서로 간에 차이가 생긴다.

4) 여기에서 우리는 **하나님과의 관계**(relationship with God)와 **하나님과의 교**

제(fellowship with God)를 구별할 필요가 있다. 하나님과의 관계는 우리가 예수를 믿고 의롭다 함을 받을 때 형성된 '하나님의 자녀 됨'을 말한다. 이것은 우리의 범죄 여부에 상관없이 절대로 단절되지 않는다. 그러나 '하나님과의 교제'의 경우에는 상황이 다르다. 우리가 범죄할 때마다 하나님과의 교제는 깨지기 때문에 회개와 용서를 통해 다시금 교제를 회복해야 한다.

5) Samuel L. Hoyts, "The Judgment Seat of Christ and Unconfessed Sins," *Bibliotheca Sacra*, Vol. 137, No. 545 (January-March 1980): 33.

12. 상급은 구원과 별도로 주어지는가?

1) 로마 가톨릭에서는 신자의 선행을 공로(merit)—본유적 공로(condign merit) 와 간주적 공로(congruous merit)—로 인정하기 때문에 자연히 공로적 구원 관을 형성하게 되었다[Georg Kraus, "Merit," *Handbook of Catholic Theology*, eds. Wolfgang Beinert and Francis Schüssler Fiorenza (New York: Crossroad, 1995), p. 477].

2) 어떤 이는 상급론이 기초하고 있는 한글 성경의 연관 구절이 오역—'상'(prize) 보다는 '보답', '보상'(reward)으로 되었어야 한다고 봄—이기 때문에 흔히 생 각하는 상급론은 설 수가 없다고 주장한다[정훈택, "한글 성경의 상급(賞給): 영어 성경과의 비교." 〈신학지남〉, 제63권 3호(2004년 가을): 71-91]. 그러나 나는 '상'을 'prize'가 아니고 'reward'로 파악한다고 해서, 그것이 통속적 상급 론의 수립을 막을 수 있다고는 생각하지 않는다. 이것은 'reward'라는 단어를 기초로 해서도 상급론을 주장하는 책들—예를 들어, Joe L. Wall, *Going for the Gold: Reward and Loss at the Judgment of Believers* (Chicago: Moody Publishers, 1991); Erwin W. Lutzer, *Your Eternal Reward* (Chicago:

Moody Publishers, 1998) 등—이 있는 것을 보아 알 수 있다.

3) 고려대학교 민족문화연구원 국어사전편찬실 편, 《고려대 한국어대사전: ㅂ~ㅇ》(서울: 고려대학교 민족문화연구원, 2009), p. 3247.

4) 위의 책, p. 3252.

5) 고려대학교 민족문화연구원 국어사전편찬실 편, 《고려대 한국어대사전: ㄱ~ㅁ》(서울: 고려대학교 민족문화연구원, 2009), p. 2100.

6) Johannes G. Vos, "Crown," *The Zondervan Pictorial Encyclopedia of the Bible*, Vol. 1: *A-C*, ed. Merrill C. Tenney (Grand Rapids, Michigan: Zondervan Publishing House, 1976), p. 1040.

7) 예를 들어, 상급론에 대한 비판 이론을 제시한 글[Craig L. Blomberg, "Degrees of Reward in the Kingdom of Heaven?," *Journal of the Evangelical Theological Society*, Vol. 35, No. 2 (June 1992): 159-172]도 실은 모든 종류의 상급론을 다 반대하는 것이 아니고 결국에 가서는 '영구적 차등 상급론'에 대한 반대이다(특히 165, 168쪽).

8) "의인들의 부활"은 구원에 속한 한 가지 구성 요소이다. 그런데 누가복음 14장 14절에는 이렇게 의인들이 구원을 체험할 때, 해당 인물은 '갚음'을 받는다고 말하고 있다. 만일 구원이 상급과 같은 것이라면 의인들이 구원을 체험할 때 해당 인물 역시 구원을 체험했을 것이므로, 부활과 별도로 '갚음을 받음'에 대해 언급할 필요가 없었을 것이다. 그런데 이렇게 두 가지를 따로 기술한 것으로 보아 구원과 상급은 별개의 것임을 알 수 있다.

9) 이 구절에서 말하는 "영광의 관"은 구원과 상급의 별개성을 나타내고 있다. 첫째, 이 구절은 장로들에 대한 권면이므로(벧전 5:1), 이 "영광의 관"은 일반 그리스도인에게는 해당이 되지 않는다. 따라서 "영광의 관"은 구원에 관한 것이 아니다. 둘째, 이 영광의 관은 "그리하면"(벧전 5:4)이 지칭하는 바를 수행하여야 얻게 된다. "그리하면"은 하나님의 양무리를 자원함으로 치는 것(벧전 5:2),

더러운 이득이 아니라 기꺼이 하는 것(벧전 5:2), 양 무리의 본이 되는 것(벧전 5:3)을 포함하고 있다. 이러한 수행 사항은 구원에 대한 것이 아니고 상급과 연관이 된다.

10) Craig L. Blomberg, "Degrees of Reward in the Kingdom of Heaven?": 160.

11) Herman Hoeksema, *Reformed Dogmatics* (Grand Rapids, Michigan: Reformed Free Publishing Association, 1966), pp. 516, 517.

12) 이것은 또한 예수 그리스도의 진술에서도 확증된다. 그리스도 당시의 종교 지도자들(혹은 시험에 빠진 제자들)이 부당한 동기—사람에게 영광을 받든지(마 6:2), 사람에게 보이려는 것(마 6:5, 16)—에 의해 의를 실행[구제, 기도, 금식]할 때 그들은 이미 "자기 상을 받은 것"(마 6:2, 5, 16)이었다. 사실 이 경우에 누구도 종교 지도자들에게 상금을 지불하지는 않았다. 그러나 사람들이 "야, 저 사람 기도(구제, 금식)하는 것 좀 봐. 대단하지?"라고 찬탄을 한 것—이는 백성들[상급의 첫째 요소]이 그들의 영성을 인정한 것[상급의 둘째 요소]인데—이 바로 상급의 핵심이요 본질이었던 것이다.

13) 후에 다섯 달란트 받은 종에게 한 달란트가 추가로 주어지지만(마 25:28), 이러한 추가 상급은 그에게만 해당되는 것이 아니고 그가 착하고 신실한 종들에 대한 대표자로서 받은 것이기 때문에 다른 모든 신실한 종들에게도 주어진다고 해야 할 것이다. 왜냐하면 바로 그다음 절에 "무릇 있는 자는 받아 풍족하게 된다"(29절)고 함으로써 두 달란트 가진 자에게도 추가 상급이 해당됨을 보이고 있기 때문이다[권성수, 《천국의 상급》(서울: 도서출판 햇불, 1998), p. 309].

아는 만큼 깊어지는 신앙 개정증보판

송인규 지음

2022년 6월 20일 초판 발행

펴낸이 김도완   **펴낸곳** 비아토르
등록번호 제2021-000048호   **주소** 서울시 종로구 삼일대로 428, 500-26호
　　　　(2017년 2월 1일)   　　(우편번호 03140)
전화 02-929-1732   **팩스** 02-928-4229
전자우편 viator©homoviator.co.kr

편집 이현주   **디자인** 즐거운생활
제작 제이오   **인쇄** (주)민언프린텍   **제본** 다온바인텍

ISBN 979-11-91851-32-8 03230   **저작권자** ©송인규, 2022